ZHONGGUO ZHIZAO 2025
CHONGSU JINGZHENG XINYOUSHI

# 中国制造 2025

## 重塑竞争新优势

马晓河◎主编

U0112882

人民出版社

# 《中国宏观经济丛书》编委会

# 前　言

　　制造业是推动经济结构转型的主要力量，是衡量国家竞争力的重要标志，也是推动经济社会发展的关键产业。经过 30 多年的改革开放，我国制造业取得了迅速发展，制造业规模不断扩大，结构加快转型，技术进步带动作用不断增强，所有制结构得到明显改善，对国民经济增长贡献作用突出。但是，发展方式较为粗放、生产成本全面上升、大多行业产能过剩、自主创新能力不强、资源环境约束增强等问题也日益凸显。

　　当前和今后一个时期，我国经济社会发展进入新常态，经济总量、经济结构、资源配置方式都将发生转折性变化。新一轮科技革命产业变革与我国加快转变经济发展方式形成历史性交汇，国际产业分工格局正在重塑，必须紧紧抓住这一重大历史机遇，力争通过 30 年的努力，到新中国成立 100 年时，把我国建设成为引领世界制造业发展的制造强国。对此，我们必须把握制造业发展变化的特征及趋势，以国内和国际两大市场为需求平台，以原始创新、集成创新和引进消化吸收再创新为动力，通过关键领域、重要环节和重点行业创新突破，破解各种瓶颈约束，促进我国制造业在全球价值链中由低端向中高端跃进，推进加工制造业和装备制造业产品结构调整和产业结构转型，形成具有先进性、知识密集型、高附加值、低碳化的现代制造业体系，提供有力的理论支撑。

　　在基本科研业务经费专项资金的支持下，国家发改委宏观经济研究院设立了"我国制造业发展与经济增长问题研究"课题。课题组在马晓河副院长的带领下，经过深入研究和反复修改，最终形成了八份研究报告。本书是在课题研究成果的基础上编辑完成的。马晓河副院长负责总体思路拟订、研究框架设计和第一章主报告执笔，其他章节执笔人分别为：第二章周劲，第三章付保宗，

第四章刘中显，第五章卞靖，第六章黄汉权，第七章王明姬，第八章张宇辉。卞靖同时承担了课题的组织协调工作。

由于我们研究水平有限，本书内容可能存在一些不当和疏漏之处，敬请读者批评指正。

"中国制造2025：重塑竞争新优势"课题组

# 目　录

# 第一章 中国制造:由大变强的挑战与出路

改革开放 30 多年来，中国制造业的迅速发展，对国民经济增长做出了举足轻重的贡献。无论是从总量规模还是众多产品产量指标衡量，中国都是名副其实的世界制造大国。未来，中国制造业要由大变强，还面临着创新能力不强、发展方式粗放、成本上升、产能过剩等矛盾制约。必须以国内和国际两大市场为需求平台，以原始创新、集成创新和引进消化吸收再创新为动力，以智能制造为主攻方向，通过关键领域、重要环节和重点行业创新突破，运用新一轮科技创新成果——先进技术、先进工艺路线、先进管理方式，改造传统制造业，扶持战略性新兴产业，促进制造业在全球价值链中由低端向中高端跃升，推进加工制造业和装备制造业产品结构调整和产业结构转型，形成我国具有先进性、知识密集型、高附加值、低碳化的现代制造业体系，实现中国制造向中国创造转变，中国产品向中国品牌转变，最终实现中国制造由大变强的历史跨越。为此需要采取相关对策措施促进制造业结构转型升级。

制造业是指对采掘的自然物质和工农业部门生产的原材料进行加工和再加工，为其他产业部门提供生产资料，为社会提供日用消费品的产业部门。[1] 按照现有统计口径，我国制造业包括原材料加工制造业 9 个行业、消费品加工制造业 14 个行业和装备制造业 8 个行业等共有 31 个行业。[2] 制造业是中国经济增长的主要源泉，无论是制造业总量变动还是结构变迁都直接或间接地影响着国民经济的各个方面。到 2014 年我国制造业创造的增加值约为 202272.9 亿

---

[1] 李善同、刘志彪等主编：《"十二五"时期中国经济社会发展的若干问题政策研究》，科学出版社2011年版，第七章第193页。
[2] 资料来源：2013年《中国工业统计年鉴》。

元[①]，占当年国内生产总值的 31.8%。制造业为我国经济发展从低收入阶段迈向中等收入阶段做出卓越的贡献。目前，我国经济发展已进入中上等收入国家行列，下一步还要向发达的高收入国家行列迈进。毫无疑问，我国仍然需要制造业的发展，而且需要一个更加健康、更具竞争力的强大制造业。《中国制造2025》指出，没有强大的制造业，就没有国家和民族的强盛。到 2025 年中国要迈入制造业强国之列、2035 年达到世界制造强国阵营中等水平，到 2049 年进入世界制造业强国前列。为此，必须把握新一轮世界科技革命趋势，深入分析我国制造业现状、面临的困境，探索寻找中国制造业由大变强的战略路径。

# 一、我国制造业规模在变大、结构在升级

经过 30 多年改革开放，我国制造业取得了迅速发展，制造业总量规模不断扩大，结构加快转型，技术进步带动作用不断增强，所有制结构得到很大改善，对国民经济增长贡献作用日益突出。目前，我国制造业规模已跃居世界第一位，成为名副其实的世界制造大国。

## （一）我国制造业总量规模迅速扩张，已成为名副其实的世界制造大国

改革开放 30 多年来，我国制造业发展是在总量扩张与结构转换共同作用下实现的，制造业增加值呈现加速增长的趋势。首先，从改革开放初期到 1990 年，国家调整了重工业优先发展战略，支持发展以轻工业为主导的加工制造业，这一时期全国制造业增加值由 1173 亿元增长到 5012 亿元，按可比价格计算增长了 4.3 倍，年均增长 6.2%，其次，1990 年到 2000 年，在轻工业制成品由卖方市场转变为买方市场后，推动制造业向重加工制成品和高加工度制成品转型，这一时期全国制造业增加值由 5012 亿元增长到 27750 亿元，按可比价格计算增长了 4.5 倍，年均增长 12.5%。再次，进入 21 世纪后，随着城镇化、信息化深入推进，制造业重化工化和高加工度化趋势更加明显，机械、电子、交通运输设备等迅猛发展带动了制造业总规模的扩张。这一时期全国制造业增加

---

① 2012年我国规模以上工业企业工业销售产值909797.17亿元，其中制造业工业销售产值792228.55亿元，当年全国工业增加值与工业销售产值比率（工业增加值率）为21.9%，以估算的工业增加值率推算制造业增加值为173868.2亿元。根据2015年《中国统计摘要》数据，制造业2013年和2014年分别增长10.5%、9.4%工业生产者出厂价格指数分别为98.1%，以此推算2014年制造业增加值为202272.9亿元。

值由 27750 亿元增长到 202272.9 亿元，按可比价格计算增长了 4.8 倍，年均增长 13.4%。通过相关分析发现，我国制造业与国内生产总值高度相关，两者相关系数达 0.998，这说明制造业对我国经济增长起着举足轻重的作用。从 1978 年到 2014 年，我国制造业增加值由 1173 亿元迅猛增加到 202272.9 亿元，增长了 41.43 倍，年均增长 10.97%，明显快于同期内国内生产总值的平均增长速度（见表 1-1）。按照部门法分析，36 年来我国经济增长中有 36.07% 来自于制造业。

表 1-1　1978—2014 年 GDP 与制造业增加值情况变化

| 年　份 | 国内生产总值（亿元） | 制造业增加值（亿元） | 制造业增加值占国内生产总值比重（%） |
|---|---|---|---|
| 1978 | 3645.2 | 1173.0 | 32.18 |
| 1980 | 4545.6 | 1479.0 | 32.54 |
| 1985 | 9016.0 | 2546.0 | 28.24 |
| 1990 | 18667.8 | 5012.0 | 26.85 |
| 1995 | 60793.7 | 19506.0 | 32.09 |
| 2000 | 99214.6 | 27750.0 | 27.97 |
| 2005 | 184937.4 | 66854.0 | 36.15 |
| 2010 | 401512.8 | 140259.5 | 34.93 |
| 2012 | 518942.1 | 173868.2 | 33.50 |
| 2014 | 636462.7 | 202272.9 | 31.78 |

资料来源：2013 年《中国统计年鉴》，《2015 年统计摘要》，1988 年、1998 年、2009 年《中国工业经济统计年鉴》，2013 年《中国工业统计年鉴》。

注：1978 年到 2010 年制造业增加值数据，是先从统计年鉴搜集整理出制造业总产值，然后根据工业增加值与工业总产值之比即工业增加值率推算而得。诚然，每个制造业部门的增加值率是不同的，但要想将 30 多个制造业部门的分项增加值都计算出来还缺乏最基本的数据资料。2012 年制造业增加值是由当年全部规模以上工业企业和制造业企业工业销售产值折算成工业总产值，然后再根据当年工业增加值率推算出制造业增加值。根据《2015 年中国统计摘要》数据，2014 年制造业增加值分别增长 10.5%、9.4%，工业生产者出厂价格指数分别为 98.1%，以此推算 2014 年制造业增加值为 202272.9 亿元。

如果分阶段看，我国制造业对经济增长的贡献作用是先上升后缓慢下降。按照部门因素法分析，1978 年到 1990 年我国国内生产总值年均增长 9.01%，其中来自制造业占 20.3%，对经济增长贡献了 1.83 个百分点。1991 年到 2000 年，我国国内生产总值年均增长 10.43%，其中来自制造业占 32.9%，对经济增长贡献了 3.43 个百分点。2001 年到 2014 年，国内生产总值年均增长 9.8%，其中来自制造业占 32.5%，对经济增长贡献了 3.19 个百分点。制造业快速增长、对经济发展贡献大，既与我国的储蓄率不断提高直接有关，也与我国出口导向型经济密切相关，在一个长时间区段里，不断增长着的储蓄必然转化为投资，投资有相当部分转化为制造业产能，制造业产能在国内无法完全消费情况下，又有相当一部分形成出口，由此推动了制造业进一步扩张。1980 年我国工业制成品出口占制造业增加值比重仅为 10.5%，2000 年这一比重上升到 66.8%，2014 年高达 67.7%。

从出口货物贸易结构看，我国制造业已经在出口结构中占据绝对地位（见表 1-2）。1980 年我国工业制成品在出口货物贸易中所占比重还不足 50%，在 20 世纪 80 年代中后期其比重超过 50% 后一路上扬，1990 年工业制成品占出口货物贸易比重 74.4%，2000 年 89.8%，2010 年 94.8%，2014 年达到 95.2%。这意味着进入新世纪后我国出口货物绝大部分都是制造业提供的。

表 1-2　工业制成品在出口结构中的变化

| 项　目 | 单　位 | 1980 | 1985 | 1990 | 1995 | 2000 | 2005 | 2010 | 2014 |
|---|---|---|---|---|---|---|---|---|---|
| 出口额 | 亿美元 | 181.2 | 273.5 | 620.9 | 1487.7 | 2492 | 7619.5 | 15777.5 | 23427.5 |
| 初级品 | 亿美元 | 91.1 | 138.3 | 158.9 | 214.9 | 254.6 | 490.4 | 816.9 | 1127.1 |
| 比重 | % | 50.3 | 50.6 | 25.6 | 14.4 | 10.2 | 6.4 | 5.2 | 4.8 |
| 工业制成品 | 亿美元 | 90.1 | 135.2 | 462.1 | 1272.9 | 2237.4 | 7129.2 | 14960.7 | 22300.4 |
| 比重 | % | 49.7 | 49.4 | 74.4 | 85.6 | 89.8 | 93.6 | 94.8 | 95.2 |

资料来源：2013 年《中国统计年鉴》，《2015 年统计摘要》，1988 年、1998 年、2009 年《中国工业经济统计年鉴》，2013 年《中国工业统计年鉴》。

注：1978 年到 2010 年制造业增加值数据，是先从统计年鉴搜集整理出制造业总产值，然后根据工业增加值与工业总产值之比即工业增加值率推算而得。诚然，每个制造业部门的增加值率是不同的，但要想将 30 多个制造业部门的分项增加值都计算出来还缺乏最基本的数据资料。2012 年制造业增加值是由当年全部规模以上工业企业和制造业企业工业销售产值折算成工业总产值，然后再根据当年工业增加值率推算出制造业增加值。根据《2015 年中国统计摘要》数据，2014 年制造业增加值分别增长 10.5%、9.4%，工业生产者出厂价格指数分别为 98.1%，以此推算 2014 年制造业增加值为 202272.9 亿元。

再从产品规模看，我国制造业产品产量已经达到巨量程度。同 1978 年相比，到 2014 年我国成品钢材产量增长了 49.98 倍，达到 11.26 亿吨；水泥产量增长了 36.95 倍，达到 24.76 亿吨；平板玻璃产量增长了 43.4 倍，达到 7.93 亿吨；布产量增长了 7.1 倍，达到 893.7 亿米；服装产量增长了 38.7 倍，达到 271 亿件；化学纤维产量增长 154 倍，达到 4389.8 万吨；汽车产量增长了 158.2 倍，达到 2372.5 万辆；集成电路产量增长了 3384 倍，达到 1015.5 亿块。

还有家用电器、计算机生产增长更是迅猛。到 2014 年家用电冰箱产量 8796 万台、房间空气调节器 14463 万台、彩色电视机 14128.9 万台、微型计算机 35079.6 万台、移动通讯手机 162719.8 万台。目前，我国是全球第一制造大国，在我国 22 个工业产品大类中有 7 大类产量位居世界第一，其中 220 种产品位列世界第一，是名副其实的世界制造大国。

### （二）制造业结构加快转型，重化工化和高加工度化趋势越来越明显

1978 年以来，无论是传统制造业还是现代制造业，在改革开放推动下都实现了规模扩张。但是从时间序列分析，各个制造行业在不同时期发展程度是不同的，对制造业的影响程度也不一样。

改革开放初期，我国调整了优先发展重工业的战略，实行以消费品为主体的轻工业优先发展政策，对轻工业实行了"六优先"的优惠政策①，促进了食品、纺织、服装、鞋帽等得到快速发展，而冶金、煤炭及炼焦工业、石油工业、机械工业等发展相对较慢。于是制造业结构便发生了变化，轻加工制造业②占工业产值比重迅速上升，重加工制造业占工业产值比重明显下降。在 1978 年到 1990 年间，我国轻加工制造业占工业产值比重先由 42.68% 上升 1985 年的 45.22%，然后又上升到 1990 年的 46.96%，上升了 4.28 个百分点，而重加工制造业占工业产值比重先由 30.06% 下降到 27.24%，然后再进一步下降到 24.56%，下降了 5.5 个百分点。在这一时期，轻加工制造业内部也发生了一些变化，这就是 20 世纪 80 年代中后期，随着城乡居民收入增长和生活水平的提高，社会对耐用消费品的需求快速增长，这又带动了冰箱、电视机、洗衣机、收录音机、空调等轻加工制造业迅猛发展。

进入 20 世纪 90 年代后，耐用消费品制造业继续发展，但此时出现了两个转折性变化，一个是包括耐用消费品在内的制成品市场开始由卖方市场变为买方市场，这就迫使生产者完善或改造工业路线，以增加产品品种和提高产品质量；另一个是城乡居民的基本生活需求得到满足之后，住行需求开始增长，这又带动了重加工制造业快速发展，由此在工业结构中，重加工制造业比重开始迅速上升，轻加工制造业比重不断下降。1990 年到 2000 年，我国轻加工制造业占工业产值比重由 46.96% 下降到 39.8%，重加工制造业比重由 24.56% 上升

---

① 六优先指原材料、燃料、电力供应优先；挖潜、革新、改造措施优先；基本建设优先；银行贷款优先；外汇和引进新技术优先；交通运输优先。
② 这里是指以农产品为原料的加工业和非农产品为原料的加工业。

至 29.52%。为了进一步说明制造业结构变化，我们按制造业行业来进行分析，在 20 世纪 90 年代后半期，在制造业产值总额中，食品加工制造所占比重由 12.99% 下降到 11.32%，纺织、服装、鞋帽、皮革、毛皮、羽绒等制造业比重由 14.77% 下降到 11.89%，比重下降的行业还有印刷业、化学原料及化学制品制造业、化学纤维制造业、橡胶制品业、非金属矿物质制品业、黑色金属冶炼及压延加工业、金属制品业、通用设备制造业、专用设备制造业等行业，其比重由 37.95% 下降到 33.32%，比重上升的行业有木材加工业[①]、家具制造、造纸及纸制品业、文教体育用品制造业、石油加工炼焦及核燃料加工业、医药制造、塑料制品业、有色金属冶炼及压延加工业、交通运输设备制造业、电气机械及器材制造业、通信设备计算机及其他电子设备制造业、仪器仪表及文化办公机械制造业等，这些行业比重由 34.28% 上升到 43.48%。在制造业结构变动中，结构比重下降较大的是纺织业、农副食品加工业、非金属矿物质制品业、黑色金属冶炼及压延加工业，而结构比重上升较大的行业有通信设备计算机及其他电子设备制造业、石油加工炼焦及核燃料加工业、电气机械及器材制造业。可见此一时期出现了一个新的趋向，一些装备制造业快速发展开始替代劳动密集型的消费品制造业，制造业结构变动的主要力量开始由劳动密集型行业向资本技术密集型行业转移。这意味着制造业开始转向高加工度和资本深化发展阶段。

进入 21 世纪，制造业结构转型或者说向资本技术密集型行业演变并未停止，而且还有加快趋势。为了在统计资料口径上取得可比性，这里我们把制造业归类划分为消费品制造业、能源原材料制造业和装备制造业等三个大类进行分析。从表 1-3 可以看出，消费品制造业占制造业总产值比重从 20 世纪 90 年代中期后出现了下降趋势，能源原材料制造业在 21 世纪是先升后降，装备制造业一直处于上升趋势。从各个行业内部分析，制造业内部结构也有分化现象。在消费品制造业内部，大部分行业占制造业总产值比重都是下降的，只有木材加工、家具制造和文教体育用品制造业是上升的；能源原材料制造业也是比重下降行业多于上升行业，上升行业仅有黑色金属冶炼及压延加工业、有色金属冶炼及压延加工业等。装备制造业不同，绝大部分行业占制造业产值比重都是上升的，只有仪器仪表制造业由于统计口径的变化[②]导致下降。由此可见，这一时期制造业已经加快了转型升级步伐，装备制造业发展步伐明显快于其他制造业。

---

① 包括木、竹、藤、棕、草等制品业。
② 2012 年仪器仪表项下将文化、办公用机械制造业移至文教、工美、体育和娱乐用品制造业项下了。

表1-3　1995—2012年我国制造业行业规模以上产值结构的变化

| 项　目 | 单　位 | 1995年 | 2000年 | 2005年 | 2012年 |
|---|---|---|---|---|---|
| 制造业结构 | % | 100 | 100 | 100 | 100 |
| 消费品制造业 | % | 32.85 | 28.42 | 23.80 | 24.23 |
| 能源原材料制造业 | % | 36.50 | 35.88 | 40.20 | 38.75 |
| 装备制造业 | % | 30.65 | 35.71 | 36.00 | 37.00 |

资料来源：1996—2013年《中国统计年鉴》。

注：2012年数据是我国制造业规模以上主营业务总收入，它是总产值的99.7%。消费品制造业包括农副食品加工业、食品制造业、饮料制造业、烟草制品业、纺织业、纺织服装和服饰业、皮革、毛皮（羽）及其制品业和制鞋业、木材加工及木、竹、藤、棕、草制品业、家具制造业、造纸及纸制品业、印刷业和记录媒介的复制、文教体育用品制造业、其他制造业（包括鬃毛加工、制刷及清扫工具、其他日用杂品制造和煤制品制造）等；能源原材料制造业包括石油加工、炼焦及核燃料加工业、化学原料及化学制品制造业、医药制造业、化学纤维制造业、橡胶和塑料制品业、非金属矿物制品业、黑色金属冶炼及压延加工业、有色金属冶炼及压延加工业等；装备制造业包括金属制品业、通用设备制造业、专用设备制造业、交通运输设备制造业（包括汽车制造）、电气机械及器材制造业、计算机、通信及其他电子设备制造业、废弃资源综合利用业、金属制品、机械和设备修理业等。

制造业结构加快转型，高加工度化和重化工化趋势明显，还可以从我国货物出口结构得到进一步印证。由表1-4给出的信息是，从20世纪90年代初期，机械及运输设备占我国货物出口比重还不足10%，到2000年就提高到33.1%，2010年达到49.5%，这意味着我国出口贸易中机械及运输设备出口几乎占了一半。

表1-4　机械及运输设备在出口结构中的变化

| 项　目 | 单位 | 1980 | 1985 | 1990 | 1995 | 2000 | 2005 | 2010 | 2013 |
|---|---|---|---|---|---|---|---|---|---|
| 出口额 | 亿美元 | 181.2 | 273.5 | 620.9 | 1487.7 | 2492 | 7619.5 | 15777.5 | 22090.0 |
| 机械及运输设备 | 亿美元 | 8.43 | 7.72 | 55.88 | 314.07 | 826.0 | 3522.34 | 7802.69 | 10385.3 |
| 比重 | % | 4.65 | 2.80 | 9.00 | 21.10 | 33.10 | 46.20 | 49.50 | 47.01 |

资料来源：2013年《中国统计年鉴》，《2015年统计摘要》，1988年、1998年、2009年《中国工业经济统计年鉴》，2013年《中国工业统计年鉴》。

注：1978年到2010年制造业增加值数据，是先从统计年鉴搜集整理出制造业总产值，然后根据工业增加值与工业总产值之比即工业增加值率推算得到。诚然，每个制造业部门的增加值率是不同的，但要想将30多个制造业部门的分项增加值都计算出来还缺乏最基本的数据资料。2012年制造业增加值是由当年全部规模以上工业企业和制造业企业工业销售产值折算成工业总产值，然后再根据当年工业增加值率推算出制造业增加值。根据《2015年中国统计摘要》数据，2014年制造业增加值分别增长10.5%、9.4%，工业生产者出厂价格指数分别为98.1%，以此推算2014年制造业增加值为202272.9亿元。

## （三）技术进步带动作用不断增强，产业创新能力显著提高

在我国制造业规模扩张、结构转型过程中，技术进步效果明显。一方面制造业从中低端向中高端演化越来越明显，另一方面正在成长出具有国际竞争力的优势产业和高端产品，如载人航天、载人深潜、大型飞机、北斗卫星导航、超级计算机、高铁成套装备、百万千万发电机组装备、万米深海石油钻探设备等都位居世界前列。衡量制造业技术进步作用的方法有多种，如制造业的科技进步贡献率、劳动生产率、企业研发投入、人均固定资本水平、装备制造业占制造业比重等。这里我们选择人均固定资本水平、企业研发投入、装备制造业占制造业比重等来考察制造业技术进步。众所周知，企业乃至产业技术进步主要表现是工艺路线改造、设备更新、新产品推出、人力资本提高等方面，而这些活动表现在生产要素配置上便是企业或产业的资本深化，即资本有机构成不断提高。在本文中，我们选择了28个制造业行业1987年以来的人均固定资产净值变化情况（见表1-5），1987年以来，除了少数几个行业外，绝大部分行业人均固定资产净值水平都提高了10倍以上。2000年以后，在28个行业中有19个行业人均固定资产净值增长都超过1倍，其中化学原料及化学制品制造业、橡胶制品业、非金属矿物制品业、黑色金属冶炼及压延加工业、有色金属冶炼及压延加工业、专用设备制造业等行业超过2倍。人均固定资产净值水平的不断提高，意味着我国制造业结构正在由劳动密集型向资本密集和技术密集迅速转化。再从研发投入看，20世纪90年代以来，我国研究和试验发展（R&D）经费支出占国内生产总值比重直线上升，由1997年0.64%提高到2013年的2.01%。到2014年，我国研究和试验发展（R&D）经费已经达到13312亿元，占国内生产总值比重2.09%。技术进步表现在企业方面就是有R&D活动的企业所占比重明显在提高，新产品开发项目在增加。2004年有R&D活动的企业占全国企业比重为6.2%，2013年达到14.8%，新产品开发项目数由76176个增加到358287个，分别提高了1.38倍、3.7倍。

进入新世纪以后，企业创新活动还发生了积极的结构性变化。这就是引进国外技术的经费支出稳中有降，而用于引进技术的消化吸收经费在明显增加，购买国内技术的经费和技术改造经费在显著增长。从表1-6可看出，同2004年相比，2013年全国规模以上工业企业引进国外技术的经费支出降低了0.9%，而用于引进技术的消化吸收经费增长了146.1%，购买国内技术的经费和技术改造的经费分别增长了159.9%、37.9%。另外，我们再将制造业按消费

表1-5　1986—2011年我国制造业行业人均固定资产净值余额（万元／人）

| 行业分类 | 1987 | 2000 | 2005 | 2011 | 2011/2000 |
|---|---|---|---|---|---|
| 农副食品加工业 | 1.15 | 7.28 | 8.70 | 16.83 | 2.31 |
| 食品制造业 | 1.07 | 7.38 | 9.10 | 15.64 | 2.12 |
| 饮料制造业 | 1.18 | 10.42 | 14.16 | 20.86 | 2.00 |
| 烟草制品业 | 1.67 | 23.67 | 32.16 | 46.64 | 1.72 |
| 纺织业 | 0.76 | 4.83 | 6.27 | 11.05 | 2.29 |
| 纺织服装、鞋、帽制造业 | 0.31 | 2.28 | 2.45 | 4.74 | 2.08 |
| 皮革、毛皮、羽毛（绒）及其制品业 | 0.46 | 2.36 | 2.15 | 4.07 | 1.72 |
| 木材加工及木、竹、藤、棕、草制品业 | 0.63 | 6.23 | 6.26 | 11.22 | 1.80 |
| 家具制造业 | 0.43 | 4.45 | 4.21 | 7.63 | 1.71 |
| 造纸及纸制品业 | 1.01 | 9.68 | 15.82 | 28.01 | 2.89 |
| 印刷业和记录媒介的复制 | 0.78 | 7.08 | 10.31 | 14.47 | 2.04 |
| 文教体育用品制造业 | 0.47 | 2.36 | 2.64 | 4.50 | 1.90 |
| 石油加工、炼焦及核燃料加工业 | 4.55 | 32.81 | 36.90 | 72.11 | 2.20 |
| 化学原料及化学制品制造业 | 1.18 | 10.61 | 16.83 | 35.91 | 3.39 |
| 医药制造业 | 1.16 | 7.55 | 13.30 | 18.53 | 2.45 |
| 化学纤维制造业 | 4.44 | 20.88 | 25.07 | 35.40 | 1.70 |
| 橡胶制品业 | 0.85 | 5.86 | 8.59 | 18.56 | 3.17 |
| 塑料制品业 | 0.85 | 6.92 | 8.04 | 11.28 | 1.63 |
| 非金属矿物制品业 | | 6.75 | 10.25 | 22.89 | 3.39 |
| 黑色金属冶炼及压延加工业 | 2.72 | 15.69 | 23.26 | 52.60 | 3.35 |
| 有色金属冶炼及压延加工业 | 2.50 | 11.50 | 17.72 | 38.58 | 3.36 |
| 金属制品业 | 0.56 | 5.14 | 5.90 | 12.83 | 2.50 |
| 通用设备制造业 | 0.94 | 4.97 | 6.44 | 14.54 | 2.93 |
| 专用设备制造业 | 1.15 | 4.59 | 7.06 | 15.24 | 3.32 |
| 交通运输设备制造业 | 1.27 | 7.87 | 11.02 | 20.25 | 2.57 |
| 电气机械及器材制造业 | 0.83 | 6.15 | 6.32 | 12.24 | 1.99 |
| 计算机、通信和其他电子设备制造业 | 1.20 | 8.72 | 9.73 | 11.22 | 1.29 |
| 仪器仪表及文化、办公用机械制造业 | 0.89 | 4.58 | 5.65 | 9.49 | 2.07 |

资料来源：1987年和2000年数据是根据1988年和2001年的《中国工业经济统计年鉴》计算，由于20世纪80年代统计资料对制造业行业划分与后来统计年份部分行业包括的内容有所不同，我们对一些行业人均固定资产净值只能选择近似行业数据。2005年和2001年数据是根据2006—2012年《中国统计年鉴》计算而得。表中数据未扣除价格因素。

品制造业、能源原材料加工制造业、装备制造业划分成三大类，看看全国按行业分规模以上制造业企业研发活动都集中发生在那些领域。从表1-7的数据反映出，在当前我国制造业企业研发活动中，有一半以上都发生在装备制造业领域，R&D经费投入装备制造业占54.91%，消费品制造业和能源原材料加工制造业分别只占10.46%、30.21%，企业开展的研发项目数装备制造业占56.27%，消费品制造业和能源原材料加工制造业分别只占11.37%、27.84%，企业的有效发明专利数装备制造业占69.01%，消费品制造业和能源原材料加工制造业分别只占6.91%、21.87%。以上论据说明了我国制造业企业技术创新活动在不断增加，而技术创新最活跃、表现最集中的是在装备制造业方面。这充分反映了产业结构和制造业结构转型升级的一般规律。

表1-6　全国规模以上工业企业技术获取和技术改造经费变化情况

|  | 2004 | 2009 | 2011 | 2013 |
|---|---|---|---|---|
| 引进国外技术经费支出（亿元） | 397.4 | 422.2 | 449.0 | 393.9 |
| 引进技术消化吸收经费（亿元） | 61.2 | 182.0 | 202.2 | 150.6 |
| 购买国内技术经费（亿元） | 82.5 | 203.4 | 220.5 | 214.4 |
| 技术改造经费（亿元） | 2953.5 | 4344.7 | 4293.7 | 4072.1 |

资料来源：2013年《中国统计年鉴》。

表1-7　2013年全国按行业分规模以上工业企业研究与试验

| 项　目 | R&D经费 | | 研发项目数 | | 有效发明专利数 | |
|---|---|---|---|---|---|---|
|  | 万元 | % | 项 | % | 件 | % |
| 总计 | 83184005 | 100 | 322567 | 100 | 335401 | 100 |
| 消费品制造业 | 8699465 | 10.46 | 36689 | 11.37 | 23173 | 6.91 |
| 能源原材料制造业 | 25127734 | 30.21 | 89798 | 27.84 | 73359 | 21.87 |
| 装备制造业 | 45675089 | 54.91 | 181521 | 56.27 | 231457 | 69.01 |

资料来源：2013年《中国统计年鉴》。

注：2012年数据是我国制造业规模以上主营业务总收入，它是总产值的99.7%。消费品制造业包括农副食品加工业、食品制造业、饮料制造业、烟草制品业、纺织业、纺织服装和服饰业、皮革、毛皮（羽）及其制品业和制鞋业、木材加工及木、竹、藤、棕、草制品业、家具制造业、造纸及纸制品业、印刷和记录媒介的复制、文教体育用品制造业、其他制造业（包括鬃毛加工、制刷及清扫工具、其他日用杂品制造和煤制品制造）等；能源原材料制造业包括石油加工、炼焦及核燃料加工业、化学原料及化学制品制造业、医药制造业、化学纤维制造业、橡胶和塑料制品业、非金属矿物制品业、黑色金属冶炼及压延加工业、有色金属冶炼及压延加工业等；装备制造业包括金属制品业、通用设备制造业、专用设备制造业、交通运输设备制造业（包括汽车制造）、电气机械及器材制造业、计算机、通信及其他电子设备制造业、废弃资源综合利用业、金属制品、机械和设备修理业等。

## （四）制造业的所有制结构得到很大改善，多种所有制经济并举发展的格局基本形成

由于统计口径的不一致，我们以相近似的论据说明问题。1980 年，我国规模以上工业中国有及控股企业数有 8.34 万个，占各类工业企业数的 22.1%，集体经济有 29.35 万个，占 77.8%，其他所有制只占 0.1%。到 2014 年，国有及控股企业数已经减少到 1.783 万个，占各类工业企业数下降到 4.9%，私营企业占 56.4%、外商及港澳台商企业占 15.4%、集体企业占 1.02%。从产值份额看，1980 年国有及控股企业占工业总产值 75.97%，私营企业 0.02%，其他经济（包括外商及港澳台商企业）占 0.47%。2014 年国有及控股企业占规模以上工业企业主营业务收入 23.38%，私营企业占 33.76%，外商及港澳台商企业占 32.7%。就是说，无论是按工业总产值还是主营业务收入统计，目前对我国工业发展的贡献排序都是私营企业占比最高，然后依次是国有及控股企业和外商及港澳台商企业，国有企业独大的格局已不复存在。

从仅有的统计资料分析，不同类型的企业在不同制造业领域投入的实际资本有明显差别。表 1-8 是 2012 年经过整理加工的制造业资本金投入分类情况。从制造业整体投入中，法人资本投入最多，占制造业资本金总投入比为 35%，其次是个人资本占 22.42%，其三是外国投资者资本占 15.96%，而国家资本仅占 10.14%。从企业自身看，凡是国内企业，无论是国家资本、集体资本，还是法人资本、个人资本，在能源原材料加工制造业投入的资本金最多，其次是装备制造业，在消费品制造业投入最少；外资有所不同，港澳台投资者同国内企业投向趋同，但外国投资者向装备制造业投入资本金最多，其次是能源原材料加工制造业，对消费品制造业投入最少。从不同类型企业横向比较看，投向消费品制造业领域资本金最多的是国内法人资本和个人资本，这两类资本占消费品制造业资本金总投入的 65.2%。投向能源原材料加工制造业领域资本金最多的是法人资本、个人资本和港澳台资本，这三类资本占能源原材料加工制造业资本金投入的 73.86%。在装备制造业领域，法人、外国投资者和个人投入的资本金最多，三者占装备制造业资本金投入的 78.59%。上述制造业企业资本的不同投向，说明了在现阶段国内企业和港澳台企业投资重心在资本密集行业领域，外国投资者的投资重心是资本和技术密集行业领域。显然，后者的技术优势要高于前者。

表1-8　2012年全国规模以上制造业企业按所有制划分的实投资本　　亿元

| 项　目 | 实投资本 | 国家资本 | 集体资本 | 法人资本 | 个人资本 | 港澳台资本 | 外商资本 |
|---|---|---|---|---|---|---|---|
| 总计 | 126185.31 | 12793.93 | 2433.5 | 44163.61 | 28286.17 | 18229.91 | 20143.94 |
| 消费品制造业 | 24978.88 | 1073.13 | 389.24 | 8807.9 | 7480.24 | 3100.92 | 4093.5 |
| 能源原材料制造业 | 54276.31 | 7141.52 | 1423.62 | 19072.86 | 10726.49 | 10289.29 | 5574.63 |
| 装备制造业 | 46930.18 | 4579.28 | 620.64 | 16327.85 | 10079.44 | 4839.7 | 10475.81 |

注：根据2013年《中国工业统计年鉴》资料整理，2012年数据是我国制造业规模以上主营业务总收入，它是总产值的99.7%。消费品制造业包括农副食品加工业、食品制造业、饮料制造业、烟草制品业、纺织业、纺织服装和服饰业、皮革、毛皮（羽）及其制品业和制鞋业、木材加工及木、竹、藤、棕、草制品业、家具制造业、造纸及纸制品业、印刷业和记录媒介的复制、文教体育用品制造业、其他制造业（包括鬃毛加工、制刷及清扫工具、其他日用杂品制造和煤制品制造）等；能源原材料制造业包括石油加工、炼焦及核燃料加工业、化学原料及化学制品制造业、医药制造业、化学纤维制造业、橡胶和塑料制品业、非金属矿物制品业、黑色金属冶炼及压延加工业、有色金属冶炼及压延加工业等；装备制造业包括金属制品业、通用设备制造业、专用设备制造业、交通运输设备制造业（包括汽车制造）、电气机械及器材制造业、计算机、通信及其他电子设备制造业、废弃资源综合利用业、金属制品、机械和设备修理业等。

# 二、我国制造业转型升级面临的挑战与问题

30多年里，虽然我国制造业发展取得了令人瞩目的成就。但是，我国制造业有做大的体制优势，它可以利用各级政府、国有企业和市场经济在短期内将制造业做得越来越大，但要将制造业很快做强做优目前并不具备优势。特别是实现《中国制造2025》提出的"三步走"战略目标，还面临着几个急待解决的问题。

## （一）低端制造产能巨大，制造业由大变强面临过剩矛盾制约

当前，我国制造业的总体产能利用率明显低于80%，有许多行业产能利用率只有70%左右，其中钢铁、水泥、电解铝、平板玻璃、炼焦、汽车、家电、电话单机、手机、卷烟等工业产品的产能利用率大多在50%到70%之间。[①]如果将庞大的在建和拟建生产能力计算在内，我国的产能过剩程度将更加严重。

---

① 马晓河：《用改革的办法化解产能过剩》，《经济日报》2013年12月27日。

比如目前我国制造业总产量，服装动辄就是上百亿件、皮革鞋靴几十亿双、水泥几十亿吨、钢材十几亿吨、平板玻璃几亿重量箱、集成电路八百多亿块、移动手机十几亿台，房间空调器、家用电风扇、微型计算机、彩电、组合音响等产量都是几亿台。[①] 如此巨大的工业制成品产量，单靠国内市场是无法消化完的，还必须出口国际市场。值得关注的是，我国的产能过剩只有少部分行业是相对过剩，大部分行业都处于绝对过剩状态，无论是消费品制造业还是能源原材料加工制造业和装备制造业都普遍存在产能过剩。

造成制造业产能过剩的原因是多重的，一是需求结构失衡，长期低消费率高储蓄率推动高投资，高投资支持制造业的高产能；二是既有财税体制和干部考核机制不合理，刺激了制造业超常规发展；三是地方政府的干预和保护，诱惑各类市场主体过度进入制造业领域，形成制造业过度投资。在以往的国际环境条件下，我国庞大的制造业产能还可通过出口来消化。但是，自世界金融危机之后，国际形势发生了根本变化，国际经济形势的复苏好转与中国的外需发生了偏离。一方面发达国家公共需求压缩和私人消费疲软，对中国需求增长乏力，另一方面比中国还落后的中低收入国家正在向中国学习，以比中国更低廉的成本发展劳动密集型产业，并向发达国家大量出口劳动密集型产品，在全球市场上对中国形成了供给替代。在此情况下，中国面临严重的制造业产能过剩危机。

中国产能过剩最为严重的是低端制造行业。多年来，在各级地方政府直接干预下我们把过多的资源投向制造业进而投向容易发展的领域，使得这些领域投资拥挤，产能疯狂增长。相反，发展难度较大的高附加值、高技术含量、低排放制造业领域资本进入不足，市场空间需要进口来补充。当前和今后，我国遇到的矛盾是，产能过剩行业已经过多挤占了本应用于发展高端制造业的资源，要化解产能过剩矛盾我们还必须拿出另外一笔资源，这从两方面制约了中国制造业由大变强的进程。

## （二）制造成本全面上升，市场竞争力下降抑制制造业由大变强

改革开放以来，中国制造业首先是利用大量低廉劳动力从发展劳动密集型产业起家的。当时，传统农业部门存在着数以亿计的剩余劳动力，对制造业来说社会劳动力供给是无限的，发展劳动密集型的制造业具备明显的低成本比较

---

① 资料来源：国家统计局2014年《中国统计年鉴》，中国统计出版社2014年版。

优势。进入 20 世纪 90 年代特别是新世纪以后，农业部门劳动力绝对数量迅速减少，[①]可供给制造业的劳动力数量不断下降，由此导致制造业以及社会劳动工资的快速上涨。表 1-9 是作者根据国家统计局公布的资料整理计算的城镇单位就业人员平均工资变化情况，可以看出 1990 年以来，我国城镇就业人员实际工资增长了 8.63 倍，制造业就业人员实际工资增长了 8.19 倍。分阶段看，城镇就业人员年平均工资增长速度还有加快趋势。在 20 世纪 90 年代，城镇就业人员工资增长了 104.79%，年均增长 7.43%，其中制造业就业人员工资增长了 110.41%，年均增长 7.72%。进入 21 世纪后，从 2001 年到 2013 年城镇就业人员工资增长了 28.72%，年均增长 8.78%，其中制造业增长了 35.36%，年均增长 10.62%。与此同时，土地、能源、水、原材料以及环境成本也在上升。比如 1990 年以来，我国工业生产者购进价格指数上涨了 129.62%，年均增长 3.68%。

表 1-9　城镇单位就业人员年平均工资变动情况

| 年　份 | 平均货币工资（元） | | | | | 平均实际工资指数（1990 = 100） | | | | |
|---|---|---|---|---|---|---|---|---|---|---|
| | 合计 | 国有 | 集体 | 其他 | 制造业 | 合计 | 国有 | 集体 | 其他 | 制造业 |
| 1990 | 2140 | 2284 | 1681 | 2987 | 2073 | 100 | 100 | 100 | 100 | 100 |
| 1995 | 5348 | 5553 | 3934 | 7728 | 5169 | 130.19 | 127.16 | 120.79 | 130.73 | 135.96 |
| 2000 | 9333 | 9441 | 6241 | 11238 | 8750 | 204.79 | 194.87 | 172.73 | 171.41 | 210.41 |
| 2005 | 18200 | 18978 | 11176 | 18362 | 15934 | 378.30 | 371.09 | 292.98 | 265.24 | 358.51 |
| 2010 | 36539 | 38359 | 24010 | 35801 | 30916 | 662.86 | 654.38 | 549.06 | 451.53 | 602.08 |
| 2013 | 51483 | 52657 | 38905 | 51453 | 46431 | 842.31 | 809.82 | 801.20 | 585.25 | 814.99 |

资料来源：2002 年、2013 年《中国统计年鉴》、《2015 年中国统计摘要》。制造业实际工资指数是根据 CPI 指数折算出来的。

制造业成本的迅速上升直接引起自身市场竞争力的不断下降。据全球商业咨询机构 AlixPartners LLP 发布的一项研究显示，2005 年，在制造业成本竞争力排序方面，中国居于领先，其后是印度、越南、俄罗斯和墨西哥。到 2010 年，全球已经过洗牌，墨西哥成为成本最低的地区，其后是越南、印度、俄罗斯，最后是中国（见表 1-10）。我国制造业产出是靠大量劳动投入和高物耗取

---

[①] 从1991年到2000年，我国农业劳动力就业数量由39098万人下降到36043万人，减少了3055万人；从2000年到2012年，我国农业劳动力就业数量由36043万人进一步下降到25773万人，减少了10270万人。

得的，产出效率也不高，从中间投入贡献系数看，中国一个单位价值的投入仅能获得 0.56 个单位的新创造价值，只有发达国家平均水平的一半。从产业附加值率看，目前我国工业附加值率仅为 22.3%，而美国 49%、日本 48%、德国 37%。[①] 更令人担忧的是，2010 年以来由于工业成本上升过快，还使我国工业成本费用利润率出现下降，2010 年全国规模以上工业企业成本费用利润率从 2000 年的 5.56% 提高到 8.31%，而 2011 年降到 7.71%，2012 年又降至 7.11%，2014 年又降至 6.4%。特别是进入 2011 年以后，我国工业企业成本继续快速上升，而工业品出厂价格连续 40 几个月下跌。2011 年至 2014 年工业品出厂价格指数分别为 106、98.3、98.1、98.1，成本上升产品价格下降必导致企业利润率下滑，2011 年至 2014 年工业企业主营业务收入利润率分别为 7.3%、6.7%、6.1%、5.9%，连续四年呈下滑趋势。

表 1-10　美国主要制造业外包国家的成本竞争力排名变化

| 排　序 | 2005 年 | 2010 年 |
|---|---|---|
| 1 | 中国 | 墨西哥 |
| 2 | 印度 | 越南 |
| 3 | 越南 | 印度 |
| 4 | 俄罗斯 | 俄罗斯 |
| 5 | 墨西哥 | 中国 |

资料来源：AlixPartners.《AlixPartners 美国制造外包成本指数》，2011。

### （三）原发性创新能力不强，制造业由大变强科技支撑不足

多年来，虽然我国制造业科技进步取得了显著成就，但不可否认的是，同发达国家相比我国制造业在技术创新方面还有很大差距。从技术创新层面讲，目前在世界制造业领域，美国是"大脑"，德国日本是"心脏"，中国仅仅是"肢体"，我们既缺"脑"也缺"心"。长期以来，我国制造业主要是依靠技术引进，通过再创新和集成创新推动产业或企业技术进步，原始创新能力不强。主要表现在以下几个方面：第一，研发投入强度仍然较低。从 2000 年以来，我国研究和试验发展（R&D）经费已经由 896 亿元增加到 2014 年的 13312 亿

---

① 付保宗：《提升装备制造业核心竞争力问题研究》，《专题报告三》。

元，占国内生产总值比重也由 0.9% 提高到 2.09%。① 即使如此，我国研发经费投入占国内生产总值比例与发达国家仍有较大差距。目前，美国、日本、韩国、德国等国家的研发经费投入占比分别是 2.79%、3.45%、3.36%、2.82%。② 我国研发经费投入占比分别只是美国、日本、韩国、德国 74.9%、60.6%、62.2%、74.1%。

第二，人才匮乏。我国人才短缺既是结构性也是系统性的。首先是高端、专业、关键性人才奇缺，目前我国拥有 3000 万科技工作者，而高端管理和科技工作者占比却很低。目前我国每万人劳动力中研发人员数量仅相当于日本的 1/7、德国、法国、英国的 1/6、韩国的 1/5。2012 年，我国企业具有硕士学位人数占全国 R&D 人员硕士人数的比重 38.6%，博士人数占 13.6%，这一比例与发达国家差距甚大。美国在企业工作的博士人数占比超过 35%，而我国的博士绝大多数是在院校和科研机构。我国人才短缺还表现在技术工人无论数量还是技能素质都无法满足制造业转型升级的需要，目前我国城镇企业共有 1.4 亿职工，其中技术工人 7000 万人，其中初级工所占比例为 60%，中级工比例为 35%，高级工比例仅为 5%。而在发达国家高级技工占技术工人的比例通常要超过 35%，中级工占 50% 左右，初级技工占 15%。③ 我国高级技术工人比例和中级技术工人比例明显偏低，初级技术工人比例明显偏高。

第三，关键、核心技术储备严重不足。欧美日等发达国家，在长期的技术创新活动中，积累了大量的技术和专利，形成了强大的"专利池"。据统计，1986—2010 年间，美国累计授权发明专利高达 327.9 万件④，而我国截至 2012 年底发明专利累计授权量仅为 111.1 万件⑤，仅为美国的 1/3。2013、2014 年我国发明专利申请授权量大幅度上升，但和发达国家相比发明专利质量有待提高⑥。目前，发达国家在光学、运输、音像技术、医药技术、半导体、发动机等

---

① 资料来源：2014年《中国统计摘要》，《中华人民共和国2014年国民经济和社会发展统计公报》。

② 付保宗：《提升装备制造业核心竞争力问题研究》，《宏观经济研究院研究报告》，美国、日本、韩国是2008年数据，德国是2009年数据。

③ 付保宗：《提升装备制造业核心竞争力问题研究》，《专题报告三》。

④ 《2010年美国授权发明专利 企业比重超过九成》，《经济日报》2011年9月14日。

⑤ 《我国发明专利累计授权首超百万 广东北京江苏排名前三位》，《经济日报》2013年2月22日。

⑥ 2011年，我国发明专利申请量超越美国，成为世界第一，但我国发明专利主要是改进型发明，在技术含量、复杂程度方面水平较低，技术关键领域的发明专利数量较少。

关键技术领域的发明专利授权仍保持优势。[1]比如，我国已成为全球汽车产量和销量第一大国，但空调、电动转向、电子制动、悬挂系统、发动机控制等核心零部件，全都掌握在欧美日等发达国家企业手里。同发达国家比，我国的专利转化率也非常低，目前我国专利转化率不足 10%，远低于发达国家 70% 到 80% 的比重。[2]我国的科技成果转化指数在过去 30 年里也处于最低水平。2008 年，美国成果转化指数为 100，瑞典、法国、日本和英国分别为 77、59、40 和 40，而我国仅为 1.6，略高于韩国 1990 年的水平。

第四，基础机械、关键零部件和基础配套能力薄弱。多年来，由于对共性技术研究和关键零部件研发重视不够，我国制造业的基础机械、基础元器件和关键零部件供应能力不足，成为各类主机和重大技术装备发展的制约因素。比如，在机床、发动机、仪器仪表等基础机械产品领域，国内企业每年大量生产和出口中低档发动机、机床、中小型集成电路，同时又每年大量进口高档数控机床、大型集成电路、先进发动机、关键零部件和高端原材料。目前，我国 95% 的高档数控系统、80 的芯片、几乎全部高档液压件、密封件和高端发动机都要依靠进口。又如，工业机器人所用的精密减速器、控制器、伺服系统及高性能驱动器等核心零部件大部分依赖进口。我国每年生产 13000 万千瓦发电机组（发电设备），但发电设备所用的耐高温、高压管材需要大量进口，超临界、超超临界机组的耐高温、高压的优质管材、板材也需要进口。还有，我国急需的航空发动机主轴承，属于基础关键、高端精密件制造，是我国的"短板"，西方发达国家根本不单卖于中国，要么进口整机、要么拒绝卖出。因此，核心制造是买不回来的，只能走原始自主创新之路。

显然，R&D 投入强度低、人才匮乏、关键核心技术储备不足、基础技术配套能力弱等问题的形成，既与我国的追求快速增长的发展方式有关，更与我们不完善的市场制度和缺乏创新激励的政策安排直接相关。

### （四）发展方式粗放，制造业由大变强缺乏可持续性

30 多年来，我国制造业虽然实现了高速发展，但过度依赖低成本、高投入也带来了严重的结构性矛盾和资源环境问题。这就是社会资本过度进入制造业领域，造成制造业极度扩张和粗放式发展，过度消耗资源能源，生态环境破

---

[1]《我国授权专利去年增长 26.1% 体现基础性、原创性的发明专利仍然比较少》，《人民日报》2013 年 2 月 22 日。

[2] 资料来源：《专利，奖大不如扶小》，《经济观察报》2008 年 5 月 12 日。

坏严重，可持续发展能力差。我国土地、水、林木、矿石、能源资源都十分稀缺，木材、煤炭、矿石、石油等能源资源供求缺口还在日益扩大，不得已我们每年大量进口这些短缺资源。目前，我国每生产一单位工业增加值或者 GDP，要消耗的能源、原材料要比发达国家高得多。比如我国生产每万元 GDP 能耗是美国的 1.43 倍、日本的 1.92 倍、德国的 2.2 倍、英国的 2.49 倍[①]，钢材消耗是美国的 7 倍、日本的 3.1 倍。2012 年，我国 GDP 占世界总量的 11.4%，但却消耗了全球 23% 的能源、11.7% 的石油、30% 的煤炭、25% 的钢铁、40% 的水泥。2013 年，我国全社会能源消费 41.69 亿吨标准煤，其中工业消费约占 69.83%。[②] 巨量能源资源消耗给我国生态环境中排放了大量污染，2013 年全国二氧化碳、氮氧化物、烟尘排放总量分别达到 2043.92 万吨、2227.36 万吨、1278.14 万吨。[③] 由于污染物超量超标排放，使得我国的土地、水、大气环境遭到严重破坏。按照 2012 年《环境空气质量标准》（GB3095-2012）进行评价，目前我国地级以上达标城市仅占 40.9%，环保重点城市达标比例仅为 23.9%。2013 年以来，中东部地区出现了持续大范围的雾霾天气，雾霾面积达 130 多万平方公里，多个城市 PM2.5 指数爆表，6 亿人口受此影响。

较差的环境不但需要社会拿出较多的资源去治理，而且也降低了高端制造企业和人才的吸引力，在一个环境质量较差的地区，制造业可能会做大，但不会变强。

## 三、我国制造业转型的战略思路与对策

当前，世界正在掀起新一轮技术革命浪潮。本轮技术革命以信息技术、生物技术、新材料技术和新能源技术为核心，特点是这四大技术在创新应用过程中不断交叉融合，并以渗透方式改变着我们的世界，智能化、数字化、精细化、低碳化等趋势在我们的生产生活中如影随形。这给世界制造业带来了深刻影响，在生产方式上，制造业将出现智能化、网络化、精细化和个性化发展特征。在发展理念上，制造业将出现绿色化、服务化发展特征。在组织方式上，制造业将出现扁平化、柔性化管理趋势。在商业模式上，未来制造业将更加呈现个性体验和定制特征。比如能体现新一轮技术革命的 3D 打印机，采用"增

① 资料来源：2015年《中国统计摘要》。
② 资料来源：2015年《中国统计摘要》。
③ 资料来源：2014年《中国统计年鉴》。

材"技术能打印（制造）出牙齿、骨关节、衣服、飞机汽车零部件、枪支等产品，如果 3D 打印技术进一步成熟并产业化，必将替代传统的"减材"制造技术，改变整个制造业发展模式。毫无疑问，新一轮技术革命浪潮为世界各国带来了难得的发展机遇。可以预见，在本轮技术革命过程中，哪个国家起步早，战略实施得当，必将获得新的经济增长。为了在新一轮技术革命浪潮中抢得先机，世界各大经济体纷纷实施新的发展战略，德国推出"工业4.0"，美国提出"先进伙伴计划"，日本推行"再兴战略"、韩国实行"新增长动力"战略，法国实施"新工业法国"等[①]。

新一轮科技革命和世界产业变革同样也给我国带来"机会窗口期"。这一窗口期恰恰是我国大力推进经济结构转型、产业结构调整关键时期。两期相遇交汇，使得我国能利用更大空间、更多手段推动制造业转型升级。2014 年，我国人均 GDP 达到 7590 美元，按照世界银行划分标准我国已经跨入世界中上等收入国家行列。下一步中国将向发达的高收入国家行列迈进，根据国际经验，此时制造业结构转型是一个经济体成为发达国家的成功关键所在。制造业结构成功转型的主要内容是，制造业在国内生产总值中的比例不断降低，同时制造业结构中低端制造被不断淘汰，中高端制造比重不断提高，高加工度、高技术含量、高附加值制造业成为经济增长中的主导产业。为此，制造业的整体技术水平和生产效率都提高了，国际竞争力也大大增强了。当前和今后一个时期，我国一定要面对挑战与问题，把握制造业发展的一般规律，选择适合本国制造业由大变强的战略思路，推动制造业进一步发展。

未来我国制造业由大变强的战略思路是，必须紧紧抓住世界新一轮科技革命提供的战略契机，以国内和国际两大市场为需求平台，以原始创新、集成创新和引进消化吸收再创新为动力，以智能制造为主攻方向，通过关键领域、重要环节和重点行业创新突破，运用新一轮科技革命创新成果——先进技术、先进工艺路线、先进管理方式，改造提升我国制造业，逐步淘汰低端制造，积极发展中高端制造，扶持战略性新兴产业，促进制造业在全球价值链中由低端向中高端跃升，推进消费品制造业、能源原材料加工制造业和装备制造业产品结构调整和产业结构转型，形成我国具有先进性、知识密集型、高附加值、低碳化的现代制造业体系，实现中国制造向中国创造、中国产品向中国品牌转变，最终实现中国制造由大变强的历史跨越。为此，试提出以下政策建议。

---

① 吕铁、韩娜：《智能制造：全球趋势与中国战略》，《学术前言》2015.06 上。

## （一）进一步加强科技创新，不断提高国家制造业创新能力

目前，世界制造业可排列三个方阵，第一方阵是美国，第二方阵是德国、日本，第三方阵是英国、法国、俄国、韩国和中国。与处于世界制造业前列国家相比，我国主要差距是原始自主创新能力薄弱。今后，要采取综合举措提升我国的创新能力，争取用20时间我国制造业发展水平达到第二方阵。一是要继续加大 R&D 的投入强度。创新需要投入，科技创新更需要长期不懈的投入。近几年，尽管我国 R&D 占 GDP 比重上升很快，但与发达国家仍有较大差距，建议进一步加大政府在 R&D 中的投入比重，可以建立高端制造产业引导基金，用于引导企业发展关键和核心技术、基础机械、关键零部件和基础配套设备等方面的研发设计、推广应用。此外，还可采取税前抵扣的政策，鼓励和支持企业增加 R&D 的投入强度，让企业成为科技创新投入主体。二是，加强核心技术研发，瞄准新一代信息技术、高端装备、新材料、生物技术等重大制造业领域部署创新。集聚国内一流科研力量，筹集必要的技术、资金、设施等创新资源，围绕目前我国亟需的关键、核心技术以及共性技术，组成若干个制造业技术重大专项，争取在较短时期在新一代信息技术产业、高档数控机床和机器人、航天航空装备和无人机、海洋工程装备及高技术船舶、先进轨道交通装备、节能与新能源汽车、电力装备、农机装备、新材料、生物医药及高性能医疗器械等方面取得重点突破。三是围绕《中国制造2025》大力推动的十个重点领域，支持设立增强制造业核心竞争力工程包，强化对关键、核心技术以及共性技术的推广应用。今后，我国制造业要不断提高科技成果转化率，要以产业链为基础，组成若干个工程包，合力推进。要深化产学研合作，从财政补贴、税收优惠、政府采购、市场准入等方面，推进科技成果有效转换。四是引导企业创新。要不断完善引导企业创新的机制和政策，大幅度提高政府对企业创新的政策支持力度，支持企业建立研发机构，引导鼓励企业增加创新投入，根据产业调整和新兴产业发展需要，在全国选择一批产业技术创新联盟和产业共性技术研发基地，培育一批创新型企业。完善企业研发费用税前加计扣除政策，允许并支持企业按销售收入一定比例提取科技创新风险基金、新产品试制准备金、技术革新基金、人才培育或引进基金等，这类基金或准备金允许税前扣除，实行专款专用。五是完善科技创新服务体系。积极支持研发设计服务、知识产权服务、科技成果检测、中介咨询等科技服务机构的发展，为实现创新技术成果的扩散、转移、推广营造良好的外部环境。

## （二）以智能制造、绿色制造和精细制造为重点对传统产业改造升级

当前，我国正处于产业结构加快转型期，低端制造、落后产能要么被替代、要么被转移，这将是一种必然趋势。但是，要特别注意的是在大量低端落后产能被淘汰或转移过程中，如果我们不能及时对还没有被淘汰、转移或将要被淘汰、转移的传统产业进行及时改造升级，中国经济增长将面临大滑坡，这是因为低端落后产能淘汰转移是快变量，传统产业升级和新兴产业成长是慢变量，当慢变量在短期内无法迅速填补"去产能化"遗留下来的增长缺口时，制造业将会出现"空心化"。因此，在做好减法即"去产能化"的同时，一定要做好加法，加快对传统制造业的改造升级步伐，积极推进新兴产业发展，以避免制造业在转型过程中出现"空心化"。对传统制造业改造，一定要走中高端化、细分化、智能化和低碳化发展路线，充分利用现代技术改造工艺路线和生产流程，更新机械设备，引进先进管理，延长产业价值链条，促进制造业朝着价值链的上游发展，从以往追求规模扩张转向质量提升，鼓励企业全身心地投入到高附加值、高技术含量、低排放制造活动中。

对于消费品制造业，为了适应城乡居民收入水平不断提高和消费结构演变，可以适当降低低档产品生产量和生产比重，不断提高中高档产品产量和生产比重。以服装业为例，目前我国每年生产服装约 270 多亿件，大多是低技术含量、低附加值产品，不但国内消费不了，就是出口也遇到了发展中国家的激烈竞争，价格不断下降，成本持续上升，利润空间变小。相反，每年我国却大量进口高技术含量、高附加值的服装。因此，我国应该在淘汰或转移一批低端、低附加值服装生产能力的同时，发展一批中高端西服、衬衫、女装、童装等。

对于能源原材料加工制造业，今后的改造方向是：压缩能源原材料粗加工的生产能力，降低其比重，提高精加工和高加工的生产能力，着力发展一批为精密加工制造配套的原材料。同时要大力发展新材料制造产业，实施一批工程，支持一批创新型企业，鼓励发展电子信息材料、生物材料、新能源材料、纳米材料、超导材料、新型化工材料、新型有色金属合金材料、高性能复合材料、新型建筑材料、低碳包装材料加工等。

对于装备制造业，要集中力量发展基础制造装备，以智能化为重点，大力推进高档数控机床、中高端发动机、集成电路芯片、关键制造设备、自动化成套生产线、精密和智能仪器仪表、关键基础零部件、元器件以及通用零部件的发展。在航空装备方面，发展大飞机的重点是要突破发动机超高速、超高压、

超高温三大技术难题，尽快研制并生产出我们自己的大飞机发动机，制造装有"中国心"（发动机）的航空飞机。在交通运输设备制造方面，要发挥高铁、轻轨方面的优势，围绕高速、快捷、安全，重点发展整车制造、列车运行控制系统、系统集成和核心制造技术，提升关键零部件制造水平，打造具有国际竞争优势的现代轨道交通装备产业集群。在海洋工程装备制造方面，以海洋矿产资源装备制造为重点，围绕勘探、开发、生产、加工、储运以及海上作业环节需要，发展大型水下系统和作业装设备等关键海洋工程装备，掌握关键核心技术，形成较强的总承包能力和专业分包能力。在通用设备制造方面，要以推动中高端装备应用为方向，以产品制造过程智能化、精密化、低碳化为目标，通过有效的政策支持，鼓励对食品制造、纺织服装、能源化工、医药制造、金属制品、汽车制造、普通以及专用机械设备制造、电气机械及器材制造、电子及通信设备制造等领域进行全面系统的现代化改造，以提升我国制造业的核心竞争力。

### （三）完善产业政策，创造有利于制造业由大变强的发展环境

在新的发展阶段，制造业由大变强，一方面需要营造良好的市场环境，充分发挥市场在资源配置中的决定性作用，促进制造业产品结构调整和产业结构转型。另一方面，也需要政府发挥积极作用，在完善相关法律、法规，维护市场秩序，制定行业技术标准，支持重大装备制造和关键基础性以及共性零部件制造等方面，起到监管、引导、支持等作用。一是进一步完善相关法律法规和行业技术标准。我国的制造业是依靠国际和国内两个市场、两种资源发展起来的，因此我国有关制造业发展的相关法律法规和行业技术标准必须参照国际通行做法来制定。特别在制造业标准化方面，应提高国家标准、行业标准和企业标准等级，完善我国制造业标准体系，为我国制造业产品升级、深度参与国际市场竞争创造条件。二是完善制造业的支持政策。根据制造业结构转型和升级发展的需要，要调整和完善制造业发展的支持政策，要从过去的以管为主转向以服务为主，进一步减少甚至取消政府对企业的直接干预政策，比如行政审批、收取各种杂费和赞助、摊派各种达标比赛活动等，在企业注册、建厂、研发设计、品牌、产权保护、采购、营销、生产、进出口等方面，制定有针对性和实效性的措施，从各方面提供诱致性、便利化的服务政策，引导企业调整制造业结构，推进制造业由大变强。

## （四）加快人才队伍建设，为制造业由大变强提供人力资本支撑

我国制造业由大变强的关键是技术创新，而技术创新的关键是人才，人才是现代制造业的核心竞争力。一是加快教育和科研体制改革，培养一批高端人才。鼓励产教结合、产学研结合，为高端制造和战略性新兴产业发展培养高级人才，高等院校或科研机构要结合企业实际需要，加大工程类博士专业学位研究生的培养力度，这类人才培养过程，要引导企业积极参与，教学课程设置、实践训练安排、学位论文（设计）等要与企业进行实质性对接。同时，要利用每年国家实施的科技重大专项、重大科技成果示范推广工程，培养一批高端专业人才。二是改革收入分配制度，优化人才发展环境，引导高端人才向企业流动。建立国家人才专项基金，完善股权激励、技术入股、收益奖励以及社保、配偶就业、子女上学、住房等方面的优惠政策，吸引海外高端人才来中国发展，并以同等优惠政策鼓励支持国内高等院校或科研院所的高级人才向企业流动。三是加强职业教育和企业职工技能培训，不断提高制造业的员工素质。要加大制造业职业教育的投入，建立职业教育培训发展基金，完善技能培训补贴管理办法，健全职业教育和技能培训体系，开展网络化、开放式、自主型的职业教育和技能培训，增强职业教育和技能培训的针对性，同时在全国或不同区域还可开展各种形式的技能比赛活动，倡导技能竞争、质量为上的精神。

## （五）积极调整对外贸易和投资策略，提升我国制造业在全球价值链的水平

要适应国际经济格局调整和国内制造业由大变强的需要，一是积极促进我国对外贸易和投资战略转型，扎实推进"一带一路"的实施工作，利用我国外汇储备充裕和资本充足的优势，在沿线国家或地区开展基础设施建设合作、产能合作、服务贸易合作等，积极输出我国的高铁、电子商务以及金融服务等项目，并以此带动中高端制造业的出口。二是深化对外开放，在外商投资负面清单、商事登记、进出口业务便利化以及"走出去"等制度安排上，继续同国际规则接轨，从体制上创建高尺度的互惠开放市场，为制造业"走出去"和引进来创造良好的环境。比如降低高端制造业产品（包括服务产品和技术设备）的进出口关税，完善出口退税制度，简化商事登记手续，建立健全涉及制造业乃至整个服务贸易的融资、信保、通关、结售汇等管理制度，清理整顿进出口环节各种不合理收费项目，制定外商投资负面清单，扩大企业境外投资自主权，

允许开展个人境外投资，积极推进人民币国际化等。三是逐渐减少低端制造业产品的出口，主动将国内一部分低端制造业产能转移到中低收入国家。与此同时，促进加工贸易企业培育新的优势，吸引跨国公司将处于价值链高端的设计、核心制造、营销和咨询服务等环节转移到中国来，推动我国贸易结构调整转型。四是培育本土跨国公司，不断提高我国在全球制造业价值链的分工地位。世界制造业的竞争在某种程度上是跨国公司的竞争，在对全球资源开发和经济市场的控制力上，我国还没有真正意义上的跨国公司，目前进入世界500强的国内企业大多是内向型和国有企业。今后必须遵照十八届三中全会提出的构建开放型经济新体制、加快培育参与和引领国际经济合作竞争新优势的要求，从财税、金融、投资贸易便利化等方面推进国内制造业企业到境外发展，支持他们在全球范围配置生产技术资源要素，建立自己的全球产业分工体系、研发创新体系和营销体系，不断提高制造业国际市场竞争力，实现中国制造由大变强。

### （六）加快推进改革进程，为实施制造强国战略保驾护航

在现阶段以及未来，再好的战略设计、行动纲领以及政策，没有体制改革配套是很难得到实施的。况且中国制造要由大变强是一项庞大的系统工程，涉及我们现有体制的方方面面，必须下大决心改革那些僵化、过时的传统体制机制。改革的设想是，一，政府要进一步向社会、向企业放权让利，简化审批程序，减税免费，实现从统管到服务转变。二，强力推动国有企业改革，坚决从管人、管事、管一切向管资本转变，同时一定要解决国有企业过大的问题，国有企业过度进入竞争性制造业领域，不但挤压了民间资本的发展空间，而且还不利社会创业创新。从实践经验看，民营企业的创新动力更强，今后国有企业应结合体制改革退出竞争性领域，为民营企业发展腾挪空间。三，破除行业垄断，降低民间资本进入门槛，取消一切对民营企业的不合理、不公平的限制。四，彻底改革我国的科技创新推广体制，从更加适应中国制造强国战略角度，推进技术创新管理、项目经费分配使用、成果评价与转化应用、知识产权保护等方面改革，重构能体现激励的创新体系。最后，还要积极推进生产要素价格市场化改革、节能减排制度改革、企业税费制度改革等等。

（马晓河）

## 参考文献：

王云平：《中国制造业综合比较优势分析》，经济管理出版社 2014 年版。

王福君：《后金融危机时代美国、日本、德国三国装备制造业回流及对中国的影响》，《经济研究参考》2012 年第 63 期。

李善同、刘志彪等主编：《"十二五"时期中国经济社会发展的若干问题政策研究》，《第七章制造业升级政策》，科学出版社 2011 年版。

马晓河：《用改革的办法化解产能过剩》，《经济日报》2013 年 12 月 27 日。

张茉楠：《全球价值链战略推动中国产业全面升级》，《改革内参》2014 年 4 月 25 日，综合 2014 年第 14 期。

王建：《传统市场经济与生产过剩危机》，《中国战略思想库研究报告》2014 年 3 月 12 日。

邵立国、王厚芹等：《世界制造业发展新趋势及启示》，《中国经济时报》2014 年 11 月 14 日。

王旭虹、刘鹏飞：《没有中国制造就没有全球创造》，《中国经济时报》2014 年 4 月 3 日。

高旋：《推动我国产业向全球价值链高端跃升》，《经济日报》2014 年 5 月 20 日。

胡迟：《制造业转型升级的最新评估：成效、问题与对策》，《经济研究参考》2014 年第 15 期。

吕铁、韩娜：《智能制造：全球趋势与中国战略》，《学术前言》2015.06 上。

赵昌文、王忠宏：《从制造大国转向制造强国》，《时事报告》2015 年第 5 期。

林重庚、迈克尔·斯宾塞：《中国经济中长期发展和转型》，《背景论文"中国工业生产的分散化和面向国内市场的制造业前景"》，中信出版社 2011 年版。

国家统计局 2013 年、2014 年《中国统计年鉴》，《2015 年中国统计摘要》，1988 年、1998 年、2009 年《中国工业经济统计年鉴》，2013 年《中国工业统计年鉴》。

国家发展和改革委员会经济研究所：《"十三五"经济发展和深化改革研究》，《"十三五"时期提升企业创新能力的思路及对策》。

工业和信息化部赛迪智库工业结构调整形势分析课题组：《2014 年中国工业结构调整发展形势展望》，《中国经济时报》2014 年 1 月 15 日。

《中国制造 2025》，国发 {2015}28。

# 第二章 我国制造业结构变化的特征及趋势

改革开放以来，我国制造业结构变化呈现阶段性发展特征。21世纪开始进入重化工业加速发展阶段，制造业结构变化特征表现为：行业结构的重化工化和加工度深化趋势明显；结构升级主要表现为资本不断深化，技术密集型产业名义比重上升，但实际高度化不足；市场结构总体呈现分散竞争型结构特征，向集中转变的趋势不明显；多种所有制共同发展的格局形成，国有经济比重不断下降，外商及港澳台投资企业比重前升后降，私营经济和其他成分比重不断上升；东中西部地区制造业结构区域性差异分化。未来，我国进入工业化中后期阶段，同时面临经济结构的战略性调整，制造业存在结构调整升级的客观要求；另外，供需结构的变化、以信息化、数字化为主的产业革命等将对我国制造业结构变化产生深远影响。

工业化不仅是一个国家从以农业部门为主向以非农业部门为主的结构转变过程，更是首先反映在产业结构向以工业为主导转变的过程，反映在制造业内部结构不断调整升级的过程。工业化初期，工业结构以轻工业等劳动密集型产业为主导；工业化中期的重化工业化阶段，工业结构从以轻工业发展为重心向以重工业发展为重心转变；重化工业化过程中，工业结构从以原材料工业为重心向以加工、制造业为重心转变，即"高加工度化"，在高加工度化过程中，制造业结构进一步向"技术集约化"方向转变。参照工业化过程中制造业结构变动的一般性规律，考察我国经济增长过程中制造业结构变动的阶段性特征，对于判断未来制造业发展方向和确定现阶段制造业发展战略具有十分重要的意义。

# 一、我国制造业结构的总体变化情况

## （一）改革开放以来我国制造业结构变化的阶段性特征

改革开放以来，随着工业化进程的推进和社会主义市场休制的建立，我国制造业[①]结构变化呈现出与经济发展相适应的阶段性变化特征。在市场机制的作用下，制造业结构在一定程度上呈现出了工业化进程中应有的规律性和阶段性特征，但由于市场经济发展的不完善，我国制造业结构的变化与一般工业化过程中制造业结构变化规律发生了一定程度的偏离。主要经历了三个阶段，第一阶段（1978—1990 年）是纠正片面发展重工业、大力发展轻工业占主导的加工制造业阶段；第二阶段（1990—2000 年）轻重工业协调发展，制造业呈现重化工化和高加工度化趋势阶段；第三阶段（2000 年—目前）制造业的资本深化特征明显，重化工制造业加速发展，并占据主导地位，轻工业比重显著下降。

第一阶段（1978—1990 年）。20 世纪 80 年代，改革开放初期的中国经济处于恢复性增长阶段，工业也进入了一个纠偏发展过程，制造业结构变化以轻工业的快速增长为主导。以解决温饱问题为主的食品、纺织等轻工业得到较快发展，重工业比重呈现明显下降过程，以农产品为原料的轻工业增长对制造业结构产生主要影响；而 80 年代中后期，随着经济的快速发展、人民生活水平的提高、改革开放的不断深入，轻工业内部结构变动加快，耐用消费品等非农产品为原料的轻工业增长加快。

第二阶段（1990—2000 年）。20 世纪 90 年代，以满足人民基本生活需求为主的轻工业商品基本上由卖方市场转为买方市场，制造业结构逐渐向重工业化和高加工度化转变。轻工业所占比重明显下降，2000 年比 1990 年下降了 7.16 个百分点，特别是以农产品为原料的轻工业比重从 1990 年的 32.74% 下降到 1995 年的 29.68%，2000 年下降到 24.59%。而重工业中的加工工业所占比重 2000 年比 1990 年上升 5 个百分点，比原料工业（上升 2.32 个百分点）呈

---

[①] 按照国家统计局颁布的国民经济行业分类，制造业在工业部门中占据约85%的比重，是指工业部门中除采矿业、电力、燃气、水的生产和供应业以外的行业，包括30个大类、169个中类、482个小类。由于统计口径的关系，本文的制造业各年份未包括工艺品及其他制造业、废弃资源和废旧材料回收加工业。

现更快的上升趋势，其中，机械电子类行业所占比重 2000 年比 1996 年提高了 6.93 个百分点，表明这一时期我国制造业结构的重化工业化更多的是表现为加工度的深化，装备制造水平明显提高。

第三阶段（2000 年—至今）。21 世纪以来，随着我国工业化、城市化进程的加快，消费结构的不断升级，制造业在国内生产总值中的比重由 2000 年 36% 提高到 2007 年的 47%，这一比重大大高于同等收入水平的发展中国家[①]。后发追赶型发展模式是我国工业化过程中的另一个显著特征，也是我国制造业比重保持较高水平的重要原因。作为发展中国家，我国工业化进程起步较晚，较低的资源、要素成本条件使我国具有利用国外先进技术和国际资本的后发优势。20 世纪 90 年代以前，我国对外开放还主要是以引进国外先进技术和生产设备为主，而 90 年代以后，我国对外开放的领域进一步扩大，开始鼓励和吸引外商来华直接投资，这恰好适应了发达国家大规模产业转移的趋势，我国成为承接国际产业转移的理想目的国，集中于制造业的外资直接投资迅速扩大，成为推动我国工业增长的重要力量，我国也因此成为"世界工厂"，1990 年我国制造业增加值占世界制造业增加值的比重仅为 2.69%，2010 年这一比重上升至 15.41%[②]。与此同时，进入 21 世纪以来，我国进入重化工业化加速发展阶段，在房地产和基础设施建设需求的拉动下，重化工业化趋势明显，重化工业产值占工业总产值比重进一步提高，2011 年达到改革开放以来的历史最高水平。1999—2011 年，重工业总产值在工业中的比重由 50.8% 迅速上升至 71.8%，重工业与轻工业的产值比也由 1.03 倍上升到 2.55 倍，达到改革开放以来的历史最高水平。考虑到重工业的增加值率[③]通常高于轻工业，因此重工业增加值占全部工业的比重应该更高。从图 2-1 中可以清晰地看到，我国自 2000 年以来轻重工业结构的变化出现明显分化，呈现显著的重化工业化阶段特征。

## （二）新世纪以来我国制造业结构变化的主要特征

1. 制造业行业结构的重化工化和加工度深化趋势明显

进入 21 世纪，我国经济发展环境发生了巨大变化，工业化和城市化进程加快，国际产业资本加速向中国转移，投资需求高速增长，资本形成以高

---

[①] 王岳平等：《"十二五"时期中国产业结构调整研究》，第73页。
[②] UNIDO, Industrial development report, 2011.
[③] 增加值率=增加值/总产值。

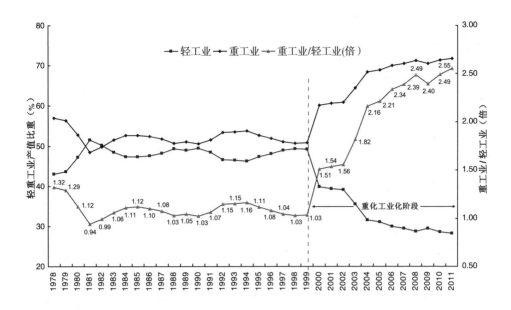

**图 2-1　1978—2011 年我国轻、重工业结构变化趋势**

资料来源：历年《中国统计年鉴》。

出 GDP 年均增速 3.1 个百分点的速度扩张[①]，受需求结构变动的影响，工业结构发生了明显的重化工化趋势。与改革开放之前的超前重化工业化时期不同，此次工业结构重型化发展更多地受到市场供需机制的驱动作用，较大程度上体现了当前发展阶段下工业结构变化的一般规律。一方面，需求结构变化对重化工业发展形成重要的拉动作用。近年来我国以基础设施建设和房地产投资为主体的投资需求快速增长，消费结构正逐步从"吃、穿、用"为主向住房、汽车等为代表的"住、行"为主升级，从而带动重化工业产品需求快速增长。另一方面，要素禀赋结构改变对具有资本密集型特征的重化工业形成重要支撑。经过多年经济发展，我国国内资本积累量不断增加，要素资源禀赋中的资本——劳动比不断提高；同时，金融扩张、引进外资又进一步增强了资本供给能力；而由于要素市场体系不健全，土地、资源环境等相关成本存在不同程度低估，也对重化工业发展起到一定的助推作用。因此，在投资需求成为经济增长主导力量的作用下，能源、原材料和装备制造业得到快速发展。表 2-1 显示，2000—2012 年规模以上能源、原材料制造业产值占制造

---

[①] 王岳平等：《"十二五"时期中国产业结构调整研究》，第9页。

业产值比重上升了 3.16 个百分点，规模以上装备制造业产值占制造业产值比重上升了 1.10 个百分点。其中，产值比重上升幅度较大、排序在前四位的行业分别是黑色金属冶炼及压延工业、有色金属冶炼及压延工业、通用设备制造业和交通运输设备制造业。制造业结构的重化工化和高加工度化趋势明显加快，尤其是制造业中的机械、电子、交通运输设备等高加工度行业所占比重提高。相比之下，消费品制造业产值比重继续呈现下降趋势，下降了 4.27 个百分点。从消费品制造业中的具体行业结构来看，食品、纺织等满足基本生活需求的消费品制造行业比重持续下降，只有农副食品加工业、木材加工业和家具制造业的比重出现了上升趋势，这与近些年人们追求健康食品和以住房需求为主的消费结构升级密切相关。

制造业行业结构的变化在工业制成品的出口结构中也得到体现，工业制成品中，以纺织服装等为代表的劳动密集型产品所占比重逐年下降，以机械、电子和运输设备等为代表的高加工度产品所占比重持续上升。据统计，机电产品和高技术产品在商品出口贸易总额中所占比重分别从 2000 年的 42.3% 和 14.9% 上升至 2013 年的 57% 和 30%[①]。

表 2-1　1995—2012 年我国制造业行业规模以上产值结构的变化

| | 行业分类 | 1995 年 | 2000 年 | 2005 年 | 2011 年 | 2012 年 | 2000 年比 1995 年的增减变化（百分点） | 2012 年比 2000 年的增减变化（百分点） |
|---|---|---|---|---|---|---|---|---|
| 消费品制造业 | 小计 | 32.85% | 28.42% | 24.02% | 22.81% | 24.15% | -4.43 | -4.27 |
| | 农副食品加工业 | 6.38% | 5.04% | 4.93% | 6.09% | 6.52% | -1.34 | 1.48 |
| | 食品制造业 | 2.09% | 1.95% | 1.75% | 1.94% | 1.98% | -0.14 | 0.03 |
| | 饮料制造业 | 2.42% | 2.37% | 1.43% | 1.63% | 1.69% | -0.05 | -0.68 |
| | 烟草制品业 | 2.10% | 1.96% | 1.32% | 0.94% | 0.95% | -0.14 | -1.01 |
| | 纺织业 | 9.65% | 6.97% | 5.88% | 4.51% | 4.03% | -2.68 | -2.94 |
| | 纺织服装、鞋、帽制造业 | 3.08% | 3.10% | 2.31% | 1.87% | 2.16% | 0.02 | -0.94 |

---

① 中国海关总署网站相关数据。

| 行业分类 | | 1995 年 | 2000 年 | 2005 年 | 2011 年 | 2012 年 | 2000 年比1995 年的增减变化（百分点） | 2012 年比2000 年的增减变化（百分点） |
|---|---|---|---|---|---|---|---|---|
| 消费品制造业 | 皮革、毛皮、羽毛（绒）及其制品业 | 2.04% | 1.82% | 1.61% | 1.23% | 1.41% | -0.22 | -0.41 |
| | 木材加工及木、竹、藤、棕、草制品业 | 0.85% | 0.89% | 0.85% | 1.24% | 1.28% | 0.04 | 0.39 |
| | 家具制造业 | 0.47% | 0.50% | 0.66% | 0.70% | 0.71% | 0.03 | 0.21 |
| | 造纸及纸制品业 | 2.13% | 2.15% | 1.93% | 1.67% | 1.56% | 0.02 | -0.59 |
| | 印刷业和记录媒介的复制 | 0.86% | 0.83% | 0.67% | 0.53% | 0.57% | -0.03 | -0.26 |
| | 文教体育用品制造业 | 0.78% | 0.84% | 0.69% | 0.44% | 1.29% | 0.06 | 0.45 |
| | 小计 | 36.50% | 35.88% | 37.63% | 39.00% | 39.04% | -0.62 | 3.16 |
| 能源、原材料制造业 | 石油加工、炼焦及核燃料加工业 | 4.25% | 5.99% | 5.57% | 5.09% | 4.93% | 1.74 | -1.06 |
| | 化学原料及化学制品制造业 | 8.00% | 7.78% | 7.59% | 8.40% | 8.47% | -0.22 | 0.69 |
| | 医药制造业 | 2.01% | 2.41% | 1.97% | 2.06% | 2.17% | 0.40 | -0.24 |
| | 化学纤维制造业 | 1.70% | 1.68% | 1.21% | 0.92% | 0.84% | -0.02 | -0.84 |
| | 橡胶制品业 | 1.30% | 1.10% | 1.02% | 1.01% | 3.02% | -0.20 | -0.65 |
| | 塑料制品业 | 2.36% | 2.57% | 2.35% | 2.15% | *** | 0.21 | *** |
| | 非金属矿物制品业 | 6.32% | 5.00% | 4.27% | 5.55% | 5.50% | -1.32 | 0.50 |
| | 黑色金属冶炼及压延加工业 | 7.67% | 6.40% | 9.96% | 8.85% | 8.95% | -1.27 | 2.55 |
| | 有色金属冶炼及压延加工业 | 2.88% | 2.95% | 3.68% | 4.96% | 5.16% | 0.07 | 2.21 |

续表

| 行业分类 | | 1995 年 | 2000 年 | 2005 年 | 2011 年 | 2012 年 | 2000 年比 1995 年的增减变化（百分点） | 2012 年比 2000 年的增减变化（百分点） |
|---|---|---|---|---|---|---|---|---|
| 装备制造业 | 小计 | 30.65% | 35.71% | 38.35% | 38.20% | 36.81% | 5.06 | 1.10 |
| | 金属制品业 | 3.46% | 3.44% | 3.04% | 3.22% | 3.63% | -0.02 | 0.19 |
| | 通用设备制造业 | 4.96% | 4.12% | 4.92% | 5.66% | 4.76% | -0.84 | 0.64 |
| | 专用设备制造业 | 3.68% | 2.97% | 2.82% | 3.61% | 3.59% | -0.71 | 0.62 |
| | 交通运输设备制造业 | 6.92% | 7.26% | 7.29% | 8.73% | 8.38% | 0.34 | 1.12 |
| | 电气机械及器材制造业 | 5.44% | 6.54% | 6.45% | 7.10% | 6.82% | 1.10 | 0.28 |
| | 通信设备、计算机及其他电子设备制造业 | 5.30% | 10.21% | 12.53% | 8.81% | 8.81% | 4.91 | -1.40 |
| | 仪器仪表及文化、办公用机械制造业 | 0.89% | 1.17% | 1.29% | 1.05% | 0.83% | 0.28 | -0.34 |

资料来源：1996—2013 年《中国统计年鉴》。

注：2012 年的数据采用的是各行业的主营业务收入，其余各年份均采用总产值。由于统计局 2012 年调整了行业分类，2012 年的文教体育用品制造业包括了艺术、娱乐用品制造业，因此，较其他年份比重高。2012 年的塑料制品业与橡胶制品业合并计算。

2. 制造业结构升级主要表现为资本不断深化，技术密集型产业名义比重上升，但实际高度化不足

从生产要素密度来考察制造业内部的结构变化，可以揭示制造业结构升级的特征。在工业化进程中，制造业结构的变化很大程度上体现在要素密集度的变化上，主要表现为制造业结构由劳动密集型向资本密集型再向技术密集型演变的特征，我国制造业结构在一定程度上也呈现出由劳动密集向资本和技术密集转变的特征。我国制造业结构的要素密集度变化首先表现为资本的有机构成的提高，资本深化特征表现突出。从制造业整体来看，规模以上企业人均固定资产净值从 2003 年的 8.67 万元上升到 2011 年的 18.37 万元（未扣除价格变动因素）。研究数据发现（见表 2-2），资本密集型行业的资本

表2-2　2003—2011年我国制造业行业人均固定资产净值余额（万元／人）

| 行业分类 | 2003 | 2005 | 2007 | 2011 |
|---|---|---|---|---|
| 农副食品加工业 | 7.77 | 8.70 | 10.35 | 16.83 |
| 食品制造业 | 7.93 | 9.10 | 10.88 | 15.64 |
| 饮料制造业 | 12.92 | 14.16 | 15.64 | 20.86 |
| 烟草制品业 | 28.39 | 32.16 | 34.14 | 46.64 |
| 纺织业 | 5.71 | 6.27 | 7.49 | 11.05 |
| 纺织服装、鞋、帽制造业 | 2.20 | 2.45 | 2.90 | 4.74 |
| 皮革、毛皮、羽毛（绒）及其制品业 | 2.18 | 2.15 | 2.50 | 4.07 |
| 木材加工及木、竹、藤、棕、草制品业 | 5.94 | 6.26 | 6.90 | 11.22 |
| 家具制造业 | 4.30 | 4.21 | 5.41 | 7.63 |
| 造纸及纸制品业 | 12.43 | 15.82 | 18.60 | 28.01 |
| 印刷业和记录媒介的复制 | 8.88 | 10.31 | 11.23 | 14.47 |
| 文教体育用品制造业 | 2.35 | 2.64 | 3.08 | 4.50 |
| 石油加工、炼焦及核燃料加工业 | 35.60 | 36.90 | 42.97 | 72.11 |
| 化学原料及化学制品制造业 | 14.18 | 16.83 | 21.43 | 35.91 |
| 医药制造业 | 10.02 | 13.30 | 14.68 | 18.53 |
| 化学纤维制造业 | 22.28 | 25.07 | 28.16 | 35.40 |
| 橡胶制品业 | 7.61 | 8.59 | 11.57 | 18.56 |
| 塑料制品业 | 7.25 | 8.04 | 8.02 | 11.28 |
| 非金属矿物制品业 | 7.83 | 10.25 | 12.32 | 22.89 |
| 黑色金属冶炼及压延加工业 | 18.79 | 23.26 | 33.35 | 52.60 |
| 有色金属冶炼及压延加工业 | 14.15 | 17.72 | 21.61 | 38.58 |
| 金属制品业 | 5.47 | 5.90 | 6.92 | 12.83 |
| 通用设备制造业 | 5.95 | 6.44 | 7.88 | 14.54 |
| 专用设备制造业 | 6.12 | 7.06 | 8.64 | 15.24 |
| 交通运输设备制造业 | 9.42 | 11.02 | 13.70 | 20.25 |
| 电气机械及器材制造业 | 6.33 | 6.32 | 7.20 | 12.24 |
| 通信设备、计算机及其他电子设备制造业 | 9.84 | 9.73 | 10.14 | 11.22 |
| 仪器仪表及文化、办公用机械制造业 | 5.07 | 5.65 | 6.11 | 9.49 |

资料来源：根据《中国统计年鉴》计算而得。表中数据未扣除价格因素。

深化特征尤其明显，技术密集型行业和劳动密集型行业也呈现出资本深化的特征。

对制造业技术密集度的划分，国内研究基本采用 OECD 的行业分类方法，即以制造业的 R&D 经费投入强度作为划分标准（见表 2-4）。参考 OECD 的分类方法，结合我国的统计情况，将我国制造业行业分为高技术、中高技术、中低技术和低技术等类型。单从行业分类来看（见表 2-3），我国制造业的技术密集型产业比重总体呈现上升趋势，特别是中高技术制造业的比重上升明显。但是，参照 OECD 的技术密集度行业划分的高技术产业类型并不能反映出当前我国制造业中高技术产业比重较低的真实情况，技术密集的名义高度化提高较快，但实际高度化不足[1]。在我国制造业大类中，只有通信设备、计算机及其他电子设备业 R&D 经费投入强度超过 1%，与 OECD 标准定义的国际高技术产业差距非常大，大约只为该标准的 1/10 左右。若以 R&D 经费投入强度超过 1% 的标准划分为技术密集型行业，根据王岳平（2011）的研究对小行业的计算，我国真正属于技术密集型的行业比重较低，2007 年仅占规模以上工业增加值的 9%，而且与 2003 年相比，比重还有所下降。尤其是近 10 年来，我国制造业的技术密集化趋势不明显，产业结构实际高度化不足。导致这一现象的原因主要是，在当前全球化条件下，国际分工从产业间、部门间分工向产业内分

表 2-3　1990—2012 年制造业按技术密集度分类的行业比重（%）

| 制造业分类 | 1990 | 1996 | 2000 | 2005 | 2011 | 2012 |
|---|---|---|---|---|---|---|
| 制造业总计 | 100 | 100 | 100 | 100 | 100 | 100 |
| 高技术制造业 | 6.52 | 8.05 | 13.77 | 15.79 | 11.93 | 10.97 |
| 中高技术制造业 | 31.48 | 29.74 | 29.32 | 30.29 | 34.43 | 32.85 |
| 中低技术制造业 | 26.21 | 27.13 | 25.87 | 29.90 | 30.84 | 31.19 |
| 低技术制造业 | 35.79 | 35.08 | 31.04 | 24.02 | 22.81 | 24.15 |

注：**高技术制造业为**：通信设备、计算机及其他电子设备制造业、医药制造业、仪器仪表及文化、办公用机械制造业；**中高技术制造业为**：电气机械及器材制造业、交通运输设备制造业、化学原料及化学制品制造业、化学纤维制造业、通用设备制造业、专用设备制造业；**中低技术制造业为**：橡胶制品业、塑料制品业、石油加工、炼焦及核燃料加工业、黑色金属冶炼及压延加工业、有色金属冶炼及压延加工业、非金属矿物制品业、金属制品业；**低技术制造业为**：农副食品加工业、食品制造业、饮料制造业、烟草制品业、纺织业、纺织服装、鞋、帽制造业、皮革、毛皮、羽毛（绒）及其制品业、木材加工及木、竹、藤、棕、草制品业、家具制造业、造纸及纸制品业、印刷业和记录媒介的复制、文教体育用品制造业。

---

[1] 王岳平等：《"十二五"时期中国产业结构调整研究》，第78页。

工转变，像通信设备、计算机及其他电子设备业这样的技术密集型行业，我国承接的也多是国际产业分工中组装加工类制造环节，技术含量较低，属于劳动密集型产业。

表2-4　OECD基于技术密集度的制造业分类

| 行业分类 | 1999 | | 1991 | |
|---|---|---|---|---|
| | 研发经费除以产值（强度） | 研发经费除以增加值（强度） | 研发经费除以产值（强度） | 研发经费除以增加值（强度） |
| **A：高技术制造业** | | | | |
| 航空航天器制造 | 10.3 | 29.1 | 13.9 | 34.7 |
| 制药 | 10.5 | 22.3 | 9.4 | 20.6 |
| 办公、会计和计算机设备 | 7.2 | 25.8 | 10.9 | 29.4 |
| 广播、电视和通信设备 | 7.4 | 17.9 | 7.9 | 17.0 |
| 医疗、精密和光学仪器 | 9.7 | 24.6 | 6.6 | 15.6 |
| **B：中高技术制造业** | | | | |
| 电气机械和设备 | 3.6 | 9.1 | 4.2 | 9.3 |
| 汽车、挂车及半挂车 | 3.5 | 13.3 | 3.7 | 14.3 |
| 化学制品（不含制药） | 2.9 | 8.3 | 3.4 | 9.8 |
| 铁路机车及其他交通设备 | 3.1 | 8.7 | 2.9 | 7.6 |
| 其他机械设备 | 2.2 | 5.8 | 1.9 | 4.6 |
| **C：中低技术制造业** | | | | |
| 船舶制造和修理 | 1.0 | 3.1 | 0.9 | 2.8 |
| 橡胶和塑料制品 | 1.0 | 2.7 | 1.0 | 2.6 |
| 焦炭、炼油产品及核燃料 | 0.4 | 1.9 | 1.2 | 5.4 |
| 其他非金属矿物制品 | 0.8 | 1.9 | 1.0 | 2.4 |
| 基本金属和金属制品 | 0.6 | 1.6 | 0.7 | 2.0 |
| **D：低技术制造业** | | | | |
| 其他制造业、再生产品 | 0.5 | 1.3 | 0.5 | 1.2 |
| 木材、纸浆、纸张、纸制品、印刷和出版 | 0.4 | 1.0 | 0.3 | 0.8 |
| 食品、饮料和烟草 | 0.3 | 1.1 | 0.3 | 1.1 |
| 纺织、纺织品、皮革及鞋类制品 | 0.3 | 0.8 | 0.2 | 0.7 |
| **全部制造业** | 2.6 | 7.2 | 2.5 | 7.0 |

资料来源：经济合作与发展组织《OECD 科学技术和工业记分牌（2003）》，科学技术文献出版社2003年版。

注：1、基于美国、加拿大、日本、丹麦、芬兰、法国、德国、爱尔兰、意大利、西班牙、瑞典和英国等12个国家的数据；2、表中强度指整体强度，用 GDP 的购买力平价对各国 R&D 经费、增加值和产值进行转换后计算出的强度。

　　国际经验表明，随着工业化水平的提高，工业结构中以深加工为主的加工工业与原材料工业之比应该呈现上升的趋势。从我国工业上下游部门之间的比例所反映的加工度来看（见表2-5），服装对纺织的加工度指数在工业化初期呈现明显上升趋势，符合一般发展规律；机械类对初金属的加工度指数在工业化中期开始阶段呈现上升趋势，由1990年的2.65上升至2002年的4.10，但自2003年以来却呈现逐年下降的趋势，2011年仅为2.77，这恐怕与近些年来原材料工业的超速发展而形成了对机械制造工业发展的压制不无关系。目前我国已进入中等收入国家，工业化开始进入中后期阶段，但高加工度制造业发展明显不足，与已经高度重型化的工业结构发生了明显的偏离。通过与发达国家工业化过程中的加工度指标相比，从机械类/初金属的比例来看（见表2-6），日、韩工业化过程中的加工度呈现明显的上升趋势，工业化中后期已经达到相当高的水平，日本加工度指数达到7.26，韩国也达到4.69。而发达国家的加工度指数更是达到9.28，大大高于我国现阶段工业化过程中的水平。与其他发展中国家或落入中等收入陷阱的国家相比，工业加工度指数相当，说明我国的工业化当前还没有进入真正意义上的高加工度化阶段，加工制造业没有取代原材料工业成为驱动工业发展的主导产业，因此，完成当前经济发展战略调整的重大任务中需要构建促进工业结构向高加度化转变的条件和动力，才能实现结构升级，才能实现从中低收入向高收入国家行列迈进。

表2-5　中国2003—2011年工业加工度指数变化

| 年　份 | 1980 | 1985 | 1990 | 1995 | 2000 | 2001 | 2002 | 2003 |
|---|---|---|---|---|---|---|---|---|
| 服装/纺织 | 0.15 | 0.16 | 0.18 | 0.32 | 0.44 | 0.46 | 0.46 | 0.44 |
| 印刷/造纸 | 0.54 | 0.55 | 0.45 | 0.41 | 0.39 | 0.40 | 0.40 | 0.41 |
| 机械类/初金属 | 2.46 | 3.18 | 2.65 | 3.05 | 3.82 | 3.79 | 4.10 | 3.68 |
| 年　份 | 2004 | 2005 | 2006 | 2007 | 2008 | 2009 | 2010 | 2011 |
| 服装/纺织 | 0.40 | 0.39 | 0.40 | 0.41 | 0.44 | 0.45 | 0.43 | 0.41 |
| 印刷/造纸 | 0.44 | 0.35 | 0.34 | 0.33 | 0.34 | 0.36 | 0.34 | 0.32 |
| 机械类/初金属 | 3.14 | 2.81 | 2.75 | 2.61 | 2.54 | 2.93 | 2.96 | 2.77 |

资料来源：根据历年《中国统计年鉴》行业总产值数据计算。

注：初金属包括钢铁和有色金属，机械类包括机械、电气、电子、运输设备和精密仪器等。

表2-6 主要工业化国家的工业加工度指数比较

| 国 别 | 年份 | 服装／纺织 | 印刷／造纸 | 机械类／初金属 |
|---|---|---|---|---|
| 韩国 | 1971 | 0.24 | 1.34 | 3.20 |
| | 1979 | 0.32 | 1.08 | 2.92 |
| | 1991 | 0.44 | 0.98 | 4.69 |
| 日本 | 1953 | 0.11 | 1.11 | 1.96 |
| | 1965 | 0.16 | 1.27 | 3.82 |
| | 1992 | 0.47 | 2.27 | 7.26 |
| 美、日、德、英、法等五国平均 | 1983 | 0.61 | 1.65 | 6.98 |
| | 1992 | 0.64 | 1.97 | 9.28 |
| 巴西 | 1974 | 0.48 | 0.86 | 1.53 |
| | 1989 | 0.58 | 0.66 | 2.75 |
| 印度 | 1986 | 0.05 | 1.00 | 2.41 |
| | 1990 | 0.10 | 0.59 | 2.19 |
| 中国 | 2011 | 0.42 | 0.32 | 2.77 |

资料来源：国外数据转引自王岳平《"十二五"时期中国产业结构调整研究》第77页表2-6。中国数据为作者根据统计年鉴工业产值数据计算。

3. 制造业总体呈现分散竞争型结构特征，市场结构向集中转变的趋势不明显

随着市场经济体制的建立和完善，经济体制从计划向市场转轨，在这一转轨过程中，我国制造业的市场结构总体呈现U型的变化特征，即由集中向分散转变、再逐渐趋于集中的过程。这一特征在20世纪80—90年代表现较为显著，余东华（2009）的研究表明：在1978—1990年这一阶段，呈现经济转型与产业组织分散化趋势；在1990—1995年这一阶段，市场集中度趋于稳定；在1995年以后，市场结构出现集中趋势。这一结论与魏厚凯（2003）的研究结果是相同的，魏厚凯（2003）认为改革开放初期，中国制造业的逆集中化是经济转型过程中不可避免的产物，但随着市场机制的不断深入，在市场竞争过程中制造业的市场结构的集中化趋势应不断加强。一些行业发展的实践也证实了这一观点，如家电、电子行业通过激烈的市场竞争，优势企业生产规模不断扩大，企业数量不断减少，市场集中度不断提高。

总体而言，当前我国制造业组织结构仍然呈现分散竞争型的结构特征[①]。除

---

① 周劲：《我国制造业的组织结构特征与发展趋势》，《中国社会科学报》2010年。

一些有行政性壁垒的行业（如烟草等行业）外，我国绝大部分制造业行业的市场集中度还比较低，产业组织结构较为分散，企业规模较小，中小型企业数量较多，市场结构仍然呈现典型的"原子型"特征，制造业市场结构分散的格局并未出现明显的改观。至少有一半的制造业行业属于高度分散型，80—90%的行业属于低集中竞争型和一般分散竞争型。从进入新世纪以来的制造业发展情况来看，我国制造业产业组织由分散向集中转变的趋势并没有加快。通过对企业规模增长与行业规模增长的比较分析（见表2-7），研究发现，近年来绝大多数企业平均规模的扩张程度小于行业规模的扩张程度，说明行业规模的增长仍然是依靠大量企业的进入而实现的。表2-8的数据显示，只有烟草制品业、印刷业和记录媒介的复制等两个行业的企业平均规模增长快于行业规模增长，说明这两个行业的市场结构集中趋势明显。行业规模增长超过企业平均规模增长五倍以上的行业有：木材加工及木、竹、藤、棕、草制品业和有色金属冶炼及压延加工业等，说明这两个行业规模的增长主要是靠大量规模较小的企业进入带动发展的，产业集中度较低，市场结构是趋于分散的。行业规模增长超过企业平均规模增长三倍以上的行业有：农副食品加工业、家具制造业、通用设备制造业、专用设备制造业和电气机械及器材制造业等；行业规模增长超过企业平均规模增长二倍以上的行业有：化学原料及化学制品制造业、化学纤维制造业、橡胶制品业、非金属矿物制品业、黑色金属冶炼及压延加工业、金属制品业、交通运输设备制造业等，说明这些行业的企业平均规模增长低于行业规模增长，市场结构也是较为分散的。不过，大类行业类别中，产品结构单一的行业数据较能说明问题，由于设备制造业、交通运输设备制造业、化学原料及化学制品制造业的细分行业类别较多，大类行业数据对于一些细分行业的市场结构分析不够准确。比如在专用设备制造业中的工程机械行业，近些年行业集中度有所提高，市场结构是趋于集中的。因此，需要对小行业类别进行测算，可能一些细分行业的市场结构是趋于集中的。近几年来，围绕国家宏观调控和节能减排等政策，通过"上大压小"、"以新代旧"等，一些行业通过加快兼并重组，优势资源开始向重点骨干企业集中，产业集中度有所提高。其中，钢铁、水泥、玻璃、铅锌冶炼等原材料行业，工程机械、锅炉及原动机、金属加工机械、船舶、电气机械及器材、通信设备等部分机电行业的产业集中度呈现出上升势头。

表 2-7　2003—2011 年企业规模与行业规模增长比较

| 行　业 | 企业平均规模（万元） | | | 行业规模（亿元） | | | 对比差距 |
|---|---|---|---|---|---|---|---|
| | 2003 | 2011 | 增长倍数 | 2003 | 2011 | 增长倍数 | |
| 农副食品加工业 | 5497 | 21118 | 3.84 | 6152 | 44126 | 7.17 | 3.33 |
| 食品制造业 | 4940 | 20447 | 4.14 | 2290 | 14047 | 6.13 | 1.99 |
| 饮料制造业 | 6992 | 24282 | 3.47 | 2233 | 11835 | 5.30 | 1.83 |
| 烟草制品业 | 87679 | 459843 | 5.24 | 2236 | 6806 | 3.04 | -2.20 |
| 纺织业 | 5198 | 14231 | 2.74 | 7725 | 32653 | 4.23 | 1.49 |
| 纺织服装、鞋、帽制造业 | 3526 | 11522 | 3.27 | 3426 | 13538 | 3.95 | 0.68 |
| 皮革、毛皮、羽毛（绒）及其制品业 | 5033 | 14681 | 2.92 | 2274 | 8928 | 3.93 | 1.01 |
| 木材加工及木、竹、藤、棕、草制品业 | 2836 | 10988 | 3.87 | 993 | 9002 | 9.07 | 5.19 |
| 家具制造业 | 3519 | 11962 | 3.40 | 720 | 5090 | 7.07 | 3.67 |
| 造纸及纸制品业 | 4535 | 17078 | 3.77 | 2526 | 12080 | 4.78 | 1.02 |
| 印刷业和记录媒介的复制 | 2515 | 10190 | 4.05 | 1027 | 3861 | 3.76 | -0.29 |
| 文教体育用品制造业 | 3839 | 10737 | 2.80 | 966 | 3212 | 3.33 | 0.53 |
| 石油加工、炼焦及核燃料加工业 | 47130 | 186875 | 3.97 | 6235 | 36889 | 5.92 | 1.95 |
| 化学原料及化学制品制造业 | 6698 | 26914 | 4.02 | 9245 | 60825 | 6.58 | 2.56 |
| 医药制造业 | 7113 | 25214 | 3.54 | 2890 | 14942 | 5.17 | 1.63 |
| 化学纤维制造业 | 15458 | 38135 | 2.47 | 1448 | 6674 | 4.61 | 2.14 |
| 橡胶制品业 | 6512 | 22445 | 3.45 | 1313 | 7331 | 5.58 | 2.14 |
| 塑料制品业 | 3655 | 11614 | 3.18 | 3064 | 15580 | 5.08 | 1.91 |
| 非金属矿物制品业 | 3480 | 15145 | 4.35 | 5653 | 40180 | 7.11 | 2.76 |
| 黑色金属冶炼及压延加工业 | 24296 | 95027 | 3.91 | 10007 | 64067 | 6.40 | 2.49 |
| 有色金属冶炼及压延加工业 | 10585 | 53077 | 5.01 | 3564 | 35907 | 10.07 | 5.06 |
| 金属制品业 | 3958 | 14090 | 3.56 | 3857 | 23351 | 6.05 | 2.49 |
| 通用设备制造业 | 4552 | 15841 | 3.48 | 5711 | 40993 | 7.18 | 3.70 |
| 专用设备制造业 | 5375 | 18827 | 3.50 | 3832 | 26149 | 6.82 | 3.32 |
| 交通运输设备制造业 | 13542 | 42134 | 3.11 | 11214 | 63251 | 5.64 | 2.53 |

续表

| 行 业 | 企业平均规模（万元） | | | 行业规模（亿元） | | | 对比差距 |
|---|---|---|---|---|---|---|---|
| | 2003 | 2011 | 增长倍数 | 2003 | 2011 | 增长倍数 | |
| 通信设备、计算机及其他电子设备制造业 | 27049 | 56138 | 2.08 | 15840 | 63796 | 4.03 | 1.95 |
| 仪器仪表及文化、办公用机械制造业 | 6508 | 19592 | 3.01 | 1637 | 7633 | 4.66 | 1.65 |

资料来源：2004—2012年《中国统计年鉴》规模以上工业产值和企业数计算而得。

4. 制造业形成了多种所有制共同发展的格局，国有经济比重不断下降，外商及港澳台投资企业比重前升后降，私营经济和其他成分比重不断上升

改革开放以来，非国有企业成为推动我国制造业增长的主要力量，所有制结构有了很大改善，多种所有制经济并存的格局已经形成。总体而言，我国制造业中的国有经济比重呈现不断下降的趋势，由2003年的1/3下降至2011年的1/5，民营经济比重呈现不断上升的趋势，由2005年的21%提高至2011年32%。

从我国制造业行业主要所有制成分的产值比重来看（见表2-8），国有成分占绝对比重的行业主要有：烟草制品业，石油加工、炼焦及核燃料加工业；占较大比重的行业主要有：黑色金属冶炼及压延加工业、交通运输设备制造业等。其中，烟草和石油加工行业与行政性限制进入有关，国有资本高度垄断。黑色金属冶炼及压延加工业的国有资本比重较高，但呈现明显下降趋势，而私营企业的比重上升较快，外资企业比重变化不大，这与该行业限制外资进入政策有关；交通运输设备制造业主要由国有资本和外商资本控制，2011年国有和外商资本各占43.98%和44.04%，2003—2011年，国有资本比重有所下降，外商资本比重增强，而民营资本比重有所提高。

外资成分占绝对比重的行业主要是通信设备、计算机及其他电子设备制造业；外资成分占较大比重的行业主要有：食品制造业，纺织服装、鞋、帽制造业，皮革、毛皮、羽毛(绒)及其制品业，文教体育用品制造业，和仪器仪表及文化、办公用机械制造业。近年来，外商及港澳台投资企业产值比重的变化由升转降，这主要是由于劳动力比较优势的减弱，前些年主要投资于我国劳动密集型制造业的外资开始向其他劳动力优势更加明显的国家和地区转移。而外资成分比重上升的行业主要有：化学原料及化学制品制造业、医药制造业、化

学纤维制造业和交通运输设备制造业，这说明外商投资开始从注重要素比较优势向发挥国内巨大市场优势方向转变，投资行业也从劳动密集型向资本、技术密集型转变。

表 2-8　2003—2011 年我国制造业按所有制成分的行业产值比重变化

| 年　份 | 2003 | | | 2005 | | | 2011 | | |
|---|---|---|---|---|---|---|---|---|---|
| 所有制类别 | 国有 | 私营 | 三资 | 国有 | 私营 | 三资 | 国有 | 私营 | 三资 |
| 制造业比重 | 32.90% | | 33.48% | 26.27% | 20.95% | 35.33% | 19.80% | 32.06% | 28.83% |
| 农副食品加工业 | 17.57% | | 26.88% | 10.27% | 32.36% | 28.94% | 5.43% | 45.38% | 20.39% |
| 食品制造业 | 17.93% | | 38.57% | 12.61% | 22.16% | 36.43% | 5.81% | 34.53% | 32.79% |
| 饮料制造业 | 38.08% | | 31.86% | 27.31% | 15.08% | 34.19% | 16.47% | 28.19% | 30.05% |
| 烟草制品业 | 98.71% | | 0.55% | 99.02% | 0.04% | 0.24% | 99.35% | 0.06% | 0.07% |
| 纺织业 | 15.45% | | 23.65% | 7.29% | 39.74% | 25.27% | 2.36% | 50.42% | 21.00% |
| 纺织服装、鞋、帽制造业 | 3.45% | | 46.40% | 2.21% | 31.27% | 46.03% | 1.36% | 44.61% | 35.78% |
| 皮革、毛皮、羽毛（绒）及其制品业 | 1.82% | | 51.02% | 0.70% | 27.65% | 52.76% | 0.30% | 39.66% | 43.90% |
| 木材加工及木、竹、藤、棕、草制品业 | 11.94% | | 26.49% | 9.44% | 50.99% | 23.35% | 2.30% | 66.91% | 10.55% |
| 家具制造业 | 3.46% | | 49.86% | 3.76% | 32.85% | 55.22% | 1.75% | 50.95% | 29.40% |
| 造纸及纸制品业 | 20.46% | | 31.40% | 12.59% | 27.42% | 34.95% | 6.94% | 38.12% | 28.30% |
| 印刷业和记录媒介的复制 | 27.08% | | 33.60% | 19.97% | 25.65% | 32.42% | 11.51% | 42.55% | 23.44% |
| 文教体育用品制造业 | 3.53% | | 59.31% | 2.07% | 26.54% | 60.76% | 1.16% | 35.32% | 51.42% |
| 石油加工、炼焦及核燃料加工业 | 85.40% | | 10.14% | 79.65% | 7.45% | 10.58% | 68.59% | 12.51% | 12.43% |
| 化学原料及化学制品制造业 | 38.90% | | 23.53% | 30.70% | 20.00% | 25.66% | 18.66% | 31.90% | 26.19% |

| 年 份 | 2003 | | | 2005 | | | 2011 | | |
|---|---|---|---|---|---|---|---|---|---|
| 所有制类别 | 国有 | 私营 | 三资 | 国有 | 私营 | 三资 | 国有 | 私营 | 三资 |
| 医药制造业 | 36.80% | | 22.01% | 23.94% | 15.75% | 24.65% | 11.83% | 26.26% | 24.78% |
| 化学纤维制造业 | 26.97% | | 20.08% | 22.28% | 27.74% | 27.82% | 8.17% | 34.92% | 29.31% |
| 橡胶制品业 | 25.52% | | 36.75% | 18.33% | 17.55% | 38.64% | 12.14% | 36.85% | 28.97% |
| 塑料制品业 | 6.89% | | 42.77% | 5.40% | 31.95% | 42.74% | 2.65% | 47.75% | 29.44% |
| 非金属矿物制品业 | 18.90% | | 16.97% | 13.02% | 35.07% | 18.33% | 10.64% | 48.61% | 13.15% |
| 黑色金属冶炼及压延加工业 | 59.43% | | 8.74% | 47.33% | 19.53% | 12.82% | 36.92% | 25.71% | 12.82% |
| 有色金属冶炼及压延加工业 | 40.72% | | 13.24% | 34.45% | 22.43% | 15.21% | 28.83% | 30.94% | 13.51% |
| 金属制品业 | 9.23% | | 34.88% | 7.42% | 35.42% | 36.53% | 5.77% | 49.64% | 24.36% |
| 通用设备制造业 | 30.85% | | 25.03% | 23.39% | 30.20% | 27.38% | 12.53% | 44.84% | 22.46% |
| 专用设备制造业 | 38.29% | | 20.06% | 29.48% | 22.18% | 24.79% | 20.48% | 33.91% | 23.21% |
| 交通运输设备制造业 | 62.05% | | 40.45% | 51.83% | 12.29% | 42.84% | 43.98% | 18.82% | 44.04% |
| 电气机械及器材制造业 | 12.50% | | 35.22% | 11.13% | 19.74% | 37.87% | 8.92% | 32.54% | 30.00% |
| 通信设备、计算机及其他电子设备制造业 | 21.87% | | 77.08% | 13.22% | 3.45% | 84.14% | 8.34% | 7.53% | 76.10% |
| 仪器仪表及文化、办公用机械制造业 | 11.58% | | 67.56% | 10.26% | 11.27% | 66.46% | 10.33% | 27.28% | 46.01% |

资料来源：2004—2012年《中国统计年鉴》。表中"国有及国有控股工业企业"简称"国有"，"私营工业企业"简称"私营"，"外商投资和港澳台商投资工业企业"简称"三资"。

## 5. 东中西部地区制造业结构区域性差异分化

我国制造业的生产能力空间分布很不均匀，东部沿海地区是我国主要的制造业分布带。从具体行业的产值规模上来看，由于历史的原因，中部地区在运输设备制造业，西部地区在航空航天设备制造业等方面占有较大比重。除化学纤维制造业、有色金属冶炼及压延加工业和交通运输设备制造业三个部门外，东部其余所有的产业规模都大于中西部，尤其是生产轻工消费品的劳动密集型行业更是如此，像食品制造、家具制造业及其他制造业等，东部甚至达到中西部的二倍左右。根据第二次全国基本单位普查数据，从各地区的销售收入来看，在制造业 29 个中类产业行业中，东部所占份额超过 90% 的占 4 个；份额超过 70% 的，东部占了 20 个；东部仅有烟草加工一个行业的份额小于 50%。从 171 个小类行业看，东部地区有 43 个行业的销售收入份额超过 90%，占全部行业的 25%；东部份额超过 70% 有 124 个，超过 50% 的有 157 个。反观中西部地区，份额超过 50% 的，中部只有一个炼焦业（53.47%），西部也只有一个烟叶复烤业（62.38%）。进一步放宽销售收入份额至 30%，中部地区只有 22 个，西部地区只有 5 个，也就是说在全部制造业中，中西部地区只有 15% 能达到行业的平均份额。另外，就业结构也呈东高西低之势。在 171 个小类行业中，东部地区劳动力吸纳超过 90% 的行业有 14 个，超过 70% 的行业共有 78 个，而超过 50% 的行业数达到了 141 个。中西部地区没有一个行业的就业份额超过 70%，其中最高的是中部地区的炼焦业（66.42%）。就业份额超过 50% 的行业中部地区有 4 个，西部地区只有 2 个：航空航天器制造业（53.50%）和烟叶复烤业（52.15%）。由于东部地区的轻工业制品部门发展迅速，所占比重较高，成为吸纳劳动力的主要部门。劳动力的集中，使得东部的轻工业制品部门在国内和国际市场竞争中占有优势。同时，在技术和资本含量较高的一些部门，由于人才的东南飞，使得在计算机和通信产品制造等部门，东部的就业比重也很高。

近年来，东部沿海地区呈现重化工业化、高加工度化、技术集约化趋势，而中、西部地区制造业结构升级有所推进，但总体上技术水平不高，产品竞争力不强，外向度较低。随着东部产业集中度的提高，企业规模的扩大，劳动力和资金等生产要素向大企业的流动和集中，将进一步使东部企业的生产能力和生产率提高，利用规模经济效应，提高技术水平，促进产业结构的进一步优化。而中西部地区大多数企业规模较小，生产能力相对狭小，会影响它们缩小与东部差距的目标。长三角制造业的结构变化反映出长三角地区已经进入以装备制造业为核心的重化工业化阶段，在重化工业得到加快发展的同时，电子通信设备制造业等技术密集型产业得到了更快的发展，带有明显的、新技术条件下的时代特征。而中西部由于地理位置不利、资金不足、产业基础薄弱等因素，首先发展的只能是资源加工型的产业，以充分利用本地的资源开发带动相关产业的发展，如烟草加工、金属冶炼、炼焦业、麻纺织业、盐加工业等。

## 二、我国制造业结构升级面临的突出矛盾和问题

### （一）我国参与国际产业分工地位较低，制造业被锁定在低端环节

近些年，国际产业分工模式发生了深刻变化，已由过去的发展中国家提供初级产品、进口发达国家的制成品的产业分工模式，转变为制成品内部不同要素密集的部件或生产环节之间的分工。也就是，跨国公司控制着研发设计、品牌和营销渠道等高附加值环节，关键零部件和设备的制造放在韩国、台湾等比较发达的国家或地区，其他发展中国家主要承担劳动密集型的生产环节或部分的加工组装。我国制造业融入全球化和参与国际分工主要是依靠劳动力价格低廉这一比较优势，这种国际产业分工模式主导下的市场结构导致我国极易落入比较优势陷阱，国内企业只能通过拼价格、拼规模来获得竞争优势，贸易条件不断恶化，制造业越来越集中在加工装配的低端价值链环节，加工贸易占总出口额的比重超过50%，一般贸易比重较低，且集中在低附加值产品。

虽然我国制造业从行业结构上看呈现升级特征，但从技术含量、效益水平和机会成本等角度来看，呈现出固化在劳动密集型产业或劳动密集型环节的特征。比如，我国高技术产品在总出口中所占比重提高，但高技术产品中的劳动密集型加工组装环节产品占高技术产品出口额的90%以上；生产环节易于分解的机电产品比重稳步提高，但反映一国技术深度的自动化产品比重却在下降；通信设备、计算机及其他电子设备制造等所谓技术密集型行业的总资产贡献率和销售收入利润率甚至低于纺织、服装等行业。这种分工固化模式使得我国制造业出口增速很快，但企业效益很差，工人收入增长缓慢，出口率越高的行业，其利润率越低，我国分享出口贸易高速增长的收益十分有限。

### （二）过度依赖投资的经济增长模式阻碍了制造业结构升级的步伐

近10年来我国虽然实现了经济的高速增长，但过度依赖投资的发展模式

也给制造业带来了严重的结构性缺陷。我国正处于工业化中期向后期过渡的阶段，这是一个以投资带动和重化工业发展为主导的时期，但是，我国现行体制又强化了这一特征，比如过度追求 GDP，人为压低土地成本、环保成本、劳动力成本和资源成本等，刺激了对投资的过度需求，强化了投资与重化工业之间的自我循环。在这种过度依靠扩大投资来获得增长的外延式的粗放发展模式下，一方面，各地方投资"扎堆、跟风"现象严重，对于大项目或热点项目不计成本效益地盲目投资，造成产能迅速扩张，不论是传统重化工行业还是一些战略性新兴行业，产能过剩问题都十分突出；另一方面，过度投资导致能源资源被过度消耗，生态环境破坏严重，可持续发展受到严峻挑战。

## （三）制造业结构升级的创新驱动机制亟需完善

改革开放以来，由于我国与发达国家之间存在巨大的技术差距，因而形成了我国制造业以技术引进为主的技术进步模式。技术引进虽然在较短的时间内缩短了与发达国家的差距，但以技术引进为主的技术进步模式在我国存在着较大的制度缺陷。首先，由于我国自技术引进以来一直"重引进、轻吸收"，导致我国对引进技术产生"路径依赖"，陷入了"引进—落后—再引进—再落后"的技术引进陷阱，被动跟随发达国家、跨国公司的技术变化，从而抑制了我国制造业自主创新能力的提升。其次，核心技术被跨国公司控制，技术引进硬件多、软件少，重复引进现象十分严重。跨国公司构建全球价值链，对核心技术的垄断是它们保持竞争优势的重要手段。由于缺乏核心技术，我国企业不得不在产品中承担核心部件的高昂成本。例如，我国近年来引进的 11 套热轧带钢连轧机都采用了当今世界最先进的技术装备，而根据国外设备图纸加工制造了 85% 的机械设备，但核心技术中方仍未掌握，尤其是冷热连轧成套设备等高端技术，只能通过引进生产线支付昂贵的关键技术费用。第三，不完善的知识产权制度和寻租活动机会①使得我国制造业结构升级的创新驱动机制难以有效形成。"自主创新活动具有较强的正外部性，即自主创新活动带来的社会效益大于创新者的个人效益，创新者的个人成本大于社会成本。"如果由于经济活动中存在较高的租金，寻租的机会越大，导致创新的机会成本远远高于寻租的机会成本。"当企业在创新和寻租活动之间的配置差距较大时，投资产生的知识被不情愿地扩散到竞争者那里，一个企业从

---

① 寻租活动机会指以较低的投入获得高额利润的机会。

事 R&D 投入的激励将减少。"① 我国由于知识产权制度不完善和缺乏激励创新者创新的产权管理制度等原因，使企业不愿创新。

## 三、我国制造业结构的趋势性变化判断

### （一）我国进入工业化中后期阶段，同时面临经济结构的战略性调整，制造业存在结构调整升级的客观要求

研究表明，目前我国经济发展正处于从工业化中期向工业化后期转变的过渡时期，处于工业化中期的后半阶段。工业结构将实现从以能源原材料型重化工业为主导向以深加工度的制造业和技术密集型产业为主导转变。工业化国家的发展实践和产业经济学理论证明，随着工业化水平的提高，带动经济发展的具有高增长特征的主导部门呈现阶段性的演替变化，工业化过程也是产业结构不断调整升级的过程。从工业化阶段来看，目前我国仍处于工业化继续推进的过程中，制造业存在结构升级的要求：一是制造业行业结构变动表现为主导部门的演替趋势；二是制造业行业内部加工深度的提高和价值链结构的升级。

与此同时，在我国加快转变经济发展方式的战略政策指导下，推进经济结构战略性调整成为加快转变经济方式的主攻方向。党的"十八大报告"提出，经济结构的战略性调整将以改善需求结构、优化产业结构、促进区域协调发展、推进城镇化为重点，着力解决制约经济持续健康发展的重大结构性问题。为此，经济、社会体制改革将全面进入攻坚克难阶段，我国经济社会发展的政策环境将面临重大调整，经济结构的战略性调整将对我国制造业结构变化产生深远影响。目前，经济结构调整进入关键时期，工业低速增长与结构调整并行发展，传统比较优势逐渐丧失，新的动态比较优势正在培育和发展的过程中，制造业发展正在由"要素驱动"向"创新驱动"转变，产业结构升级将不断向高技术化、高端化、信息化、服务化等方向转变。

### （二）需求结构面临调整，消费对经济增长的作用日益增强，制造业结构将发生适应性变化

需求结构的变化将对制造业结构产生较大影响。从投资需求来看，由于工

---

① 张嵎喆：《推进中国自主创新和加快技术进步研究》，2011年。

业化、城市化进程加快，以及国际产业资本的转移，2000 年以来，我国固定资产投资保持高速增长的态势，投资率达到了其他国家未曾出现的高度。高涨的投资造成产能过剩问题严重，能源、资源和环境矛盾突出，经济的可持续发展受到严峻挑战。从国际实践经验来看，在工业化中期向工业化后期的过渡阶段投资率呈现上升趋势，直到工业化后期才开始下降。因此，我国在未来一段时间内，一定的投资率仍是工业化和城市化继续推进和经济增长的重要保障，投资占 GDP 的比重仍将保持较高水平，但投资需求结构将发生转变，呈现设备投资比重上升、土建投资比重下降的趋势，以制造业升级改造为核心的投资将成为重点。

从出口需求来看，国际金融危机和欧债危机的影响深远，全球经济形势复杂多变。欧美等主要出口目的国的经济复苏乏力，失业率居高不下，原来那种高消费、低储蓄的消费模式正在悄然发生变化，储蓄率屡创新高；另外，基于环境和技术标准的贸易保护措施，对我国长期以来以低成本优势和高耗能为导向的出口产品形成较大冲击；与此同时，劳动力成本优势更为突出的东南亚及南亚国家在劳动密集型产业上的进一步崛起，对我国制造业出口产品的国际市场形成较大冲击；再加上人民币的持续升值趋势，我国传统的制造业出口产品增长形势将日趋严峻，从而也形成一定的倒逼机制，促使制造业出口产品的结构升级和技术含量的提升。

长期来看，消费相比于投资和出口，对经济增长的拉动作用将更具有可持续性。未来以高投资推动工业发展的模式受到挑战，投资拉动经济增长的格局或将发生变化，消费拉动经济增长的作用将有所增强。表 2-9 数据显示，2011 和 2012 年，消费率结束了自 2000 年持续下降的趋势，分别比上年回升了 0.9 和 0.6 个百分点，未来仍有继续上升的空间。

表 2-9　消费和投资占国内生产总值比重（%）

| 年　份 | 最终消费率 | | | 资本形成率 |
|---|---|---|---|---|
| | 总计 | 居民消费支出 | 政府消费支出 | |
| 2000 | 62.30 | 46.41 | 15.89 | 35.30 |
| 2001 | 61.39 | 45.34 | 16.05 | 36.48 |
| 2002 | 59.61 | 44.04 | 15.57 | 37.82 |
| 2003 | 56.86 | 42.19 | 14.66 | 40.96 |

| 年　份 | 最终消费率 | | | 资本形成率 |
|---|---|---|---|---|
| | 总计 | 居民消费支出 | 政府消费支出 | |
| 2004 | 54.45 | 40.56 | 13.89 | 43.02 |
| 2005 | 53.01 | 38.92 | 14.08 | 41.54 |
| 2006 | 50.78 | 37.08 | 13.71 | 41.74 |
| 2007 | 49.61 | 36.14 | 13.47 | 41.62 |
| 2008 | 48.55 | 35.34 | 13.21 | 43.78 |
| 2009 | 48.53 | 35.43 | 13.10 | 47.16 |
| 2010 | 48.19 | 34.94 | 13.25 | 48.06 |
| 2011 | 49.08 | 35.42 | 13.66 | 48.31 |
| 2012 | 49.50 | 35.99 | 13.51 | 47.70 |
| 2013 | 49.80 | 36.15 | 13.65 | 47.80 |

资料来源：根据国家统计局有关数据计算而得。

　　我国居民收入保持较快增长，预计2015年将达到5000—6000美元，消费需求规模持续扩张。近年来消费结构升级步伐加快，居民消费结构逐渐摆脱了以衣食为主的低端消费结构，正在向以改善住房、私人汽车、信息服务和医疗保健为主的高端消费结构转变。城镇居民人均住房建筑面积由1990年的6.7平方米上升至2012年的32.9平方米，城镇居民每百户拥有家用汽车由2000年的0.5辆上升至2012年21.5辆；农村居民每百户拥有家用汽车由2000年0.3辆分别上升至2011年的5.51辆。2012年城镇、农村居民家庭恩格尔系数分别达到37.1%和40.8%，我国已进入国际消费统一标准所设定的富裕阶段（恩格尔系数30—40%），未来食品、衣着等消费支出所占比重将继续下降，交通、通信、医疗保健、文化娱乐等高端消费支出的比重将继续上升。应该看到，由于目前收入分配改革和社会保障体系建设滞后，我国居民的消费需求增长仍然动力不强。2013年，社会消费品零售总额同比名义增长13.1%（扣除价格因素实际增长11.5%），远低于2007—2012年的平均水平（见图2-2）。未来，随着向居民倾斜的收入分配制度改革和社会保障制度的不断完善，我国消费需求的增长还大有潜力可挖。以消费为主的需求结构调整将带动制造业结构向高端化、绿色化、信息化和高技术化方向转变。

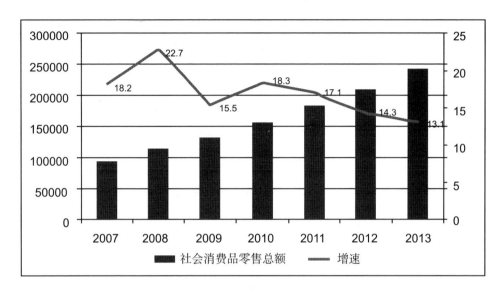

图 2-2　2007 年以来社会消费品零售总额及增速（亿元，%）

资料来源：国家统计局。

## （三）建立在低廉劳动力成本上的比较优势不断弱化，制造业向"去劳动密集型"方向转变

根据相关研究[①]分析，当前中国已经越过"刘易斯第一拐点"，进入"二元经济模型"中向一元经济继续迈进的第二发展阶段，农村劳动力从无限供给转向有限剩余，劳动力工资水平正步入快速上升的通道。也就是说，与其他一些发展中国家比较，中国劳动力成本的比较优势正在逐渐弱化，中国制造业就业人员工资不仅高于越南、泰国等周边发展中国家，也高于印度、巴基斯坦、斯里兰卡等其他发展中国家。由于中国劳动力成本持续上升，劳动密集型产业利润率整体下滑，从 2006 年开始，陆续有大量外资企业把劳动密集型生产线从中国内地转移到劳动力相对便宜的越南、柬埔寨、印度等国，如耐克、Adidas、优衣库（UNIQLO）等。耐克公司 2011 财年第四季度业绩显示：在 2010 财年，耐克在全球共有 37% 的运动鞋产自越南，23% 产自印度尼西亚，2% 来自泰国，1% 来自印度，34% 来自中国制造。这是在耐克史上，首次出现"越南制造"超过"中国制造"，这意味着，越南终于取代中国成为耐克全球最

---

① 付保宗：《农村劳动力供给变化与工业发展新趋势》，《宏观经济管理》2013年第3期。

大的运动鞋生产基地。要素禀赋结构的变化势必带来制造业结构的相应调整，数据显示，中国在当前经历"刘易斯第一拐点"之际，制造业结构也在发生显著变化，向"去劳动密集型"方向变化。具体表现为，以食品饮料、纺织服装等为代表的劳动密集型产业在制造业中的比重呈现持续降低的态势，以石化、钢铁、有色、建材等为代表的资本密集型产业比重在高位保持相对稳定，而以装备制造、电子信息等为代表的技术密集型产业比重持续增长。随着低成本劳动力优势的进一步弱化，未来制造业的这一结构变化趋势仍将延续。

## （四）外商直接投资（FDI）的新动向对我国制造业结构升级带来积极影响

改革开放以来，我国外商直接投资显著增长。1985年我国实际利用外资仅为19.56亿美元，1992年后快速增长，2009年达到900.33亿美元。其中，制造业外商直接投资占外商直接总投资的比例从1993年的46%上升到2000年的79%（峰值），2009年为51.9%。总体而言，外资的进入带来了新的技术、管理及营销模式，有利于提高制造业整体发展水平，有利于改善出口贸易结构，促进制造业结构升级优化。然而，在全球价值链成为主导产业组织范式的今天，我国大量吸收的FDI会导致用传统方法计算的我国制造业国际竞争力的高估，数据[1]显示，外商投资企业的出口占比和增长率都明显超过本土企业，表明我国出口的快速增长主要是外商投资企业带动的，本土企业的出口表现实际上没有中国出口的总体表现那么好。有关研究[2]发现，大多数制造业行业的外资企业出口倾向和生产率都高于内资企业，特别是化工、交通设备制造业差距更为明显，表明外资企业对内资企业存在较大的技术外溢空间。只有通过提高外商直接投资的技术溢出效应，提高内资企业的出口倾向和生产率，才能达到促进产业结构优化升级的目标。然而总体而言，我国外商直接投资的技术溢出效应并不十分明显，我国高技术产品国际竞争力的提升主要是投资到中国的外商投资企业贡献的，本土企业不仅技术上没有快速提高，反而在高技术领域处于比较劣势，表明外商直接投资的技术溢出效应对本土企业制造技术水平的提升作用十分有限。

受国际金融危机的影响，全球经济增长出现较大波动，许多国家财政赤字高企，影响了全球FDI的增长，我国的FDI投资增长趋势明显放缓，2008—

---

① 王岳平等：《"十二五"时期中国产业结构调整研究》，第260页。
② 张建华等：《基于新型工业化道路的工业结构优化升级研究》，第458页。

2010年我国吸收FDI年均增长仅为3.4%，比2006—2008年低了11.9个百分点，2011年我国制造业FDI投资仅占制造业全部投资的10%左右。与此同时，FDI对我国制造业的投资动向也发生了新的变化。首先，FDI对我国制造业的投资结构发生了调整变化。从表2-10可以看出，2005—2011年，除纺织、服装、皮革、木材加工、塑料制品等劳动密集型行业的港澳台商投资和外商投资比重继续下降外，化学原料、黑色冶金等原材料行业的港澳台商投资和外商投资比重呈现明显的下降趋势，而高加工度、高技术含量的化学纤维、机械设备制造等行业的港澳台商投资和外商投资比重开始出现上升趋势。相比之下，内资的行业投资结构变化与FDI投资结构变化既存在相似性，也存在差异。原材料行业的内资投资比重呈下降趋势，但部分加工深度更高的劳动密集型行业的内资投资比重在提高，机械设备制造等行业的内资投资比重也在提高，特别是电气机械及器材制造业的内、外资投资比重提高幅度较大。而一些外资开始向外转移劳动密集型行业，国内企业开始向提高加工深度方向发展。上述变化表明劳动密集型行业的FDI向外转移在一定程度上有利于我国制造业结构的升级。第二，从投资动因来看，FDI开始从低成本要素驱动转向了对我国本土市场的重视和开拓。一是跨国公司在华设立R&D机构的数量和规模明显扩大，FDI的技术溢出效应将会有增强的趋势；二是跨国公司或国际风险投资开始对本土成长起来的优势企业展开战略投资或并购，本土企业的成长壮大对FDI产生了新的吸引力。第三，FDI在服务业领域的投资不断增强。制造业FDI投资占FDI总投资的比重由2000年79%下降至2009的51.9%。2008年，外商对我国第三产业的投资达到总投资额的52.8%，首次超过对我国工业投资的份额。有数据显示，交通运输、仓储、信息传输、计算机服务和软件业、金融商务服务等投资利润率均高于外商投资企业平均水平，未来外资在这些服务领域将发挥更大作用。

表2-10　2005—2011年制造业行业FDI投资结构变化（%）

| 行　业 | 2005 | | 2011 | | 2005 | 2011 |
|---|---|---|---|---|---|---|
| | 港澳台商投资 | 外商投资 | 港澳台商投资 | 外商投资 | 内资 | 内资 |
| 制造业总计 | 100 | 100 | 100 | 100 | 100 | 100 |
| 农副食品加工业 | 2.34 | 2.79 | 2.57 | 2.77 | 4.93 | 5.35 |
| 食品制造业 | 2.06 | 2.46 | 2.38 | 2.35 | 2.77 | 2.34 |

| 行　业 | 2005 | | 2011 | | 2005 | 2011 |
|---|---|---|---|---|---|---|
| | 港澳台商投资 | 外商投资 | 港澳台商投资 | 外商投资 | 内资 | 内资 |
| 烟草制品业 | 0.00 | 0.00 | 0.07 | 0.01 | 0.61 | 0.29 |
| 纺织业 | 6.01 | 2.94 | 3.80 | 2.11 | 5.56 | 3.65 |
| 纺织服装、鞋、帽制造业 | 4.07 | 1.86 | 3.16 | 1.29 | 1.65 | 2.23 |
| 皮革毛皮羽毛（绒）及其制品业 | 1.74 | 1.30 | 1.74 | 0.89 | 0.85 | 0.88 |
| 木材加工及木竹藤棕草制品业 | 1.25 | 0.70 | 0.56 | 0.38 | 1.53 | 2.00 |
| 家具制造业 | 1.61 | 0.77 | 0.71 | 0.55 | 0.88 | 1.22 |
| 造纸及纸制品业 | 2.96 | 4.21 | 3.41 | 2.86 | 2.35 | 1.75 |
| 印刷业和记录媒介的复制 | 1.33 | 0.54 | 0.85 | 0.28 | 1.21 | 0.89 |
| 文教体育用品制造业 | 1.07 | 0.68 | 0.82 | 0.32 | 0.32 | 0.41 |
| 石油加工、炼焦及核燃料加工业 | 0.99 | 0.40 | 1.67 | 1.35 | 4.96 | 2.29 |
| 化学原料及化学制品制造业 | 10.21 | 13.50 | 7.49 | 10.66 | 9.84 | 8.48 |
| 医药制造业 | 3.27 | 1.57 | 2.25 | 2.08 | 3.80 | 2.63 |
| 化学纤维制造业 | 1.26 | 1.38 | 1.31 | 1.58 | 0.71 | 0.65 |
| 橡胶制品业 | 0.90 | 1.49 | 1.94 | 1.99 | 0.89 | 1.04 |
| 塑料制品业 | 3.02 | 2.42 | 2.82 | 1.71 | 2.24 | 2.61 |
| 非金属矿物制品业 | 6.69 | 3.09 | 7.38 | 4.27 | 7.61 | 10.56 |
| 黑色金属冶炼及压延加工业 | 7.67 | 4.51 | 1.47 | 2.71 | 13.07 | 4.20 |
| 有色金属冶炼及压延加工业 | 3.90 | 1.05 | 2.86 | 1.79 | 4.26 | 3.77 |
| 金属制品业 | 3.42 | 3.19 | 3.39 | 3.12 | 3.77 | 5.11 |
| 通用设备制造业 | 2.29 | 3.95 | 3.71 | 5.20 | 5.54 | 7.79 |
| 专用设备制造业 | 1.85 | 3.10 | 3.70 | 4.91 | 4.21 | 5.85 |

续表

| 行　业 | 2005 | | 2011 | | 2005 | 2011 |
|---|---|---|---|---|---|---|
| | 港澳台商投资 | 外商投资 | 港澳台商投资 | 外商投资 | 内资 | 内资 |
| 电气机械及器材制造业 | 4.80 | 4.59 | 7.91 | 8.47 | 3.51 | 7.63 |
| 通信设备、计算机及其他电子设备制造业 | 17.42 | 17.27 | 21.02 | 15.75 | 2.41 | 3.81 |
| 仪器仪表文化办公用机械制造业 | 1.26 | 1.13 | 1.31 | 1.71 | 0.67 | 0.98 |
| 工艺品及其他制造业 | 1.48 | 1.14 | 1.00 | 0.69 | 1.57 | 1.57 |
| 废弃资源和废旧材料回收加工业 | 0.02 | 0.13 | 0.28 | 0.09 | 0.09 | 0.49 |

资料来源：《中国统计年鉴》。

## （五）新科技革命和产业革命将对我国制造业结构变化产生深远影响

当前，全球经济进入调整周期，第三次工业革命或新一轮产业革命设想的提出引起了有关各界的关注。具有代表性的观点主要有：美国趋势学家里夫金[1]提出新能源和互联网的结合将推动形成第三次工业革命；英国《经济学人》编辑麦基里认为制造业数字化将引领第三次工业革命，智能软件、新材料、灵敏机器人、新的制造方法及一系列基于网络的商业服务将形成合力，产生足以改变经济社会进程的巨大力量；国内学者王昌林[2]认为第三次工业革命应称为新一轮科技革命或产业革命，主要以绿色、低碳、健康为主题，以信息技术为支撑，是在新能源、生物、纳米等领域的群体性技术突破引发经济社会深刻变革的过程。产业革命的爆发仍然需要一个较长的孕育期，目前仍处于新一轮科技革命和产业革命的前夜。不过，不难发现以上三种观点都认为，信息技术已经取得了一系列革命性的突破，深刻地影响了人类的生产生活方式，未来在许多领域还具有更大的发展空间。特别是信息技术的发展加快了制造业的技术集约化程度，制造业结构的信息化和数字化趋势日益突出。未来，数字化和信息化将引领制造业的发展进程：一是更聪明的计算机软件。通过虚拟技术在电脑上对产品进行检测并开发新功能，数字化的模型大大提高了生产速度并降低了

---

① 杰里米·里夫金：《第三次工业革命》，中信出版社。
② 王昌林：《对第三次工业革命几个问题的认识》，《调查研究建议》2013年1月30日。

成本。二是新材料的出现。比如碳纤维和钢材一样结实，但比后者轻一半，已经被广泛应用于山地自行车、钓鱼竿、航空器和汽车上面。三是更灵巧的机器人。下一代机器人就如同现在的个人电脑，将非常适用于中小型企业。四是基于网络的制造业服务商。服务商在互联网上促成完成产业链。五是新的制造方法。最有名的是 3D 打印技术（也称立体印刷），通过这种技术，可以一层一层地"堆砌"出与样品完全相同的产品。

# 四、结论与启示

## （一）制造业结构高度化发展是我国完成工业化不可或缺的重要环节

从前面的分析研究中发现，虽然我国工业规模已经很大，在国民经济中占有较高比重，重化工业化趋势明显，从总量结构上看似乎标志着工业发展已经达到工业化中后期的水平，但是，由于我国工业结构升级进展得并不顺利，存在制造业结构高度化水平不足导致工业总量、结构"虚高"的现象，与国民收入水平也存在较大程度的偏离。由此笔者认为，从工业结构的高度水平而言，与先行工业化国家相比，我国处于工业化中期向后期过渡阶段，现阶段以至未来的一段时期内，我国工业在国民经济中将维持一定的发展速度和规模，在促进工业结构调整升级的过程中，应加快促进工业内部制造业结构向高加工度化和技术密集化升级。当前，我国政府高度关注制造业的转型升级发展，《中国制造 2025》规划指出，基于信息物理系统的智能装备、智能工厂等智能制造正在引领制造方式变革，网络众包、协同设计、大规模个性化定制、精准供应链管理、全生命周期管理等正在重塑产业价值链体系等，由此，我国制造业转型升级、创新发展将迎来重大机遇。

## （二）加工制造业发展不足，以能源、原材料工业发展为主导的重化工业化导致工业结构的虚高与偏离

近些年来，经济增长过度依赖投资，特别是非理性投资的存在，导致重化工业迅速扩张的动力主要来源于冶金、煤炭、石油等能源、原材料工业，而不是依靠机械、电子等装备制造行业。能源、原材料工业的快速增长吸引了投资的大量流入，能源、原材料价格的大幅上涨又阻碍了加工制造业增加值率的提高，以原材料工业为主导的工业结构偏离了工业结构高加工度化和技术密集

化的升级方向，产业结构变动对要素的优化配置作用明显减弱，资本、劳动力等生产要素从生产率上升较快的加工制造行业流向生产率上升较慢的资源密集型行业，加工制造业缺乏持续增长的动力。由于工业扩张动力主要来自于能源和原材料工业，重化工业化趋势加快的表象却容易导致对我国工业结构重型化升级趋势的误判。事实上，加工制造业的发展明显不足是工业结构偏离发展阶段、向高加工度化和技术密集化升级缓慢的重要原因。

### （三）要充分发挥市场机制对促进制造业结构升级的决定性作用

从我国制造业结构的阶段性变化来看，在政府与市场作用的博弈过程中，政府对制造业结构变动的干预影响较大，市场经济体制对制造业结构的调整与优化作用还应进一步加强。计划经济时期，政府代替市场通过直接干预的手段为资源的配置与市场活动提供了一系列的制度安排，导致产业结构严重失衡，与经济发展水平出现较大偏离，违背了工业化进程中产业结构的演进规律，国民经济建设也遭受了严重损失。改革开放以来，随着社会主义市场经济体制建立，政府缩小了经济职能的范围和权力，放松了对整个经济的行政干预，加强了市场机制的调节作用，制造业结构的变动逐渐回归到与经济发展阶段相适应的正常轨道上来。但是应该看到，目前的产业政策仍然以倾斜式结构政策为主，延续了"计划色彩深厚"的传统，一些直接干预措施（诸如目录指导、项目审批、市场准入等）仍被沿用，"选择性的产业政策"仍然是政府干预经济发展的重点，而"选择性"政策这种事先确定"赢者"加以扶持的行为破坏了市场竞争机制的有效运行，并且造成垄断与寻租行为的发生。因此，政府应该用"功能型"、"竞争型"政策代替"选择性"政策，为那些具备潜在竞争优势的企业或产业发展创造公平的竞争环境，让市场本身筛选出具有赢者特质的企业或产业。

### （四）转变技术进步模式和改善创新环境是未来制造业结构技术密集化升级的关键

我国制造业结构的技术密集化程度不高，与技术进步模式以及企业、行业自主创新的研发投入严重不足密切相关。我国制造业以技术引进为主的技术进步模式虽然在较短的时间内缩短了与发达国家的差距，但存在着较大的缺陷。我国对引进技术产生"路径依赖"，被动跟随发达国家、跨国公司的技术变化，抑制了我国制造业自主创新能力的提升。另外，不完善的知识产权制度和寻租活动机会使得我国制造业结构升级的创新驱动机制难以有效形成。因此，逐步改变原有的技术进步路径，不断改善创新环境，形成以企业为主体的创新模式，是未来制造业结构向技术密集化升级的关键。

（周　劲）

**参考文献：**

王岳平等：《"十二五"时期中国产业结构调整研究》，中国计划出版社。

王岳平：《开放条件下的工业结构升级》，经济管理出版社。

张建华等：《基于新型工业化道路的工业结构优化升级研究》，中国社会科学出版社。

魏厚凯：《市场竞争、经济绩效与产业集中——对中国制造业集中与市场结构的实证研究》，经济管理出版社。

王昌林：《对第三次工业革命几个问题的认识》，《调查研究建议》2013年1月30日。

周劲：《我国制造业的组织结构特征与发展趋势》，《中国社会科学报》2010年。

付保宗：《农村劳动力供给变化与工业发展新趋势》，《宏观经济管理》2013年第3期。

廖晓燕：《制造业FDI的新动向与我国制造业结构调整》，《财经理论与实践》2006年第7期。

杰里米·里夫金：《第三次工业革命》，中信出版社。

经贸合作与发展组织《OECD的科学技术与工业记分牌（2003）》，科学技术出版社2003年版。

国家统计局普查中心《我国制造业布局与西部制造业的比较优势研究》，2003年。

# 第三章 提升装备制造业核心竞争力问题研究

评价产业竞争力需要综合考察标志因素和外围因素。从标志因素看，当前我国装备制造业规模不断扩大，在国民经济中的地位有待继续提升；低端产品比重较高，行业组织结构呈现分散化；企业研发投入强度较低，高端产品研发能力薄弱；国际市场开拓能力不断增强，企业"走出去"步伐加快，自主品牌影响力较弱；生产经营效率和盈利能力有所提高，但与国际先进水平差距仍然很大。从外围因素看，未来装备制造业市场需求潜力依然较大，需求结构不断升级；依托低成本要素供给的传统比较优势面临挑战，高端和专业化人才供给不足，公共和基础技术研发能力较弱；关键零部件和基础配套支撑能力不强；政府管理体制机制和产业政策有待进一步完善。政策建议：健全产业政策体系，加快改善技术创新环境，壮大技术创新人才，完善产业配套条件，优化市场竞争环境，鼓励企业开展国际经营。

装备制造业[①]是制造业的典型代表，并承担着为国民经济各行业提供技术装备的重任，其核心竞争力不仅决定自身产业发展水平，也对关联产业乃至国民经济发展产生重要影响。产业竞争力是指在市场经济条件下，一国（某个）产业在国际市场上比他国同类产业更有效地占有、利用资源，实现产品价值并由此提高本国社会福利总体水平的能力。一般而言，产业竞争力从产业内部表现为多个方面，从产业外围受到多种因素影响。其中，产业规模、行业结构、技术管理、市场能力等因素是产业竞争力状况的直接反映，而绩效水平是多种

---

① 按照国民经济行业分类（GB/T4754tt2002），其产品范围包括金属制品业（代码34）、通用装备制造业（代码35）、专用设备制造业（代码36）、交通运输设备制造业（代码37）、电气机械及器材制造业（代码39）、通信设备、计算机及其他电子设备制造业（代码40）、仪器仪表及文化、办公用装备制造业（代码41）等7个大类185个小类。

竞争力因素作用下产业竞争力的集中体现，上述五个因素这里称之为标志因素。同时，要素供给、市场需求、政策体制、配套条件等因素通常会直接或间接的影响产业竞争力水平，上述四个因素这里称之为外围因素。一般而言，产业竞争力是标志因素和外围因素综合作用的结果，因此，评价产业竞争力需要对上述不同层次的关键因素进行综合考察（图3-1）。

按照上述逻辑构建的装备制造业竞争力评价体系，从历史和国际的视角综合分析当前我国装备制造业竞争力状况，判断提升我国装备制造业竞争力面临的新形势，并提出若干对策建议。

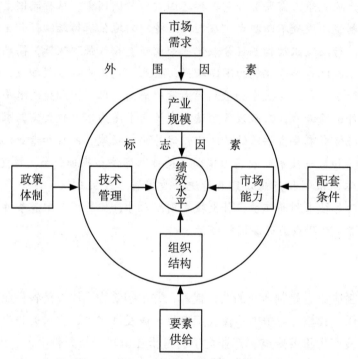

**图 3-1　产业竞争力评价的主要因素及关系**

# 一、我国装备制造业竞争力的现状评价

## （一）产业规模

1.我国装备制造业规模不断扩大

从 1999 年开始，我国装备制造业进入全面、快速发展阶段。尽管在 2010

年之后受全球金融危机的影响，装备制造企业数量和职工人数都有所下降，但产业规模已经发生质的飞跃。从 1999 年至 2012 年，装备制造企业数量从 5.8 万家增至 10.4 万家，职工人数从 1405 万人增至 2818 万人。这一时期，装备制造业工业总产值从 2.6 万亿元增加到 29 万亿元，对全国工业总产值的贡献率超过 30%，成为拉动国民经济增长的重要力量（表 3-1）。目前，我国装备制造业产值占全球比重超过三分之一，稳居世界首位，成为近代以来第三个在全世界装备制造业中占据三分之一份额的国家，此前只有美国和英国曾达到或超过这一比例。经过多年发展，我国装备制造业已经形成门类齐全、具有一定技术水平的产业体系，部分产品技术水平和市场占有率跃居世界前列，重大技术装备自主化水平显著提高。从产品规模上看，我国已成为世界装备制造大国，装备制造产品销售额已跃居世界第一，多数装备产品产量位居世界第一。2013 年，我国发电设备产量 1.2 亿千瓦，约占全球总量的 60%；造船完工量 4534 万载重吨，占全球比重 41%；汽车产量 2211.7 万辆，占全球比重 25%；机床产量 95.9 万台，占全球比重 38%。此外，农业机械、摩托车、内燃机、装载机、汽车起重机、轴承等众多产品产量也跃居世界前列。近年来，我国新兴产业发展取得重大进展，智能制造、海洋工程、先进轨道交通装备、新能源汽车等产业发展成效明显。目前，我国高端装备制造业产值占装备制造业比重超过 10%。

**表 3-1　我国装备制造业发展规模及地位**

| 年　份 | 1999 年 | 2005 年 | 2009 年 | 2012 年 |
|---|---|---|---|---|
| 企业单位数（万家） | 5.9 | 8.3 | 14.7 | 10.5 |
| 占全部工业比重 | 36.0% | 30.6% | 33.9% | 31.3% |
| 职工人数（万人） | 1405 | 2046 | 2925 | 2818 |
| 占全部工业比重 | 32% | 30% | 35% | 31% |
| 工业总产值（万亿元） | 2.6 | 8.3 | 18.5 | 29.0 |
| 占全部工业比重 | 35.0% | 33.0% | 33.8% | — |

资料来源：国家统计局、wind。

2. 装备制造业在国民经济中的地位有待继续提升

装备制造业是工业中技术含量和附加价值最高的组成部分，其所占比重代表了工业技术创新能力和竞争实力。从先行工业化国家的发展历程看，随着工业化水平的不断提高，装备制造业在制造业中的比重呈现增长的趋势。1998

年，日本装备制造业产值占制造业比重上升至 44.8%，之后稳定在 45% 左右的水平；2000 年，韩国装备制造业产值占制造业比重上升至 40.9%，之后继续上升至 2008 年 47.6%。相比之下，尽管近年来我国装备制造业占制造业的比重也呈现增长趋势，但是，与工业发达国家相比仍然偏低。根据联合国工业发展组织（UNIDO）统计，1995 年到 2009 年，世界装备制造业增加值占制造业的比重从 37.8% 提高到 50.6%，其中发达国家之一比重从 41.3% 提高 59.7%，发展中国家这一比重从 27.3% 提高到 35.5%；而同一时期，我国装备制造业总产值占制造业的比重从 30.7% 提高到 38.7%，但近年来受金融危机以及原材料等重化工业较快增长等因素影响，2012 年装备制造业比重下降至 36.8%。比较来看，目前我国装备制造业占制造业的比重仅略高于发展中国家平均水平，而低于世界平均水平更大大低于发达国家水平（表 3-2）。2013 年，我国装备制造业产值规模突破 20 万亿元，是 2008 年的 2.2 倍，年均增长 17.5%，占全球装备制造业的比重超过 1/3，稳居世界首位。随着工业化的继续推进，未来我国装备制造业在制造业中的比重和地位可望进一步提升。

表 3-2　中国和世界装备制造业占制造业比重的比较 %

| 年　份 | 1995 | 2000 | 2005 | 2009 | 2012 |
|---|---|---|---|---|---|
| 中国① | 30.7 | 35.7 | 37.9 | 38.7 | 36.8 |
| 世界② | 37.8 | 45.6 | 48.1 | 50.6 | — |
| 发展中国家 | 27.3 | 30.4 | 32.9 | 35.5 | — |
| 发达国家 | 41.3 | 50.1 | 55.0 | 59.7 | — |

资料来源：中国国家统计局，UNIDO。
注：① 1995 年、2000 年、2005 年按照工业总产值计算；2012 年按照主营业务收入计算。根据中国国家统计局行业分类标准，装备制造业包括金属制品业、通用设备制造业、专用设备制造业、交通运输设备制造业、电气机械及器材制造业、通信设备、计算机及其他电子设备制造业、仪器仪表及文化、办公用机械制造业。②此处为增加值比重，按照国际统计标准分类，装备制造业包括金属制品、通用设备、办公及计算设备、电气机械、半导体及电子通信设备、医疗及精密设备、交通运输设备。

## （二）行业结构

1. 低端装备产品比重依然较高

多年来，我国装备制造业依靠低成本劳动力及资源优势不断融入全球分工体系，行业体系较为完整，在部分关键行业也已经占领了价值链高端环节。但相比发达国家而言，我国装备制造业行业结构总体仍然处于低端和低附加值水平。当前，提高信息化和精密化装备比重是装备制造业结构优化升级的重要方向，2009年，世界半导体及电子通信设备增加值占制造业的比重达到20.7%，其中，发达国家和发展中国家上述比重分别达到27.1%和10.2%；而2011年我国电子及通信设备工业产值占制造业总产值的比重为10.2%，仅相当于发展中国家平均水平，大大低于世界平均和发达国家水平。更为重要的是，目前，在国际分工中，除了依靠传统生产要素而产生的"产业间分工"外，依靠技术人才、制度管理等知识要素而产生的"产业内分工"和"产品内分工"现象日益明显。整体来看，我国在多数装备制造领域依然处在全球价值链的中、低端，多数企业从事低附加值的制造环节，"以价取胜，以量取胜"的粗放型经营和出口模式没有彻底改变。机电产品出口仍以能源密集型和劳动密集型产品为主，在高端产品领域，多数以缺少核心技术和品牌的加工贸易方式参与全球分工。近年来，尽管我国机电产品一般贸易出口比重呈现上升趋势，但加工贸易比重仍然占有很大比重。2013年机电产品加工贸易占外贸比重达50.7%，外商在华投资企业仍然是机电产品出口的主体，2012年占比达到了63.7%（表3-3）。较低的价值链分工地位使我国很多装备企业只能获得微薄的生产价值和利润，并且随时有可能被新兴崛起的国家地区所取代。

表3-3　我国机电产品出口的不同贸易方式构成及外资企业比重（2001—2012年）

| 年　份 | 加工贸易 | | 一般贸易 | | 外资企业 | |
|---|---|---|---|---|---|---|
| | 出口额（亿美元） | 比重% | 出口额（亿美元） | 比重% | 出口额（亿美元） | 比重% |
| 2001年 | 882.7 | 74.3 | 277.3 | 23.8 | 766.4 | 64.5 |
| 2005年 | 3129.8 | 73.3 | 990.9 | 23.2 | 3171.9 | 74.3 |
| 2010年 | 5884.3 | 63.4 | 2795.8 | 30.1 | 6410.5 | 68.7 |
| 2012年 | 6533.9 | 55.7 | 4007.6 | 34.2 | 7507.7 | 63.7 |
| 2013年 | 6416 | 50.7 | 4430 | 35 | — | — |

资料来源：《中国海关统计》。

2. 行业组织结构呈现分散化

国际上，装备制造业逐步形成以大型企业集团为主导，众多供应商相互补充的全球价值链分工体系。其中大型企业集团处于产业链的高端，主导着产业发展方向，而众多供应商处于产业链的低端和跟随地位，在互补性分工市场上竞争。与美国、日本等发达国家相比，目前我国装备制造业市场结构属于一种典型的分散竞争型市场结构，大部分行业的市场集中度较低，缺乏具有带动作用的龙头企业尤其是具有国际影响的大型企业集团，规模经济未能有效发挥。近年来，在国内市场规模快速扩张的过程中，我国装备制造业组织结构分散化状况并没有得到根本改变。根据国家统计局的统计划分标准，2012年大中型装备制造企业主营业务收入比重为69.4%，比2005年下降了3.1个百分点，并且装备制造业七个细分行业的大中型企业主营业务收入比重均有不同程度下降（表3-4）。另一方面，多数中小型装备制造业企业专业化程度不高，企业之间的产品和服务互相模仿，产品的差异性不大，导致低水平价格战成为争夺市场的主要手段。低价竞争严重影响了装备制造企业的经济效益，特别是金融危机之后装备制造业的整体效益下滑，我国装备制造业向高水平、高技术方向提升与发展形成很大制约。

表3-4 2005—2012年我国装备制造业大中型企业的比重和变化

| 行 业 | 大中型企业主营业务收入占全行业比重 % | | | |
| --- | --- | --- | --- | --- |
| | 2012 年（a） | 2010 年（b） | 2005 年（c） | 2012 年减 2005 年 (a-c) |
| 装备制造业合计 | 69.4 | 67.3 | 72.5 | -3.1 |
| 金属制品业 | 43.8 | 36.6 | 41.3 | 2.5 |
| 通用设备制造业 | 52.7 | 44.3 | 53.9 | -1.2 |
| 专用设备制造业 | 55.3 | 54 | 58.4 | -3.1 |
| 交通设备制造业 | 80.2 | 80.8 | 81.1 | -0.9 |
| 电气机械和器材制造业 | 64.6 | 63.1 | 65 | -0.4 |
| 计算机、通信和其他电子设备制造业 | 89.2 | 88 | 89.4 | -0.2 |
| 仪器仪表制造业 | 57.9 | 61.5 | 66.1 | -8.2 |

资料来源：国家统计局2013年、2011年和2006年《中国统计年鉴》。

## （三）技术创新

虽然我国装备制造业技术创新能力取得很大进步，但与发达国家仍然存在明显差距，其研发投入严重不足、技术创新能力弱极大制约了我国装备制造业竞争力提升。

1. 企业研发投入强度较低

与成熟的发达国家相比，我国装备制造业的研发投入强度依然较低，原始创新能力仍然相对较弱。从国际视角看，制造业跨国公司的研发投入占销售收入的比重一般为 5% 左右，高的甚至可以达到 10%—15%，而中国企业中只有华为、中兴等极少数公司可以达到 5% 的水平。2013 中国企业 500 强的平均研发强度仅为 1.27%，研发强度超过 5% 的只有 12 家企业。2012 年我国装备制造企业平均研发经费占主营业务比重仅为 1.32%，其中铁路、船舶、航空航天和其他运输设备制造业研发强度最高，达到 2.18%，其次是仪器仪表制造业为 1.86%，而属于高技术行业范畴的计算机、通信和其他电子设备制造业研发强度仅为 1.51%，其余几个细分行业则均在 1.5% 以下（表 3-5）。研发投入严重不足，不仅影响和制约自主研发水平的提高，导致中国企业拥有自主知识产权的核心技术和专利较少，而且也降低了技术引进的成效，难以紧随国外先进技术的转移进行追赶式的消化吸收和模仿创新。

表 3-5　2012 年我国装备制造业规模以上工业企业研发投入强度

| | 主营业务收入（亿元） | R&D 经费（亿元） | R&D 经费占主营业务收入 % |
|---|---|---|---|
| 装备制造业合计 | 294418 | 3893 | 1.32 |
| 金属制品业 | 29070 | 187 | 0.64 |
| 通用设备制造业 | 38043 | 472 | 1.24 |
| 专用设备制造业 | 28711 | 425 | 1.48 |
| 汽车制造业 | 51236 | 573 | 1.12 |
| 铁路、船舶、航空航天和其他运输设备制造业 | 15748 | 343 | 2.18 |
| 电气机械和器材制造业 | 54523 | 704 | 1.29 |
| 计算机、通信和其他电子设备制造业 | 70430 | 1065 | 1.51 |
| 仪器仪表制造业 | 6656 | 124 | 1.86 |

资料来源：国家统计局《2013 年中国统计年鉴》，中国统计出版社 2013 年版。
注：规模以上工业企业。

2. 高端产品研发能力薄弱

2010 年，我国机械装备自给率已上升到 85% 以上，但仍有相当多的新产品、新技术仍然离不开寻求国外合作伙伴，一些大型、精密、高效装备依赖进口。目前，我国光纤制造设备全部依靠进口，发电设备、集成电路芯片制造设备、石油化工设备的进口依存度分别高达 90%、85% 和 80%，轿车工业设备、数控机床、纺织机械、胶印设备、大型飞机、大型医疗设备的进口依存度超过50%。以机床行业为例，我国机床行业在 2009 年产值已经跃居世界第一，但仍是世界机床进口第一大国，由前几年 70% 依赖国外进口，降低为当前不足40%；而这 40% 的进口，基本上都是高档数控机床。此外，我国装备制造业领域的基础性研究较为乏力、基础工艺、材料和关键零部件发展滞后，与主机和成套装置的发展相比仍显滞后，不少关键配套件受制于人。如汽车产业中的发动机、变速箱等关键零部件长期被跨国公司控制；我国工程机械出口产品中很多零部件依赖进口，外国零部件占出口产品销售额的 40% 左右，占全部销售利润的 70% — 80%。

## （四）市场和品牌能力

### 1. 国际市场开拓能力不断增强，企业"走出去"步伐加快

当前，依靠低成本优势和庞大的产业规模，中国装备制造企业不断开拓国际市场，在机械和运输设备、办公和电信设备、电子数据处理设备、通信设备、集成电路和电子元器件等领域的出口市场占有率都超过了美国、德国、日本等国，位列世界第一。应该看到，由于统计方式的缺陷上述数据存在很大的高估成分，现行的国际贸易统计方法是将产品全部的出口额计入最后一道加工工序所在国，考虑到我国加工贸易比重较大，这种统计方法没有剔除其他国家对该产品的增值，导致处于价值链低端的装配国出口额通常被严重高估，而处于价值链中端提供零部件国家的出口额则被严重低估。总体来看，我国装备产品出口结构仍然停留在较低的层次，高附加值装备产品的出口能力仍然较弱。我国汽车产业规模世界第一，但我国汽车产品出口市场占有率仅为 2.34%，大约占美国的四分之一、德国的五分之一，日本的八分之一。目前，中国只在纺织机械、工程机械等几个装备制造细分领域具有一定的国际竞争力。而相比之下，德国有一半左右的装备产品领域占据全球领先地位，如机械搬运、电力传输设备和印刷技术等，显然，中国与德国仍然不在同一竞争平台上。

近年来，我国装备制造业连续多年的出口高增长开始引发日益剧烈的贸易摩擦，贸易环境日趋恶化。以三一重工为代表的中国企业海外并购遭到了美国各种名义上的阻挠；巴西政府将部分工程机械产品的进口关税由 14% 提高到

表 3-6　我国部分装备制造产品出口依存度

| 产　品 | 工程机械（亿元） | 矿山机械（亿元） | 汽车（万辆） | 发电机组（亿元） | 发动机（万台） | 石油钻采设备（亿元） |
|---|---|---|---|---|---|---|
| 产量／产值 | 4356.2 | 3215.8 | 1841.9 | 3179.1 | 1671.9 | 1919.8 |
| 出口量／出口产值 | 297.6 | 102.3 | 85.0 | 368.0 | 429.3 | 219.1 |
| 比例 | 6.82% | 3.18% | 4.61% | 11.58% | 25.68% | 15.16% |

资料来源：2012 年《中国统计年鉴》，2012 年《海关统计》。

35%，中国部分企业的出口涉税产品在巴西几乎停滞销售。2013 年，我国装备制造业完成出口交货值同比增长 4.04%，其中去除计算机、通信和其他电子设备制造业的装备制造业完成出口交货值同比增长 0.61%，分别低于全部工业出口平均水平 0.96 个百分点和 4.39 个百分点；全国机电产品出同比增长 7.31%，增幅低于全国外贸出口平均水平 0.59 个百分点；其中，去除计算机、通信和其他电子设备的装备产品出口同比增长 2.3%，增幅低于全国外贸出口平均水平 5.6 个百分点。

我国装备制造业企业"走出去"始于 20 世纪 80 年代，当时为了支持国家援助项目，大批国有企业向海外市场输出了大量工程机械设备。20 世纪 90 年代，部分装备制造企业获得了外贸经营权，开始积极推动机械产品出口。2000 年以后，一些企业开始在欧洲、南美等地区直接投资建厂。近年来，随着我国对外投资规模的大幅提升，装备制造业企业正在加快"走出去"的步伐，而且"走出去"的形式更加多样化，已经从简单的产品输出，逐步发展到技术输出、品牌输出、资本输出等多种形式。尤其是国际金融危机以来，在发达经济体许多工业企业陷入困境的背景下，三一重工、徐工集团、山东重工等一大批装备制造企业通过跨国并购迅速成长，逐步成为具有国际竞争力的大型企业集团。但同时，我国装备制造业国际化发展仍处于初级阶段，随着进一步发展来自跨国公司的竞争压力也将不断增大。在一些装备制造领域，跨国企业依然处于竞争的优势地位，如工程机械行业领域的沃尔沃（挖掘机）、利勃海尔（挖掘机）、BHS（混凝土搅拌设备）、日本丰田（叉车）等一批外资企业在我国建立独资厂生产工程机械，同时还有不少原合资厂的外方股东在增资扩股和买断独资，这些企业在与我国装备制造企业的竞争日趋激烈，对我国企业加快推动全球战略布局带来了巨大的挑战。

### 2. 自主品牌影响力较弱

自主品牌是产业核心竞争力的重要载体，在激烈的国际市场竞争中，品牌竞争是企业创造高附加值和获取丰厚利润的重要源泉。当前，我国具有国际影响力的装备产品品牌仍然较少，自主品牌的用户认知度还需提高。2009年《商业周刊》全球顶级品牌100强中，中国企业无一上榜。虽然近几年入选《财富》世界500强的中国公司不断增加，但大多是垄断性的服务业公司，真正的制造业公司却屈指可数，而像海尔、长虹、青岛啤酒这样的中国知名制造业企业至今尚未踏入以规模为入选标准的财富世界500强的门槛，联想也仅仅在2008年入选过一次。品牌的缺失致使中国企业只能从事低附加值的非核心部件加工制造和劳动密集型的装配环节，靠赚取微薄的加工费艰难度日。

## （五）效率和效益

### 1. 生产和经营效率

随着技术进步和管理水平提升，中国装备制造业的劳动生产率不断提高，但是与先进的发达国家相比仍然存在很大差距，甚至仍然低于部分发展水平相当的发展中国家。目前，尽管我国劳动力成本低于发达国家，但我国劳动生产率也明显较低，2011年仅分别相当于美国、德国和日本的21%、33%和32%（图3-2）。劳动生产率低直接导致制造业的经济效益不佳。从中间投入贡献系数看，中国1个单位价值的中间投入仅能得到0.56个单位的新创造价值，仅仅相当于发达国家平均水平的一半。从产品增加值率看，中国仅为26%，与美国、日本及德国相比，分别低23个百分点、22个百分点和11个百分点，甚至低于很多发展中国家的水平。劳动生产率和增加值率较低弱化了企业抵消成本上升压力的能力，日益严重地制约我国装备制造业竞争力的提升。

### 2. 盈利能力

尤其2009年以来，在国家出台一系列扩张性政策的支持下，我国装备制造业行业在规模扩张的同时连续保持着较高的盈利能力。但近年来，市场需求增长逐步放缓，产能过剩压力逐步增大，我国装备制造业行业效益呈现下滑趋势。2013年，装备制造业各行业盈利水平普遍比上年有所下降，全部规模以上装备制造企业主营业务收入利润率为6.15%，在装备制造业各子行业中，出口依存度较高的通信设备、计算机及其他电子设备制造业效益水平相对较低，主营业务收入利润率为4.28%，其次，电气机械及器材制造业为

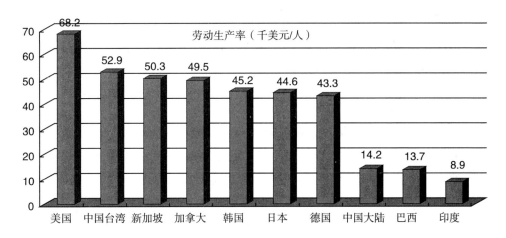

图 3-2　中国和部分国家（地区）劳动生产率的比较（2011 年）

资料来源：德勤公司与美国竞争力委员会《2013 全球制造业竞争力指数》。

表 3-7　2010 年—2013 年装备制造业各子行业效益变化

| 行　业 | 主营业务收入利润率 % | | | |
| --- | --- | --- | --- | --- |
| | 2013 年 | 2012 年 | 2011 年 | 2010 年 |
| 金属制品业 | 5.72 | 6.88 | 6.73 | 6.95 |
| 通用设备制造业 | 6.70 | 7.54 | 7.61 | 7.88 |
| 专用设备制造业 | 6.70 | 7.64 | 8.27 | 8.70 |
| 交通运输设备制造业 | 7.83 | 8.17 | 8.68 | 8.82 |
| 电气机械及器材制造业 | 5.66 | 6.58 | 6.60 | 7.39 |
| 通信设备、计算机及其他电子设备制造业 | 4.28 | 4.45 | 4.45 | 5.21 |
| 仪器仪表制造业 | 8.42 | 9.13 | 8.21 | 8.51 |

资料来源：国家统计局 2011 年至 2014 年《国家统计年鉴》。

5.66%（表 3-7）。另一方面，由于行业结构不合理，企业竞争力整体偏弱，装备制造业盈利水平波动性较大。尽管金融危机后投资政策拉动装备企业利润率高涨，但随着政策效应减弱及市场需求增速趋缓，当前装备制造行业效益水平普遍下滑甚至出现较大规模的亏损，如船舶、工程机械等行业企业效益普遍下滑。此外，我国多数装备产品附加值较低，单位产品的利润水平与发达国家存在很大差距。

## 二、影响我国装备制造业核心竞争力的主要因素

### （一）市场需求潜力依然较大，产业竞争格局面临新调整

1. 国内市场需求和竞争结构持续调整

我国装备制造业发展受益于过去 10 年间经济增长和大规模投资带来的需求增长。当前，我国工业化和城镇化进程仍未完成，经济水平也将继续提高，较长时期内投资仍将是带动经济增长的主体力量，将继续带动装备制造市场需求的扩张，因而未来装备制造业发展仍然面临较大的产品需求潜力。但同时，近年来经济结构调整压力有所加大，钢铁、电解铝、水泥等行业出现不同程度的产能过剩，对装备制造产品需求的高速增长态势将受到抑制，产业发展面临压力，同时日趋激烈的市场竞争也将为产业结构调整和竞争力提升带来难得机遇。随着工业转型升级步伐不断加快，市场对产品的要求也不断提高，尤其对装备制造产品的需求层次不断提升，国内装备制造企业发展面临来自同行和消费者更大的压力。同时，随着开放程度的继续加大，国内市场竞争国际化水平继续提升。目前，装备制造业正成为跨国公司新一轮世界产业转移的重点，国际装备制造业转移结构的高度化和知识化趋势明显加强，呈现由资本密集型装备制造业为主向高附加值、技术知识密集型设备制造业为主的转变倾向。中国拥有巨大的市场潜力、丰富廉价的人力资源和良好的基础设施，成为跨国制造业公司转移投资的首选国家，国内装备制造业市场竞争的国际化程度将不断提高。

2. 国际市场竞争格局面临调整

当前，欧美经济拖累国际经济陷入较长的调整时期，随着中国经济位势的上移，面临的竞争格局正在发生深刻变化。美欧等发达国家提出重振制造业的"再工业化"战略，重点在高端制造业领域，将对中国装备工业调整升级产生重要影响。随着全球经济的持续低迷，贸易保护主义有所抬头，不少国家为加强本国产业和市场保护，采取了各种贸易保护措施来消化国内过剩产能。提高关税、限制配额等有形壁垒以及知识产权、碳排放等无形障碍影响我国装备制造业的出口。近年来，出现贸易战向货币战升级的趋势，以美国为首的发达国家不断逼迫人民币升值，使得我国装备制造业出口的成本优势越来越小。从2007 年到 2013 年，人民币两次单边升值（2007 至 2008 年上半年和 2010 年下

半年至今），美元兑人民币中间汇率从 7.8 下降到 6.2，贬值幅度超过 20%（图
3-3）。以 2012 年为例，2012 年中国外贸依存度重回 50% 以下，为 47%，较上
年下降 3.1 个百分点；其中出口依存度为 24.9%，进口依存度为 22.1%，较上
年均有回落。粗略测算，人民币升值 1 个百分点将导致 0.028 个百分点的成本
上升。受发达国家贸易保护主义日益严重的影响，我国装备制造企业"走出
去"面临着国际投资环境以及自身在"走出去"方向、模式、风险和社会责任
等方面的多种考验，海外经营整体欠佳，海外投资进展放缓，有的企业不得不
退出国际市场。如，三一重工在美国投资风力发电项目就曾遭受当地政府的重
重审查。

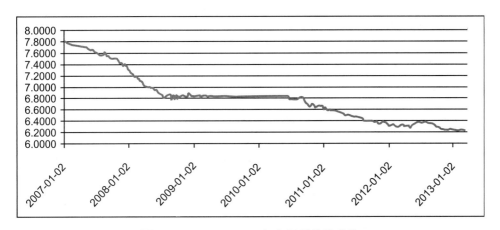

**图 3-3　2007—2013 年人民币单边升值**

资料来源：wind。

### 3. 新兴技术和产业革命正在孕育

首先，新技术革命正在催生新兴产业。进入 21 世纪以来，全球科学技术
发展日新月异。尤其是后金融危机时期产生新的需求和科学技术内部所积蓄的
能量，一场以信息技术运用、数字制造技术、新能源技术和生命科学重大突破
为标志的新一轮技术革命，信息技术与新材料、可再生能源、生物等技术交
叉融合，将推动一批新兴产业的诞生与发展。在新兴产业领域，加大研发投
入，突破关键技术并使之产业化将成为后危机时代各国促进新一轮产业发展的
重要内容。其次，新的制造方式正在形成。制造业垂直分离和业务外包趋势日
益明显。随着经济全球化和网络技术的发展，传统的、垂直一体化的企业内集
成的价值链被分散于全球各地的专业化公司之间的协作价值网络所取代。与此

同时，企业制造分工深化，出现原始设备制造商、电子设备承包制造商、电子设备制造服务供应商等新型的专业化制造企业，使得制造业务外包程度更加明显。同时，制造企业个性化生产、分散式生产、就近生产成为重要特征。随着数字化制造的不断推广，新软件、新工艺、机器人和网络服务逐步普及，某些行业规模经济变得不明显，而更便于个性化产品的设计和生产，具有更加贴近客户需求的优势，企业会更多选择在消费地进行本地化制造。最后，与新的制造业生产范式相适应，商业模式创新也在加快进行。电子商务、移动互联、大数据及云计算、免费搜索和合同能源管理等新型商业模式不断涌现，尤其是基于互联网等信息技术的发展将不断向制造业渗透，并会极大地改变装备制造企业的竞争方式和竞争格局。随着制造业结构和发展模式发生战略性调整，我国提升装备制造业竞争力也正在迎来新的战略契机。

## （二）依托低成本要素供给的传统比较优势面临挑战

近年来，劳动力工资上涨、人民币升值和中国产品外运成本使得中国制造越来越昂贵，中国制造业的成本优势已经显著萎缩。

1. 劳动力低成本优势逐步减弱

当前，相对于发达国家水平，中国仍然具备较明显的劳动力低成本优势。2008年，中国制造业劳动者小时工资为1.51美元，分别相当于OECD（经合组织）的7.9%、欧元区的5.4%、美国的7.2%以及日本的8.3%。但近年来，中国劳动力供需矛盾不断加剧，劳动力成本持续上升。目前，中国劳动力成本已高于亚洲多数发展中国家，相当于印度、印尼、斯里兰卡等国劳动力成本的三至五倍。据全球商业咨询机构AlixPartners LLP发布的一项研究显示，2005年，在制造成本竞争力排序方面，中国居于领先，其后是印度、越南、俄罗斯和墨西哥。到2010年，全球已经过洗牌，墨西哥成为成本最低的地区，其后是越南、印度、俄罗斯和中国。如果这些趋势继续，今后四五年内中国制造的成本将与美国相当（表3-8）。

未来，我国劳动力成本上涨的长期趋势正在形成，充足且廉价劳动力的比较优势正逐步丧失。一方面，劳动力供给总量的增长空间已经十分有限。尽管劳动年龄人口总量仍在增长，但每年的增加量正在逐步减少。2010年，劳动人口占总人口的比重已经见顶并持续下降，劳动人口数量预计也将在2015年见顶下降。另一方面，农村剩余劳动力无限供给时代即将终结。当前农村劳动力结构老龄化程度已经很高，可供转移的年轻劳动力较为有限。1998—

表 3-8　美国主要制造业外包国家的成本竞争力排名变化

| 排　序 | 2005 年 | 2010 年 |
|---|---|---|
| 1 | 中国 | 墨西哥 |
| 2 | 印度 | 越南 |
| 3 | 越南 | 印度 |
| 4 | 俄罗斯 | 俄罗斯 |
| 5 | 墨西哥 | 中国 |

资料来源：AlixPartners.《AlixPartners 美国制造外包成本指数》，2011 年。

2007 年，外出农民工总量平均每年新增 900 万人左右；2007—2011 年，外出农民工总量平均每年新增仅 600 万人左右，减少了约 300 万人。受劳动力供需形势变化影响，"十二五"前两年我国制造业城镇单位就业人员平均工资增速分别达到 18.60% 和 13.60%，2012 年平均工资额分别为 2006 年和 2010 年的 2.29 倍和 1.35 倍。与此同时，我国劳动力技能错配现象有所加剧。过去 10 年间，我国高等教育毕业生人数增加了六倍多，同期职业技术学校毕业生人数仅增长了 1.3 倍。教育体系与人才需求错配产生了"低端、技能型劳动力短缺"与"大学生就业难"并存的现象，制约了潜在人力资源向现实人力资本的有效转化。

短期看，劳动力成本上升直接导致装备制造业成本和其在收入中比重的上升，将使我国装备产品价格面临上涨压力，对产品出口和经营效益产生影响。长期来看，劳动力成本上升可以激励企业大力进行产业升级改造，只有通过提升劳动生产率抵消工资增长压力，我国装备制造业才可能继续保持已有的比较优势。

2. 高端和专业化人才供给不足

随着我国装备制造业的快速发展，形成了一定的人才和技术优势，人力资源总量稳步提升，人力资源供给结构及工作机制进一步优化，但高端、紧缺、关键人才不足，人才结构与产业结构脱节的矛盾仍然十分突出，适应战略发展需求的人才缺口很大。装备制造业的人力资源供给呈现出整体素质较低、比例严重失衡的特点，文化程度低的多、高的少，技术等级低的多、高的少，高等级技术工人年龄大的多、年轻的少。目前，我国拥有 3000 万科技工作者，居全球首位，但高端管理和科技工作者占总人口比重却很低。目前，我国每万人劳动力中的研发人员数量仅相当于日本的 1/7，德国、法国、英国的约 1/6，韩国的约 1/5（图 3-4）。并且，我国高级技术工人比例与发达国家相比也有较大差距。我国拥有约 7000 万技术工人，其中初级工所占比例为 60%，中级工比例为 35%，高级工比例仅为 15%。而在发达国家，高级技工占技术工人的比例通常要超过 35%，中级工占 50% 左右，初级技工占 15%；高级技能人才在总量、结构和素质上还不能满足企业发展的需要。此外，劳务工技能等级低，缺乏相应培训，技术工人年龄受限待遇低下，人才流失严重。当前人力资本供给条件对装备制造业竞争力加快提升的制约作用日益显现。

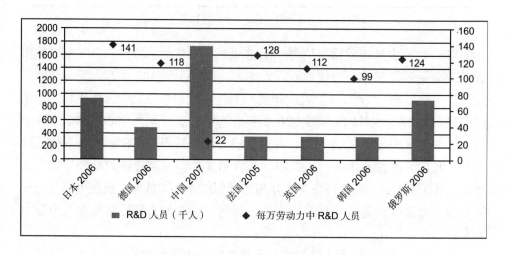

**图 3-4　我国科技人才比重与部分发达国家的比较**

资料来源：2005 年到 2012 年《中国统计年鉴》。

3.公共研发投入不足，基础技术研发能力较弱

技术密集型的装备制造业尤其需要得到国家公共研发服务的支持，而我国的科技创新在取得巨大进步的同时也存在显著问题。长期以来，我国科研力量主要集中在大学和科研机构，大学和科研机构主要依赖财政投入，注重于理论研究而与经济现实的结合度不够，科研成果产业化程度不高。同时，与产业发展需要相比，研发投入强度低、投入不足的问题较为突出。2006 年以来，我国全社会研发经费支出实现每年 20% 以上的增长，从 2006 年的 3000 亿元增长到 2013 年的 11906 亿元，占国内生产总值的比例从 1.42% 提升到 1.83%。2013 年，用于研究与试验发展的经费支出在 GDP 中所占比重将达到 2.09%。即使如此，我国的研发经费投入比例和研发人员比例与一线国家还有较大差距。目前美国、日本、韩国、德国等国的研发经费占 GDP 比重分别达到了 2.79%、

3.45%、3.36% 和 2.82%（表 3-9）。

表 3-9 中国研发经费占 GDP 比重的国际比较

|  | 中国<br>（2012 年） | 美国<br>（2008 年） | 日本<br>（2008 年） | 韩国<br>（2008 年） | 德国<br>（2009 年） |
| --- | --- | --- | --- | --- | --- |
| 研发经费占 GDP 比重 | 1.97% | 2.79% | 3.45% | 3.36% | 2.82% |

资料来源：世界银行数据库。

而且，我国劳动力总体素质仍然不高，低成本劳动力供给优势主要体现在低端劳动力数量方面。2012 年，每百万人口中的研究人员仅有 1071 人，仅相当于美国、德国和日本的 23%、20% 和 15%，与巴西基本相当（图 3-5）。

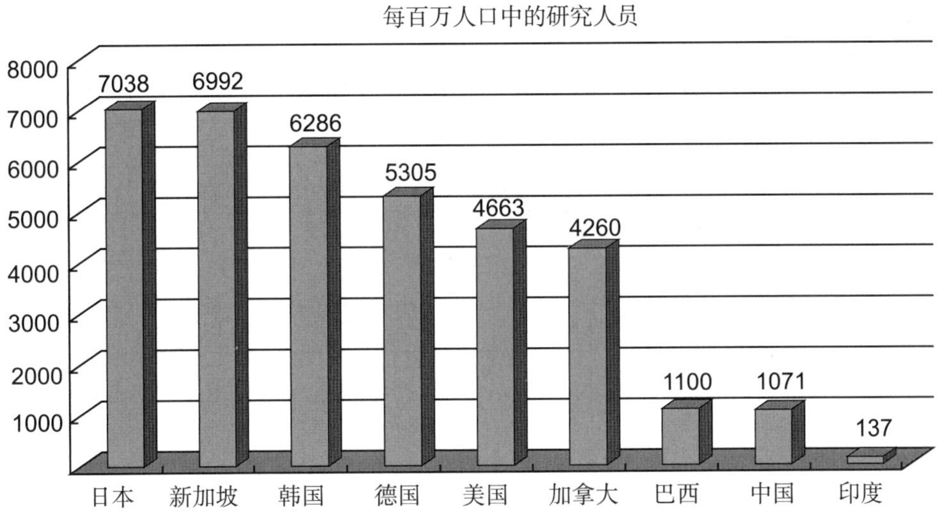

每百万人口中的研究人员

图 3-5 2012 年各国每百万人口中从事研发相关工作人员数量

资料来源：德勤公司与美国竞争力委员会：《2013 全球制造业竞争力指数》。

2000 年以来，中国国内发明专利申请量和授权量持续快速增长，对全球国内发明专利申请和授权的增量贡献突出，分别达到 84.8% 和 38.5%。在此期间，约半数国家发明专利申请量和授权量呈负增长，中国则表现出强劲的增长态势，年均增速达到 28.9% 和 30.0%。2014 年，中国国内发明专利申请量达到 92.8 万件，连续五年居世界首位；国内发明专利授权量达到 23.3 万件。但另一方面，我国在国际型专利产出方面与发达国家相比仍有很大差距。由于国际上不同国家申请专利的条件各不相同,因此以国际上公认的"三方专利"<sup>①</sup>申请专利数量进行国际比较更能客观反映专利水平。目前,中国的三方专利数量占世界比重虽然居世界第七位,但绝对数量尚未超过 1000 件,只相当于日本的 6.9%、美国的 7.3%、德国的 18.1%。中国企业的 PCT<sup>②</sup> 国际申请量在 2012年国际排名第 4 位,而万名企业研究人员拥有 PCT 申请数却排名第 28 位,人力投入的专利产出效率比较低。不过,近年来中国的专利授权数增长迅速,从2000 年到 2010 年中国三方专利的专利授权数量增加 200% 以上,也说明中国在知识产权创新方面具有巨大潜力(表3-10)。

表 3-10　主要国家"三方专利"授权数量与比例

| 国　家 | 2000 年 | | 2005 年 | | 2010 年 | |
|---|---|---|---|---|---|---|
| | 数量 | 比例（%） | 数量 | 比例（%） | 数量 | 比例（%） |
| 日本 | 14749 | 32.58 | 14859 | 29.68 | 15066 | 30.56 |
| 美国 | 13794 | 30.47 | 15352 | 30.66 | 13837 | 28.07 |
| 德国 | 5804 | 12.82 | 5778 | 11.54 | 5685 | 11.53 |
| 法国 | 2140 | 4.73 | 2402 | 4.80 | 2447 | 4.96 |
| 韩国 | 732 | 1.62 | 2129 | 4.03 | 2182 | 4.43 |
| 中国 | 71 | 0.16 | 312 | 0.46 | 875 | 1.78 |
| 欧盟 27 国 | 13291 | 29.36 | 14238 | 28.16 | 14124 | 28.65 |

资料来源：2010 年《国际统计年鉴》。

## (三)装备制造业关键零部件和基础配套支撑能力不强

### 1.关键零部件和基础材料发展滞后

长期以来,我国装备工业的关键零部件和基础材料供应能力薄弱,不能满足各类主机和重大技术装备发展的需要,已成为制约我国重大装备和高端装备发展的瓶颈。首先,我国对基础技术研究和关键零部件研发投入不足。投入强度远低于主机行业,缺乏高水平的人才队伍。产业技术基础薄弱,共性技术研究体系缺失,基础性与共性技术研究弱化,新产品、新技术的推广应用困难,

---

① "三方专利"是OECD组织为了方便国际比较,将在美国专利商标局、日本专利商标局和欧洲专利商标局的专利申请授权合为一个指标,这已成为国际比较的常用指标。
② Patent Cooperation Treaty(专利合作协定)。

行业基础数据的传承、跟踪、积累和共享机制尚不健全。其次，产业结构不尽合理。中低端产品产能过剩而高端产品供给能力不足的矛盾突出。专业化程度低，具有国际竞争力的大型企业集团和具有知名品牌的"专、精、特"企业群体尚未形成。最后，产品的性能和质量与主机用户的需求之间还有一定差距，轴承、齿轮、液压件、密封件等机械基础件的内在质量不稳定，精度保持性和可靠性低，寿命仅为国外同类产品的 1/3 — 2/3，产品生产过程的精度一致性与国外同类产品水平相比差距明显。

从具体行业来看，首先，在机床、仪器仪表等基础机械产品领域，国内企业中低档产品居多，性能质量不高。如我国液压气动元件的品种规格还不足日本一家公司的 1/5，铁路客车轴承寿命仅为国外的 1/3 — 1/4。而在进行技术引进时，往往比较重视对重大技术装备的整机引进，而对关键零部件和原材料的引进消化吸收重视不够，使得这些领域发展滞后，多数关键零部件受制于人。其次，大型关键铸锻件依靠进口依赖程度高。在一些重大装备国产化项目中，国产件能力、质量难以满足需求，已成为重大装备制造业发展的瓶颈。对发电设备、冶金石化设备、船舶等行业具有直接影响的大型铸锻件，国内企业的生产水平与发达国家相比，从装备到工艺水平，从产品品种到产品等级，都存在一定差距。再次，中国装备制造的基础材料工业发展水平也相对滞后。中国是世界第一钢铁生产大国，但相当部分特种钢材不能生产，如冲压轿车车身所需的双面镀锌薄板，对钢板的延展性、镀锌层的厚度，钢板的幅宽、钢板在恶劣环境下的抗腐蚀能力等都有极高的技术要求，国内只有武钢、宝钢等少数企业能够生产，但产品在各项技术指标上，与国外先进产品仍存在差距，不得不长期依赖进口。发电设备所用的耐高温、高压管材进口量很大，超临界、超超临界机组的耐高温、高压的优质管材、板材仍然需要进口。此外，很多装备产品的自动化控制系统依靠进口的局面仍未有根本性改观。如轧机虽然国内总成，但其中所需的电器元件、控制系统需要进口。

2. 装备制造相关服务业发展不足

当前，与装备制造业相关的生产性服务业发展相对滞后，不适应装备制造业竞争力提升的要求。突出表现在产业总体规模小，专业化程度不高，服务的层次和技术含量偏低。一方面，我国装备制造企业与产品制造相关的研发服务、市场销售、人力资源、信息技术等方面的支出较小，尤其在技术研发及销售服务等产业链高附加值环节还比较落后。大多数企业依然是"大而全，小而全"的封闭式自我服务模式，通过生产性服务业外包降低成本的意识不强。另一方面，与国际先进水平相比较，我国现有生产性服务企业满足装备制造业服务需求的能力不强。目前我国大部分生产性服务企业的国际化程度较低，生产性服务业中的很多企业是规模较小的中小企业，创新意识很强，但服务的层次和技术含量偏低。专业服务（中介）机构所提供的专业服务集中于中低端市场，缺乏高端服务、个性化服务、复合型服务，使得很多高端和新兴服务需求难以得到有效满足。此外，中国装备制造业产业局部不合理现象较为普遍，集群优势未得到发挥。由于受到当时经济思路的影响，传统装备制造业的工业布局缺少统筹规划与长远打算，一些装备制造业基地的产品和技术结构与所处地区的要素供给和基础设施条件相脱节，且缺乏完善的管理体制机制，产业集群优势难以有效发挥。

## （四）政府管理体制机制和产业政策有待进一步完善

装备制造业总体上属于市场化程度较高的产业，国家对产业的直接干预不断弱化，但仍然存在一些不合理的体制机制和产业政策，对产业竞争力的提升形成一定制约。

1.歧视性政策进入壁垒阻碍了市场机制的有效发挥

目前，我国部分装备制造业领域依然存在一定的所有制歧视，在银行贷款、土地使用、经营领域的准入等方面，民营企业所受限制颇多，企业融资渠道不畅。带有资本歧视性的产业政策干扰了公平竞争的市场秩序，阻碍了市场机制的有效发挥。一方面，具有一定规模的国有企业通常有创新发展的实力，却因为激励机制缺陷而缺乏创新的动力；另一方面，民营企业具有开拓创新的压力却往往由于政策或资本限制而缺乏创新的能力。而且，我国条块分割下的地方保护产生了区域市场的进入壁垒，阻碍了竞争机制作用的有效发挥。如对本地区以外的企业和产品禁止或限制本地销售，需办理不同于本地企业或产品的审批手续，额外收费或实行不同的税费标准，实行不同的质检、技检标准；实行不同于本地企业的价格限制等等。行政性进入壁垒不但限制了新企业的进入，也限制了现有企业产品的门类的增加，客观上造成了有限的竞争主体在有限范围内的不完全竞争格局。

2.产业退出机制不完善导致过高的退出障碍

首先，中国尚缺乏完备的产业退出援助机制。低效资源和企业的退出，无论采取哪种退出形式（例如破产、兼并、重组、拍卖等），都要涉及人员出路和资产（包括债务）的处置等问题。因而，在市场中单纯依靠企业进行产业转型和退出是无法实现的，因此有些国家（如日本）建立了退出援助机制，以解决退出障碍。而由于中国没有这一制度，且社会保障制度不健全、资本市场欠发达，上述问题难以有效解决，阻碍了产业组织结构的有序调整。其次，政府管理体制缺陷造成了退出障碍。退出不只是发生在已出现亏损的企业，要素整合、优化的过程中，会出现大量的联合兼并，甚至发生强强企业间的重组与联合。在日前的政府管理体制下，由于担心企业退出导致的税源流失，以及丧失对当地企业（尤其是地方国有企业）的控制力，地方政府往往缺乏支持企业退出的动力。

应该看到，当前国际环境的深刻变化也给我国整合利用国际要素资源带来契机。首先，金融危机使欧美等国家很多装备制造业企业缺乏资金，企业销售出现下降趋势，甚至高额负债濒临破产，这给中国大型装备制造业企业走出国门，实行参股控股提供了有利时机。同时，人民币的大幅升值有效地节省了中国企业海外并购的成本。通过收购优质资产而获得的关键技术和专利将有助于我国装备制造业竞争力快速提升。

## 三、政策建议

当前，我国装备制造业发展受到来自发达国家重视实体经济回归和后起发展中国家加快追赶的双重压力，提升装备制造业技术创新能力的任务日趋紧迫。

### （一）健全产业政策体系

提升装备制造业核心竞争力，一方面需要营造良好的市场环境，充分发挥市场在资源配置中的基础性作用，促进装备制造企业有序竞争；另一方面，需要加强政府引导，发挥行业指导作用，特别是对关系国民经济和国防安全的重大技术装备制造和关键共性技术研发，给予必要的政策支持。一是进一步完善相关法律法规和标准。在全面总结我国装备制造业发展的成功经验基础上，借鉴国外的通行做法，研究制定振兴装备制造业的有关法律法规，为装备制造业发展提供必要的法律保障。充分发挥标准化在振兴装备制造业中的作用，提高国家标准、行业标准和企业标准的等级，完善我国装备制造业标准体系，为我国装备产品参与国际竞争创造条件。二是制定重点领域装备技术政策。根据国民经济重点领域中长期发展的需要，制定科学合理、先进适用和相对稳定的装备技术政策，为装备制造业制定中长期技术引进和自主创新发展规划奠定基础。制定电力工业大容量、高参数的发电和输变电，石油化工工业（含海洋石油工程）的炼油和化纤原料生产，煤炭工业的采掘，冶金工业的冶炼和轧制，建材工业的新型（环保）建筑材料生产，汽车工业的汽车产品关键总成生产，轨道交通运输业的新型轨道交通运输，远洋运输，民用航空航天工程，信息产业通信工程，生物工程和医疗医药等领域的装备技术政策。

### （二）加快改善技术创新环境

以科技进步为支撑，才能大力提高装备制造企业自主创新能力。引导装备制造企业以系统设计技术、控制技术与关键总成技术为重点，增加研发投入，加快提高企业的自主创新和研发能力。鼓励企业着眼于前沿领域，积极扩大开放，在引进国外先进技术的基础上，实现消化吸收再创新；建立产、学、研、用相结合的技术创新体系，促进装备制造业持续发展。重点支持自主创新项目，包括原始创新、集成创新和在引进消化吸收基础上再创新的项目。对关系国家全局和战略利益、企业难以独立完成的重大技术装备，政府发挥因势利导作用，鼓励企业加大科研投入力度，集中攻克一批长期困扰产业发展的共性技术。加快建设一批带动性强的国家级工程研究中心、工程技术研究中心、工程实验室等，提升企业产品开发、制造、试验、检测能力。鼓励企业通过自主开发、引进技术消化吸收以及国际合作、并购、参股国外先进的研发、制造企业等方式掌握核心技术。鼓励企业与科研院所、大专院校联合开展研发工作，并加快研究成果的产业化进程，创建一批享誉国内外的知名品牌。推进以企业为主体的产学研结合，鼓励科研院所走进企业，支持企业培养壮大研发队伍。

### （三）改善劳动力结构和素质

一是以专业人才培养为重点，加强技术创新队伍建设。支持各级、各类教育机构加强基础教育和人才培养，支持国家重大技术装备人才培养基地的建设。支持具备条件的高等院校要整合相关力量，加强技术创新人才培养；引导高等院校与企业、科研院所加强合作，联合培育一批年富力强、具有创造性的中青年科技人才、管理人才和高级技工，特别要培养重大装备研制和系统设计的带头人才。采取持股、技术入股、提高薪酬等更加灵活的政策措施，吸引国内外高水平专业技术人才，为装备制造业长远发展造就雄厚的后备力量。二是加强职业教育和农民工技能培训，构建多层次专业技术人才再教育体系。加大对职业教育的资金投入力度，健全农民工职业教育和技能培训体系，大幅度提高技术熟练型农民工的比重。完善培训补贴管理办法，加大财政补贴力度，构建网络化、开放式、自主性的职业教育体系。三是深化教育体制改革，强化提升素质教育水平。适当提高学前教育和高中、高等教育入学率，增加劳动者受教育年限；根据产业升级战略要求和市场需求变化，构建教育结构与产业结构的动态互动机制，根据企业与市场需求变化，有针对性地调整专业设置及其他教育资源配置。四是消除制约劳动力合理流动的制度性障碍。逐步消除城乡劳动者就业的身份差异，实现城乡劳动者同工同酬。逐步实现公共服务和保障体系由户籍人口向常住人口全覆盖。推进农民工整体融入城市公共服务体系建设和城镇保障性住房体制改革，确保农民工及其子女平等接受基本公共服务、城镇住房保障体系和社会保障体系。逐步突破以户籍与福利合一的社会管理制度。适应农民工进城落户和城镇化发展的需要，赋予农民对承包土地、宅基地、农房和集体资产股权更大的处置权。

## （四）完善产业配套条件

鼓励重大装备制造企业集团在集中力量加强关键技术开发和系统集成的同时，通过市场化的外包分工和社会化协作，带动配套及零部件生产的中小企业向"专、精、特"方向发展，形成若干各有特色、重点突出的产业链。有计划、有重点地研究开发重大技术装备所需的关键共性制造技术、关键原材料及零部件，逐步提高装备的自主制造比例。加强电子信息技术与装备制造技术的相互融合，以信息技术促进装备制造业的升级。适应装备制造业发展需求，强化产业发展的资金支持。强化金融支持措施，重点在破解制约装备制造业发展"瓶颈"问题上取得新突破。加大对装备制造业的信贷支持力度，加快推进金融产品和服务方式创新。根据市场变化积极改进信贷管理模式，更灵活适应不同企业发展的要求。创新抵（质）押担保融资方式，重点推进无形资产抵（质）押融资方式创新。通过应收账款质押、清洁发展机制预期抵押、专利权质押、仓单质押、保理、退税账户托管等更加灵活的方式，拓宽企业的融资渠道。创新装备制造业风险分担机制。创新对装备制造企业合并重组的金融服务。积极扩展装备制造业的直接融资渠道。鼓励有条件的装备制造企业通过主板、创业板、中小企业板乃至境外上市融资。支持装备制造企业通过发行企业债、公司债、可转换公司债等来募集产业整合需要的资金。推广积极短期融资券、中期票据、中小企业集合票据等直接融资债务工具。大力发展融资租赁业务。通过成立或引进信托投资公司、风险投资基金、产业投资基金等各种形式吸纳更多的民间资本，有效拓展产业集群内企业的融资渠道。

### （五）优化市场竞争环境

以市场为导向，发展壮大一批大型装备制造企业和工程公司。引导装备制造企业加快建立现代企业制度，深化内部改革，转换经营机制。鼓励社会资金特别是大型国有和国有控股企业以并购、参股等多种方式参与国有装备制造企业的改革和不良资产的处置。对在重大技术装备制造领域具有关键作用的装备制造骨干企业，在保证国家控制能力和主导权的基础上，支持其进行跨行业、跨区域、跨所有制的重组。鼓励装备制造企业之间、关联企业之间、企业与科研院所之间的联合、重组，通过多种途径培育大型企业集团。发挥市场导向和政策支持的作用，形成一批跨行业、跨地区的集系统设计、系统集成、工程总承包和全程服务为一体的工程公司，参与国家重点工程项目的建设和管理，并积极开拓国外市场。突出质量建设，加强质量基础能力建设，推进标准、计量、检测检验、质量控制技术、质量工程技术等在企业质量控制与质量管理以及质量监管体系环节中的应用，提升产品的安全性、可靠性、实用性。加快品牌培育，引导装备企业针对国内外细分市场，促进品牌产品系列化发展；支持品牌产品在境外的商标注册和专利申请，促进品牌产品跨国经营与国际化发展。

### （六）鼓励企业开展国际经营

多层次、多渠道、多方式推进国际合作与交流，鼓励和境外企业及科研机构开展多种形式的研究合作，鼓励企业积极参与技术标准、政策法规的国际交流和协调，完善出口信贷、保险政策，支持智能制造技术、装备及工程服务出口。通过政策引导"走出去"兼并重组，鼓励和扶持产业基金与企业合作参与国际投资和经营，设立研发机构，整合国际技术和人才资源，利用国际市场。加快推进跨境贸易和投资人民币结算业务，积极为大型装备制造企业开拓海外市场和生产基地提供资金支持。积极运用"出口信用保险＋商业信贷资金"的模式促进大型技术装备对外贸易，为装备制造企业提供融资便利和风险保障。

引导金融企业在风险可控前提下有针对性地创新金融衍生工具，以满足企业规避汇率风险的需求。

（付保宗）

**参考文献：**

付保宗：《中国装备制造业产业安全形势及对策》，《经济与管理》2009 年第 5 期。

邵慰、陶晓丽：《基于制度创新提高辽宁装备制造业的竞争力研究中》，《中国科技论坛》2009 年第 6 期。

张其仔：《开放条件下我国制造业的国际竞争力》，《管理世界》2003 年第 8 期。

金碚：《中国工业国际竞争力——理论、方法与实证研究》，经济管理出版社 1997 年版。

崔万田：《中国装备制造业发展研究》，经济管理出版社 2004 年版。

王秀丽：《企业核心竞争力的评价方法体系研究》，中国财政经济出版社 2007 年版。

徐静霞：《我国装备制造业核心竞争力评价》，《商业研究》2006 年第 10 期。

陶良虎、宗艳：《着力提升装备制造业核心竞争力》，《经济研究》2005 年第 4 期。

王玉、孙惠：《中国装备制造业竞争力非均衡性研究》，《上海经济研究》2004 年第 12 期。

李大元、王昶、姚海琳：《发达国家再工业化及对我国转变经济发展方式的启示》，《现代经济探讨》2011 年第 8 期。

王建华、王方华：《企业竞争力评价指标体系研究》，《软科学》2002 年第 3 期。

中国科学技术发展战略研究院：《国家创新指数报告》，科学技术文献出版社 2014 年版。

# 第四章　制造业转型发展与技术创新问题研究

制造业转型发展是我国转变经济发展方式的主战场和突破口。加快制造业转型发展必须依赖技术创新和技术应用。当前，我国制造业技术创新的转型发展效应已得以有效发挥，科技进步贡献率、劳动生产率、制造产品附加值率和制造业技术结构高度化相关指标呈现不断上升的良好态势。分析我国制造业转型发展缓慢的原因，主要在于技术积累薄弱、技术创新特别是自主创新落后，技术引进和模仿效率低下、官产学研资体系不健全等方面的原因。加快技术创新和产业化建设，促进转型发展是我国制造业可持续发展的重要方略。

## 一、引言

进入 21 世纪，创新成为时代的主旋律。其中，技术创新为经济增长创造新的生产可能性边界，并对制度创新提出需求，为产业创新提供新的基础，具有显著的经济增长和结构升级效应。加快技术创新，逐步突破核心技术瓶颈，推动技术创新由量变向质变转换，是我国全面提升产业国际竞争力的必由之路。

在现有国际分工和国际经贸条件不发生根本性变化的情况下[①]，制造业长期内仍是带动我国经济发展的主导力量。我国制造业经过长期的发展，已发展成为全球规模最大的制造业国家，约占全球 1/5 强。而且，在若干领域和行业，掌握和拥有了一批关键核心技术，培育了一批在国际上著名的制造业跨国公司，许多制造产品在国际市场上占有一席之地。以为国民经济和国防建设提供技术装备的基础性、战略性产业——装备制造业为例，我国不仅形成了较为

---

[①] 研究认为，发达国家服务业比重的不断提高，是建立在发达的国际商品贸易基础之上的。与之相应的国际分工结构，要求发展中国家制造业的快速发展。基于我国经济发展的内外在现实条件，现实选择是仍要坚定不移地发展制造业。

完整的生产门类和工业体系，而且许多领域在世界上处于领先地位。发电设备方面：百万千瓦超超临界火电机组，从引进、消化、吸收到再创新，已形成了较强的生产能力；石油化工设备方面：百万吨乙烯关键设备、四百万吨级的煤制油装备已投入生产；国防军工方面：嫦娥三号、天宫一号、辽宁舰、核潜艇、蛟龙号、歼20、大型运输机不断研制成功；民用航空方面：ARJ21支线飞机实现首飞，直升机、通用飞机、C919干线飞机正不断推进；海洋工程方面：3000米深水钻井平台、大型LNG船制造水平不断提高；数控机床方面：已有能力供给全球最先进的汽车制造业的用户等。

难以回避的是，我国一些关键的核心技术尚不掌握，基础支撑能力薄弱，自主品牌发展相对滞后，发展方式相对粗放，总体上尚难以称之为制造强国，必须加快由制造大国向制造强国的转变。这一转变的基本特征和要求是：在传统的粗放式发展模式潜力较短时间内快速释放完毕后，加快向以技术创新为核心竞争要素的内涵式发展模式转变。学术界称这一转变为制造业的转型发展，并认为制造业的转型发展是我国转变经济发展方式的主战场和突破口，是我国成功跨越"中等收入陷阱"的必要条件。

制造业转型发展，归根结底是持续提升全行业劳动生产率，逐步缩小与发达经济体的差距，最终进入持续改进效率的创新发展阶段（李扬，2012）。提高全行业劳动生产率，实质上是促进经济增长由传统的主要依靠物质资源消耗向主要依靠技术创新、高素质人力资源和管理创新转变。三者统一于创新范畴，其中人力资本积累是基础和前提，技术进步和管理创新都由此而生；管理创新是组织要求，必须适应因技术进步而导致的生产方式重大变革；技术创新则作为显性投入进入生产和管理运行过程，作为要素投入直接促进劳动生产率的提高。关于这一点，索罗新古典经济增长模型、马克思主义经典著述和邓小平改革开放理论体系都做过精辟的解说。①

技术创新通过不断改进劳动工具和扩大劳动对象，改变各种生产要素（资源）的替代关系，通过提高劳动力质量和劳动效率等一系列方式和途径促进产业转型发展（图4-1），对我国转变经济发展方式的深远历史意义不言自明。当下最为紧迫的问题是：如何创造环境和条件，增强技术创新，尽快形成推动制造业转型发展的良性机制。

---

① 索罗模型，即Y=A*F(K, L)认为经济增长的路径是稳定的，必须要鼓励技术创新，增强资本形成和提高人力资本。邓小平理论则提出，劳动生产率由社会生产力的发展水平决定，其中科学技术是第一生产力，是知识形态的生产力，是推动经济增长的首要因素。

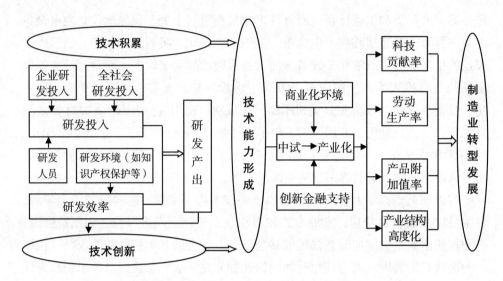

**图 4-1　制造业技术创新能力的形成及其对转型发展的作用机制**

# 二、我国制造业技术创新的转型发展效应

　　制造业转型发展是制造业根据产业演进和发展的供求因素，包括产出结构、技术结构和产业组织的变动、调整和优化（如高附加值导向的产业结构转型、高技术导向的技术结构转型以及规模经济导向的产业组织转型等）的结果，是结构调整、制度创新和机制再造的综合过程。其中，高技术导向或者说技术创新是制造业转型发展的源动力，规模经济是制造业转型发展的方向，高附加值是制造业转型发展的结果。测度制造业技术创新的转型发展效应的指标包括：技术创新贡献率（科技进步贡献率）、劳动生产率、产品附加值率的变化[①]，以及产业结构的高度化等。

---

① 制造产品附加值是在制造产品原有价值的基础上，通过生产过程的有效劳动新创造的价值，制造产品附加值与销售收入的比值即为制造产品附加值率。目前，尚没有检索到附加值率计算方法的相关文献。一般认为，制造产品的附加值等同于增加值，工业增加值率表示一定时期内工业增加值占同期工业总产值的比重，反映降低中间消耗的经济效益。鉴于产品附加值率计算方法的复杂性，本报告重点分析其他三个指标的变化以及相应的技术创新效应。

## （一）技术创新贡献率[①]呈现显著的上升趋势

技术创新贡献率，亦称科技进步贡献率，是在经济增长过程中由科技进步导致的增长所占的比重，是反映科技进步作用的一个综合性指标，是衡量经济发展方式是否转变的一个重要标准。计算科技进步贡献率，最为常用的方法是余值法（索罗方程）[②]，另外还有 CES 生产函数模型[③]、超越对数生产函数模型、非参数的 DEA-mamquist 指数模型等。学术界基于不同测算方法做出许多测算结果，存在明显差异（专栏一）。这与变量的选择、起始年份的确定等有着密切的关系。然而，对我国近年来制造业发展实践的研究结论却比较一致：科技进步贡献率总体上偏低，但确实存在显著的上升趋势。如最近三个有较大影响的成果均持如此观点。

于洁等（2009）采用非参数的 DEA-mamquist 指数方法[④]对我国科技进步贡献率进行了定量研究。计算结果显示，1994—2004 年间，我国科技进步贡献率总体上呈现上升趋势，由 19.02% 上升到 24.18%。

杨少华等（2011）在《科技进步贡献率测算方法的改进》一文中，把劳动、资本的产出弹性作为一个动态指标来测算，对索罗模型进行了修正后进行计算。计算结果显示，2005—2008 年间，我国科技进步对经济增长的贡献率逐渐稳定，整体波动性不大，科技进步进入了稳定良性发展轨道，2008 年达到 30.76%。

中国科学技术发展战略研究院（2012）采用"引入无形资产测算多要素生产率"的方法，对 2000 年以来我国科技进步贡献率进行了测算。计算结果显示，2005—2010 年间我国的科技进步贡献率达 51%，比 2000—2005 年间提高

---

① 笔者赞同著名经济学家王元的观点，科技进步贡献率只能在一定程度上反映科技进步对经济增长的贡献，科技对经济社会发展的贡献涉及多个层次，内容丰富，绝非单一指标所能衡量的，仅是众多分析和测度指标中的一个。

② 索罗方程以柯布—道格拉斯函数为基础，建立如下方程：$y=a+\alpha k+\beta 1$，其中，y 为产出的增长率，k 为资本增长率，1 为劳动增长率，$\alpha$ 为资本投入对产出的弹性系数，$\beta$ 为劳动投入对产出的弹性系数。在规模报酬不变和希克斯中性条件下，经济增长由劳动、资本和技术三者影响，因此，$\alpha+\beta=1$。运算过程是，将经济增长速度中扣除"资本"和"劳动"两个生产要素值的增长速度后，将剩余部分看作是科技进步速度，再除以经济增长速度。

③ CES 生产函数模型由阿罗 1961 年提出，认为劳动和资本之间具有常数替代弹性的生产函数，可运用 CES 生产函数测算科技进步水平。当规模报酬不变时，CES 生产函数的形式为 $Y=A_t[\delta K^{-\rho}+(1+\delta)I^{-\rho}]^{-1/\rho}$。其中，$A_t$ 为技术水平因子，$\delta$ 为分配系数，$\rho$ 为替代系数，如将 $A_t$ 表示成指数形式，则 $A_t=A_0e^{rt}$，其中 r 为科技进步速度。

④ 具体计算过程是：先采用 DEA-mamquist 方法测算出 TFP 增长率，再结合 GDP 增长率计算出科技进步贡献率。

了约 8 个百分点，并预计 2015 年将提高至 55%。

---

**专栏一：**

**主要学者或机构对我国科技进步贡献率的测算结果**

| 研究机构和研究者 | 时间跨度 | 科技进步贡献率（％） |
|---|---|---|
| 吴敬琏（国务院发展研究中心） | 1978—1989 | 28.73 |
| 李京文（中国社科院数经所） | 1979—1990 | 30.30 |
| 邱晓华（国家统计局） | 1979—1993 | 25.00 |
| 周方（中国社科院数经所） | 1978—1995 | 36.23 |
| 乔根森（中国社科院数经所） | 1978—1996 | 38.96 |
| 姜均露（原计委科技司） | 1979—1996 | 46.00 |
| 狄昂照（科技部研究中心） | 1979—1997 | 47.00 |
| 沈坤荣（南京大学） | 1979—1997 | 37.80 |
| 张军（复旦大学） | 1979—1998 | 28.90 |
| 史清琪（原计委宏观经济研究院） | 1991—2000 | 39.60 |
| 中国人民银行货币政策分析小组 | 1991—2001 | 20.00 |
| 巴威（国家统计局综合司） | 1980—2004 | 39.00 |
| 郭庆旺（中国人民大学） | 1979—2004 | 10.13 |
| 于洁（中国科学技术信息研究所） | 1979—2004 | 17.00 |

---

对比分析以上研究方法和结果，总体上认为，杨少华的研究方法较为科学：根据不同年份经济发展情况，把劳动、资本的产出弹性作为动态指标来测算；然后根据测算结果，利用二次移动平均测算各年结果，最大限度地减少了各类因素的干扰。借鉴这一方法和模型，进行如下简要测算。计算结果为：2012 年我国科技进步贡献率已达 0.3814，2020 年将达到 0.5769，接近《国家中长期科学技术发展规划纲要（2006—2020）》提出的 60% 以上的目标（表 4-1）。

## （二）劳动生产率的提高凸显技术创新的作用

劳动生产率是指劳动者在一定时期内创造的劳动成果与劳动消耗量的比值。影响劳动生产率变化的因素，主要包括劳动者平均熟练程度、科学技术

表 4-1　2009—2020 年我国科技进步贡献率计算和预测

| 年　份 | 2009 | 2010 | 2011 | 2012 | 2013 | 2014 |
|---|---|---|---|---|---|---|
| 科技进步贡献率 | 0.3081 | 0.3326 | 0.3570 | 0.3814 | 0.4059 | 0.4302 |
| 年　份 | 2015 | 2016 | 2017 | 2018 | 2019 | 2020 |
| 科技进步贡献率 | 0.4547 | 0.4791 | 0.5036 | 0.5280 | 0.5524 | 0.5769 |

的发展程度、生产过程的组织与管理、生产资料的规模与效能，以及各种自然条件等。

进入 21 世纪，我国规模以上制造企业的劳动生产率显著提升，平均劳动生产率由 2000 年的 6.8 万元上升到 2010 年的 15.5 万元，年均增长 9.59%。在制造业的带动下，我国平均劳动生产率（劳均国内生产总值）年均增长率超过 10%，而美、日分别仅增长 2% 和 1.8%，印度为 4.9%（表 4-2，表 4-3）。

表 4-2　2000—2010 我国制造业劳动增加值率

|  | 制造业增加值<br>（亿元） | 全部从业人员<br>年平均人数（万人） | 人均劳动增加值率<br>（万元／人） |
|---|---|---|---|
| 2000 | 21971 | 3240.0 | 6.8 |
| 2008 | 102540 | 7731.6 | 13.3 |
| 2009 | 110119 | 7719.5 | 14.3 |
| 2010 | 130325 | 8391.4 | 15.5 |

资料来源：《中国统计年鉴》各期。

表 4-3　2000—2008 主要国家劳动生产率的年均增长（%）

| 年　份 | 发达国家 | | | | | 发展中国家 | | |
|---|---|---|---|---|---|---|---|---|
| | 美国 | EU—15 | EU—12 | EU—27 | 日本 | 中国 | 巴西 | 印度 |
| 2000—2008 | 2.0 | 1.1 | 4.4 | 1.5 | 1.8 | 10.4 | 0.9 | 4.9 |
| 2005 | 1.4 | 0.9 | 3.1 | 1.0 | 2.1 | 9.4 | -0.1 | 6.8 |
| 2006 | 0.9 | 1.4 | 5.0 | 1.8 | 1.5 | 10.7 | 1.5 | 7.0 |
| 2007 | 1.5 | 1.1 | 3.8 | 1.3 | 1.6 | 12.1 | 2.3 | 6.1 |
| 2008 | 1.7 | 0.0 | 3.1 | 0.2 | 0.9 | 7.7 | 3.7 | 4.4 |

资料来源：曲明：《制造业劳动生产率变动及其源泉》，《经济理论与经济管理》2010 年 12 期。

我国制造业劳动生产率增长，有劳动力素质的提升、人均固定资本水平的提升、劳动密集型产业比重下降等诸多方面的原因，同时也要充分肯定技术创新的贡献。曲明（2010）研究指出，20世纪90年代以来，我国制造业劳动生产率的提高首先得益于资本深化，并逐步转为依赖技术进步。曲明认为，2000年以来，技术创新对我国制造业劳动生产率的增长贡献份额较高，是劳动生产率提高的主要力量；资本要素和劳动要素投入的作用相互抵消：虽然资本和劳动的投入都在增加，但由于劳动投入的增加所导致的劳动生产率下降的幅度略低于资本投入增加所导致的劳动生产率提高的幅度，因此尽管要素总投入提高带来了产出增长，但由于相互之间的抵消，总产出没有出现等比例的增长。基本可以认定，2000年以来我国制造业劳动生产率的增长主要来源于技术创新，是以技术进步为主、资本积累为辅驱动的结果（专栏二）。

**专栏二：**

曲明劳动生产率增长率的分解（%）

| 年　份 | 劳动生产率增长率 | 其　中 | | |
|---|---|---|---|---|
| | | 资本贡献 | 劳动贡献 | 生产率贡献 |
| 2000 | — | — | — | — |
| 2001 | 13.81 | 0.85 | 1.43 | 11.52 |
| 2002 | 28.27 | 1.90 | −1.73 | 28.10 |
| 2003 | 34.23 | 2.50 | −2.94 | 34.66 |
| 2004 | 26.50 | 4.99 | −7.13 | 28.68 |
| 2005 | 29.57 | 3.27 | −2.30 | 28.61 |
| 2006 | 25.58 | 4.20 | −2.76 | 24.14 |
| 2007 | 18.80 | 3.99 | −3.66 | 18.47 |
| 年均 | 25.25 | 3.10 | −2.73 | 24.88 |

根据曲明的研究方法，计算得到如下结果（表4-4），至少表明我国制造业增长方式已经出现由依赖要素投入的粗放型向依赖技术进步的集约型转变的迹象。要强调的是，人均资本和技术进步需要相互辅助产生效应，在制造业新技术快速进步和应用的同时，资本深化的配套要相应地跟上，这样才能从总体

上提高劳动生产率的整体效率。单纯依靠原有产业自身生产率的提高，而不进行相应配套的产业结构的升级，如此的劳动生产率的增长在长期要受到很大的制约。

表4-4　我国制造业劳动生产率增长的因素分解

| 年　份 | 劳动生产率增长率 | 其　中 | | |
| --- | --- | --- | --- | --- |
| | | 资本贡献 | 劳动贡献 | 生产率贡献 |
| 2000 | — | — | — | — |
| 2001 | 13.81 | 0.85 | 1.43 | 11.52 |
| 2007 | 18.80 | 3.99 | -3.66 | 18.47 |
| 2010 | 15.50 | 4.24 | -5.71 | 16.97 |

## （三）技术结构显现快速高度化的表象特征

制造业技术结构的高度化过程是指制造业各部门技术结构从较低水平状态向较高水平状态发展的动态过程。这一过程的显著标志是制造业技术不断进步，新兴产业加快发展壮大，传统产业高技术改造加速。制造业技术结构高度化的衡量指标包括高技术制造业占制造业的比重提高和制造业节能降耗变动等。

首先看我国高技术产业的发展。2011年，我国高技术产业规模已上升到世界第二位，包括移动电话、彩电、计算机、若干药物在内的高技术产品产量长期居世界第一。全国高新技术产业总产值达到88434亿元，比2000年提高了7.49倍（名义增长率，下同）；出口交货值40600亿元，增长1095.5%。[①] 新产品生产和销售作为高技术产业发展的一个重要衡量指标，也呈现出积极向上的发展态势。当年全国规模以上工业企业新产品实现销售收入10.1万亿元，比2004年增长3.41倍，其中新产品出口收入达到2万亿元，增长2.81倍（表4-5）。

---

① 受统计口径调整的影响，2007年之后的数据都存在明显的低估问题。2006年以前，我国高新技术产业包括全部国有及年主营收入500万元以上的非国有法人企业单位；2007年至2010年为年主营业务收入500万元以上的法人工业企业；2011年数据为年主营业务收入2000万元及以上的法人工业企业。

表4-5　2000—2011年我国高新技术产业发展情况　（亿元，%）

| 年　份 | 高新技术产业产值 | 制造业产值 | 总产值占制造业比重 |
|---|---|---|---|
| 2000 | 10411 | 84425 | 12.33 |
| 2008 | 57087 | 441358 | 12.93 |
| 2009 | 60430 | 479200 | 12.61 |
| 2010 | 74709 | 609558 | 12.26 |
| 2011 | 88434 | 788984 | 11.21 |

资料来源：《中国高技术产业统计年鉴》(2004—2012)。

再看制造业节能降耗变动。2000年以来，我国单位GDP能耗呈现快速下降的趋势。以2000年价格计算，我国万元GDP能耗从2000年的1.36吨标准煤/万元下降到2011年的1.08吨标准煤/万元，下降了20.6%。特别是2005年后，各级政府大力加强产业结构调整，节能政策密集出台，能耗呈现稳定下降的趋势（图4-2）。

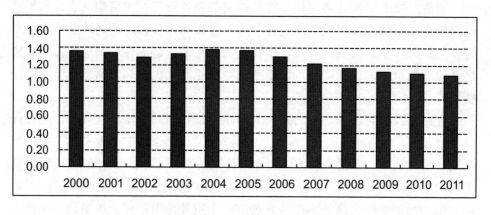

图4-2　以2000年价格反映我国万元GDP能耗变化（单位：标准煤/万元）

## 三、我国制造业技术创新促进转型发展的路径和机制

以上分析表明，进入新世纪以来，我国制造业转型发展取得较大进展，其中技术创新是最为重要的推动力。制造业技术创新要发挥转型发展效应，需要经历诸多环节。其中，技术创新投入产出是源动力，企业技术需求和产业化是通道，制造业转型发展是必然结果。

## （一）制造业技术创新投入和产出迅速增长

2000—2011 年间，我国 R&D 人员全时当量由 92.2 万人年增加到 288.3 万人年，提高 212.7%，年均增长 10.9%；R&D 经费支出从 895.7 亿元增加到 8687 亿元，增长 869.9%，年均增长 22.9%，远高于同期国内生产总值的增长率。研发经费支出占国内生产总值的比重由 2001 年的 0.95% 提升到 2012 年的 1.97%（图 4-3）。

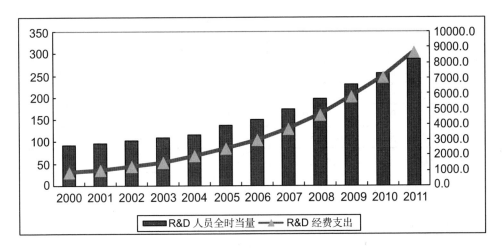

**图 4-3 2000—2011 年我国研发人员和经费投入情况**

资料来源：《中国统计年鉴》（各年）。

技术创新产出呈现出数量和质量快速增长和提升的良好态势。2000—2011 年间，我国专利授权量从 105345 件提高到 960513 件，增长了 811.8%，年均增长率高达 22.3%。其中，最能体现专利质量的发明专利从 2000 年的 12683 件提高到 2012 年的 217105 件，增长了 1611.8%，年均增长 26.8%，占三种专利比由 2000 年的 12% 提高到 2011 年的 17.9%。从国际比较看，我国在技术创新方面的排位已由 2002/2003 年度的第 39 位上升到 2010/2011 年度的第 26 位（表 4-6），与印、巴等发展中国家逐渐开始拉开差距，同时与美、日、德等国家的差距呈现出缩小趋势。

表4-6　中国与其他国家在创新方面的得分与排名比较

| | | 2002/2003 | 2008/2009 | 2009/2010 | 2010/2011 |
|---|---|---|---|---|---|
| 中国 | 得分 | 3.9 | 3.9 | 3.9 | 3.9 |
| | 排名 | 39 | 28 | 26 | 26 |
| 美国 | 得分 | 6.8 | 5.8 | 5.8 | 5.7 |
| | 排名 | 1 | 1 | 1 | 1 |
| 德国 | 得分 | 6.0 | 5.2 | 5.1 | 5.2 |
| | 排名 | 7 | 8 | 7 | 8 |
| 日本 | 得分 | 6.2 | 5.5 | 5.5 | 5.5 |
| | 排名 | 4 | 4 | 4 | 4 |
| 印度 | 得分 | 3.8 | 3.7 | 3.7 | 3.6 |
| | 排名 | 42 | 32 | 30 | 39 |
| 巴西 | 得分 | 4.0 | 3.5 | 3.5 | 3.5 |
| | 排名 | 37 | 43 | 43 | 42 |

资料来源：世界经济论坛《全球竞争力报告》各年度报告。

## （二）制造企业需求开始主导技术创新市场

对市场反应最为敏感的是制造企业。制造企业对技术的投入和需求开始成为制造业技术创新的主体，表现有二。一是企业资金占 R&D 经费支出比重稳步提升，由 2002 年的 55% 提升到 2011 年的 73.9%，提高了 18.9 个百分点（表4-7）；二是企业三种专利（发明、实用新型和外观设计）受理数比重从 2000 年的 32.7% 提高到 53.1%，其中发明专利申请受理数比重从 32.8% 提高到 55.7%，实用新型专利申请受理数比重从 21.8% 提高到 57.9%。外观设计专利申请受理虽然有所下降，但也接近 50%（表4-8）。

表4-7　我国企业资金占 R&D 经费支出比重情况

| 年　份 | R&D 经费支出（亿元） | | 企业资金占比 |
|---|---|---|---|
| | 政府资金（亿元） | 企业资金 | |
| 2002 | 1287.6 | 397.5 | 708.0 | 55.0% |
| 2003 | 1539.6 | 460.6 | 925.4 | 60.1% |
| 2004 | 1966.3 | 523.6 | 1291.3 | 65.7% |
| 2005 | 2450.0 | 645.4 | 1642.5 | 67.0% |
| 2006 | 3003.1 | 742.1 | 2073.7 | 69.1% |

续表

| 年　份 | R&D 经费支出（亿元） | | | 企业资金占比 |
|---|---|---|---|---|
| | | 政府资金（亿元） | 企业资金 | |
| 2007 | 3710.2 | 913.3 | 2611.0 | 70.4% |
| 2008 | 4616.0 | 1088.9 | 3311.5 | 71.7% |
| 2009 | 5802.1 | 1358.3 | 4162.7 | 71.7% |
| 2010 | 7062.6 | 1696.3 | 5063.1 | 71.7% |
| 2011 | 8687.0 | 1883.0 | 6420.6 | 73.9% |

资料来源：《中国统计年鉴》（各年）。

表 4-8　我国企业专利申请受理量比重情况

| 年　份 | 2000 | 2005 | 2010 | 2011 |
|---|---|---|---|---|
| 国内企业发明申请受理量 | 8316 | 40196 | 154581 | 231551 |
| 国内企业实用新型申请受理量 | 14912 | 39649 | 212081 | 336298 |
| 国内企业外观设计申请受理量 | 22634 | 47552 | 173338 | 231586 |
| 国内企业专利申请总计 | 45862 | 127397 | 540000 | 799435 |
| 国内发明申请受理量 | 25346 | 93485 | 293066 | 415829 |
| 国内实用新型申请受理量 | 68461 | 138085 | 407238 | 581303 |
| 国内外观设计申请受理量 | 46532 | 151587 | 409124 | 507538 |
| 国内专利申请总计 | 140339 | 383157 | 1109428 | 1504670 |
| 企业发明专利申请比重 | 32.8% | 43.0% | 52.7% | 55.7% |
| 企业实用新型申请比重 | 21.8% | 28.7% | 52.1% | 57.9% |
| 企业外观设计申请比重 | 48.6% | 31.4% | 42.4% | 45.6% |
| 企业专利申请比重 | 32.7% | 33.2% | 48.7% | 53.1% |

资料来源：《中国统计年鉴》，2012 年。

以技术创新促企业转型发展的示范效应日益突出[1]，带动制造业企业提高研发强度。以华为为代表的一大批创新型企业开始成为业内领头羊，带动企业开始依托自主技术创新突破核心技术途径抢占市场份额（专栏三）。华为公司在技术创新能够取得如此成绩，主要取决于以下几个方面的因素。一是持续、高额

---

[1] 李莉、安筱鹏：《华为公司自主创新的实现路径及经验启示》，《高科技与产业化》2008年第7期，以及中国专利信息网等资料整理。

的研发投入。《华为基本法》规定，"靠研究开发的高投入获得产品技术和性能价格比的领先优势……充分获取'机会窗'的超额利润。"多年以来，华为公司坚持将销售收入的10%用于研发投入，即使在企业经营面临困难的时期，也不减少研发投入。当华为看准一项关键技术时，就以超过主要竞争对手的强度配置资源，集中人力、物力和财力，实现重点突破。二是坚持自主创新战略。在发展初期，华为公司也采取了技术跟随战略，但在意识到自主创新对企业发展的重要性后，2003年，彻底放弃了技术跟随战略，坚持自主技术创新。三是广泛利用国内外研发资源。如在国内外的研发资源聚集地包括北京、硅谷、班加罗尔等世界IT产业与技术的主要集中区域设立研发中心，实现资源"为我所用"策略，并与IBM、英特尔等一批国际知名企业成立联合实验室等。

**专栏三：**

### 华为公司积极促进技术研发和创新

华为公司成立于1987年，起初为一家香港用户交换机生产企业的销售代理。目前，已发展成为国际知名的通信设备制造企业，2010年成功入选《财富》世界500强，2011年入选首批"国家技术创新示范企业"。华为公司还是国内拥有发明专利数量最多的企业。2010年，华为在中国发明专利授权量达到2776件，为国内企业第一，累计在全球申请专利超过4万件，授权专利近1.5万件。其中，在下一代无线通信标准（LTE）领域，华为拥有的基本专利份额高达15%以上，在同行业领先。

20世纪90年代初，华为公司开始对国外交换机进行研究，并于1994年成功研制出C&C08数字程控交换机，成功拉开了与国内企业的技术差距。从1995年开始，华为开始由技术追随者和模仿者，逐步迈向技术改进与自主创新的步伐。1997年，华为发布了具有自主知识产权的GSM数字蜂窝移动通信系统，其GSM产品实现规模化生产，由此打破了国外产品长期垄断国内移动通信的局面。在3G领域，华为2004年已经在WCDMA、CDMA2000和TD-SCDMA在内的全套通信系统，成功跻身于全球同行业的前列。同时，在高端路由器、光通信等通信设备领域也达到了国际先进水平，其中高端路由器获得2004年度国家科学技术进步奖二等奖。在手机产品方面，华为2012年推出"Ascend D quad"手机，该款手机搭载自主研发的四核心移动中央处理器K3V2。华为成为第一家推出自主研发移动中央处理器的中国企业，打破了国外公司在该领域的垄断。

### (三) 官产学研资合作愈发紧密

国务院发展研究中心技术经济研究部在总结华为、中兴成功时指出，技术创新的产业化是制造业转型发展的最为重要的环节之一，是创新技术实体化的"最后一跳"。其中，政府的适当扶持对企业创新具有一定的促进作用。创新性研发机构、人才和企业家是巨大的支撑，发达的风险投资市场是企业技术创新和产业化的前提。

2009年，我国中央级转制高校获得国家财政科技经费支持为71亿元，而来自市场的科技经费收入为233亿元，后者为前者的三倍多；研究型大学的科技经费总额达到727.7亿元，其中来自企业委托项目的经费比重超过50%，表明高校与企业技术创新合作不断深入；在国家重大的科技项目中，80%以上的项目均由产学研合作完成[①]。

我国高铁行业的发展是官产学研资紧密合作成功的典型案例之一。2005年，我国以8000万欧元技术转让费，获得西门子公司原型车相关技术，得益于科技资源的整合和攻关，国家铁道部（2013年改组为中国铁路总公司）和科技部整合全国科技资源，打破部门、行业、院校、企业的壁垒，形成合力，创造了从基础研发到产业化生产的时间缩短了十几倍的成果。目前，在机车制造领域，中国南车、中国北车已经实现了对国际知名企业的技术跨越。据德国某咨询机构的报告，2010年，中国南车跃居世界轨道交通装备制造商新造领域全球第一位，中国北车为第三名，超越了庞巴迪、阿尔斯通、西门子等知名企业，真正实现了"又大又强"。中国南车与北车合并事宜已于2015年6月份启动。合并后，该企业将成为重工制造业"走出去"的龙头企业和优势产业，是经济大国走向经济强国的必然需要。

---

**专栏四：**

**我国高铁行业的技术创新**

我国高铁行业是在引进国外先进技术基础上，通过消化吸收再创新达到技术世界领先的一个典型案例。我国高铁最早起步于1994年，时速达到160

---

① 数据来源于万钢在第四届中国产学研合作（北京）高峰论坛上的讲话：《全面推动产学研合作 加快发展战略性新兴产业》，科技部网站，2011年1月4日。

公里广深线建成，成为我国第一条准高速铁路，也正式拉开了我国高速铁路发展的历程。1999 年，广深铁路提速至 200 公里／小时，当时运行的机车为进口的 X2000 电力机车。从当时全球高铁的发展情况看，高铁核心技术在日本和欧洲已经基本成熟，但是受限于经济需要，并未得到快速发展。在这种情况下，我国充分利用自身后发优势，分别与德国、日本等技术领先国家进行产品与技术引进，在世界先进技术平台基础上，加强关键领域自主技术创新能力建设，成为在高速铁路建设、高速动车组列车建造等领域世界技术最先进国家。

2003 年以来，我国已申请高速铁路相关专利 946 项。

## 四、我国制造业转型发展的技术创新制约及原因

毋庸讳言，与发达国家相比，我国制造业技术创新的转型升级效应发挥尚存巨大空间。相关资料显示，美欧日发达经济体科技进步贡献率已达 80% 左右，制造业平均劳动生产率是我国普通工人的 20 倍以上，高技术制造业产值和就业占比也远远高于我国。而我国高新技术产业的发展并未形成同步的技术带动能力，部分行业甚至陷入"高新技术产业低端化"陷阱，核心技术和关键零部件严重依赖引进。[1] 我国制造业技术创新对转型发展的支撑力不足，主要有以下四个方面的原因。

### （一）发达国家技术垄断和国内科技体制改革设计混乱，导致我国技术积累和储备严重不足

欧美日等发达国家，在长期的技术创新活动中，积累了大量的技术和专利，形成了强大的"技术累积效应"，对发展中国家形成了难以跨越的"技术鸿沟"。据统计，1986—2010 年间，美国累计授权发明专利高达 327.9 万件[2]，而我国截至 2012 年底发明专利累计授权量仅为 111.1 万件[3]，约为美国的 1/3。

---

[1] 截至2010年初，我国83家风电装备大多数为产业低端的组装加工企业，光伏产业技术装备、原料和市场严重依赖国外。据统计，我国目前80%的多晶硅企业没有核心技术，能够生产出多晶硅高端产品的企业非常少。

[2] 《2010年美国授权发明专利 企业比重超过九成》，《经济日报》2011年9月14日。

[3] 《我国发明专利累计授权首超百万 广东北京江苏排名前三位》，《经济日报》2013年2月22日。

再考虑到大量技术创新以商业秘密形式存在，发达国家技术积累要远远超过我国。而且，发达国家的发明专利质量要远远高于我国[①]，绝大多数的制造核心技术与专利为发达国家掌握。总体上看，截至2012年底，发达国家在光学、运输、音像技术、医药技术、半导体、发动机等关键技术领域的发明专利授权仍保持优势。[②] 如我国已成为全球汽车产量和销量第一大国，但空调、电动转向、电子制动、悬挂系统、发动机控制等核心零部件，却基本掌握在欧美日等发达国家企业。

强大的专利积累，使发达国家可以通过建立"专利池"及技术标准来保持对发展中国家的技术垄断，持续的技术创新则从动态上巩固了这一垄断地位。发达国家为发展中国家技术创新构建的专利障碍，进一步增加了创新的难度，对技术积累比较薄弱的发展中国家更加不利。另一方面，通过设置专利障碍，发达国家企业可以向发展中国家收取巨额的专利使用费，攫取企业利润，增大发展中国家的竞争企业通过加大研发投入实施技术创新赶超策略的难度。[③]

探究我国科技改革和发展的历史，技术积累和储备的不足，与制度性改革有较大关系。现举三例：一是科研院所改革超前。随着行政体制改革的不断推进，原来附属于各产业部门的科研院所实行了改制，追求经济效益替代共性产业技术成为首要目标，制造企业特别是中小制造企业难以享受到共性技术的支撑。中国科学院系统本应成为基础研究和共性技术提供的核心机构，但在当前的科研管理体制下，科研项目的审批已超越研究单位的社会责任，科学家的专业背景往往起到了主导作用，造成研究成果脱离企业实际需求，这是我国庞大的科技成果难以转化为现实生产力的最主要原因之一。二是促进中小企业转型发展的生产力促进中心身份并不明确。根据生产力促进中心协会2012年发布的统计报告，39%的机构为地方科技部门机构增挂牌子即两块牌子一套人马，基本没有专业能力；24%的机构为地方科技局的内设机构，基本成为主管部门行政事务辅助机构；18%的机构为企业，基本没有动力和能力提供公益服务；

---

① 2011年，我国发明专利申请量超越美国，成为世界第一，但我国发明专利主要是改进型发明，在技术含量、复杂程度方面水平较低，技术关键领域的发明专利数量较少。

② 《我国授权专利去年增26.1% 体现基础性、原创性的发明专利仍然比较少》，《人民日报》2013年2月22日。

③ 如2010年拥有数字电视核心技术的汤姆逊、LG、索尼等几家欧美发达企业就要求中国彩电企业按照41美元/台的数额支付专利技术费。我国DVD行业企业每出口一台产品，就要向国外掌握核心技术的企业支付20美元技术专利费，与高额的专利使用费相比，每台产品平均售价仅仅44.56美元，在交纳完专利费后，国内企业获得的利润不到1美元。

20%的机构为独立法人，缺乏独立运营的基本条件。三是军工企业改革滞后。发达国家军事装备技术中85%为军民两用技术，纯粹的军事技术仅为15%。而我国的军工技术与民用技术双向转移速度偏慢，军工企业的优势技术难以进入民用领域。除军工企业和民用企业之间存在标准壁垒外，制度性约束尤为突出：军工企业改革滞后，目前许多军工企业依然封闭运行，按照计划经济的方式进行生产，对地方经济体系的融合度较低；军工企业在技术研发过程中较少考虑技术的市场化问题，导致技术难以在民用领域利用。

### （二）研发投入规模、结构和效率滞后于转型发展需要，造成技术创新特别是自主创新落后

创新是技术能力的增量，是尽快提升技术竞争力的最有效方式。技术创新来源于研发投入和研发效率。研发投入是技术创新的基础，持续高额的研发投入是保持技术领先的先决条件；研发效率一定程度上决定了研发产出。总体上看，我国研发投入规模和投入结构尚待改进，研发效率亟待提高。

首先看研发投入规模。与美、日、德、韩等国相比，我国研发强度（R&D经费占GDP比重）依然较低。2014年，我国研发强度突破2%，而美国基本维持在2.6%到2.8%之间，日本一度提高到3.44%，德国2009年达到2.82%，韩国也从2001年的2.59%提高到2008年的3.36%（表4-9）。从可比发展阶段看，我国2008年的全社会研发投入强度低于多数国家20世纪80年代的投入水平，仅略高于当时的芬兰、挪威和意大利。从企业研发投入占销售收入（主营业务收入）指标情况看，2011年，我国规模以上工业企业研发经费占主营业务收入比重为0.71%，低于多数发达国家的水平，仅高于挪威、意大利和俄罗斯，接近英国。

研发投入和技术创新遵循所谓的"阈值理论"，即研发投入对创新产出的影响，更主要地取决于单个制造企业或单个研发项目的投入强度。也就是说，只有当研发资源集中到一定临界值才能使研发成果成为稳定输出，如果单个项目的研发投入过小，会导致企业的技术创新成果难以实现产业化。从我国规模以上制造企业研发投入情况看，尽管总规模快速扩大[①]，但每个企业平均经费R&D支出和平均每个R&D项目经费支出则表现出投入资金额低、增速较为缓

---

① 2004—2011年，我国规模以上制造企业R&D经费支出、R&D项目数、R&D项目经费支出分别增长442.7%、432.8%、448.4%。

表 4-9　2001—2009 年中美日德韩五国研发强度指标对比（%）

| 年　份 | 中国 | 美国 | 日本 | 德国 | 韩国 |
|---|---|---|---|---|---|
| 2001 | 0.95 | 2.76 | 3.12 | 2.46 | 2.59 |
| 2002 | 1.07 | 2.66 | 3.17 | 2.49 | 2.53 |
| 2003 | 1.13 | 2.66 | 3.20 | 2.52 | 2.63 |
| 2004 | 1.23 | 2.59 | 3.17 | 2.49 | 2.85 |
| 2005 | 1.32 | 2.62 | 3.32 | 2.48 | 2.98 |
| 2006 | 1.39 | 2.66 | 3.39 | 2.54 | 3.22 |
| 2007 | 1.40 | 2.68 | 3.44 | 2.54 | 3.47 |
| 2008 | 1.47 | 2.79 | 3.44 | 2.68 | 3.36 |
| 2009 | 1.70 | — | — | 2.82 | — |

资料来源：《中国科技统计年鉴（2011）》。

慢的特点。2011 年，我国规模以上工业企业平均 R&D 经费支出仅为 184.1 万元，比 2004 年提高了 360.8%，增速低于 R&D 经费支出、R&D 项目数、R&D 项目经费支出等总量指标；平均每个 R&D 项目经费支出 217.6 万元，比 2004 年仅提高了 26.7%。[①] 除少数大企业外，多数企业研发投入难以达到理想规模和稳定高效产出的投入临界点（表 4-10）。以本应成为我国制造业技术创新主要力量的民营企业为例。我国民营企业普遍规模较小，资金实力较弱，产品以劳动密集型和低技术密集型产品为主，企业发展模式转变缓慢，多数企业依然处于粗放型发展模式阶段。国际金融危机爆发后，民营企业面临严重经营困境，部分企业已经破产或者濒临破产，虽然市场环境恶化可以倒逼出技术创新动力，但在制造业普遍利润偏低的情况下，技术创新投入缺乏资金来源，有限的资金也倾向于选择投向暴利行业。

　　进一步分析，我国在企业逐渐成为研发主体的背景下，研发投入总规模和研发强度偏低与企业家对技术创新作用的观念和认识有直接关系。国务院发展研究中心 2012 年组织实施的"中国企业家问卷跟踪调查"结果显示，在过去的 30 年中，技术创新对经济发展的推动作用较小，仅排在第六位，略高于地方政府间的竞争（专栏五）。基于如此认识，企业投入动力不足应不难理

---

① 企业平均指标在2011年的提高，与2011年企业数量大幅减少有关。2011年我国规模以上工业企业数量为325609个，比2009年下降了25.0%。

表 4-10  我国部分年份规模以上制造企业 R&D 平均投入情况

|  | 2004 | 2008 | 2009 | 2011 |
|---|---|---|---|---|
| 规模以上工业企业数量（个） | 276474 | 426113 | 434364 | 325609 |
| 有 R&D 活动企业数（个） | 17075 | 27278 | 36387 | 37467 |
| R&D 经费支出（亿元） | 1104.5 | 3073.1 | 3775.7 | 5993.8 |
| R&D 项目数（项） | 53641 | 143448 | 194400 | 232158 |
| R&D 项目经费支出（亿元） | 921.2 | 2902.0 | 3185.9 | 5052.0 |
| 有 R&D 活动企业所占比重 (%) | 6.2 | 6.5 | 8.5 | 11.5 |
| 平均每个企业 R&D 经费支出（万元） | 39.9 | 72.1 | 86.9 | 184.1 |
| 平均每个 R&D 项目经费支出（万元） | 171.7 | 202.3 | 163.9 | 217.6 |

资料来源：《中国统计年鉴（2012）》。

解。而且，缺乏创新能力（13.8%）仍为企业家所认为是企业经营发展中遇到的并不迫切需要解决的困难和问题，排在"人工成本上升"（75.3%）、"社保、税费负担过重"（51.8%）、"资金紧张"（35%）、"能源、原材料成本上升"（31.3%）、"行业产能过剩"（30.9%）"缺乏人才"（29.7%）、"国内需求不足"（25.5%）之后，仅排在"出口需求不足"（11.6%）之前。

---

**专栏五：**

**有关因素对推动中国经济发展的作用（%）**

| 选 项 | 非常小 | 比较小 | 一般 | 比较大 | 非常大 | 评价值 |
|---|---|---|---|---|---|---|
| 改革开放 | 0.7 | 1.9 | 9.2 | 23.2 | 65.0 | 4.50 |
| 资本投入 | 1.6 | 3.9 | 12.5 | 31.2 | 50.9 | 4.26 |
| 自然资源利用 | 2.1 | 6.5 | 17.9 | 28.4 | 45.2 | 4.08 |
| 劳动力投入 | 2.8 | 6.2 | 20.3 | 32.4 | 38.3 | 3.97 |
| 企业家的创新 | 2.8 | 7.1 | 19.3 | 36.5 | 34.2 | 3.92 |
| 技术创新 | 5.4 | 12.6 | 24.0 | 25.7 | 32.4 | 3.67 |
| 地方政府间的竞争 | 7.8 | 11.7 | 33.6 | 29.0 | 18.0 | 3.38 |

注：本表来源于国务院发展研究中心调研资料，特致谢意。表中第 2 至第 6 列数据为选择相应答案的比重，第 7 列为以 5 分制计算（非常大 =5，比较大 =4，一般 =3，比较小 =2，非常小 =1）所得的平均值，分值越大表示该因素对推动中国经济的作用越大。

再看研发投入的结构。研发投入结构，即在基础研究、应用研究和试验发展投入之间的相互关系，基本反映了一国对不同研究类型的重视程度，间接体现了国家技术创新所处阶段。维持合理的技术创新结构，是保证技术创新可持续发展的基础，也是一国技术创新综合实力的体现。一般而言，一国试验发展所占比重高，而基础研究所占比重低，即表明该国技术创新层次较低，创新能力落后。[①]

与美、日比较发现，我国研发投入结构存在诸多问题。2010 年，我国试验发展投入畸高，占比达到 82.8%；而基础研究仅为 4.6%。同期，美国研发投入结构为 17.4（基础研究）：22.3（应用研究）：60.3（试验发展），基础研究和应用研究分别比我国高出 12.8 个百分点和 9.6 个百分点。韩国的研发投入结构比较接近于美国（图 4-4）。日本的技术优势主要集中于商业化技术，而具有基础性和革命性原创技术创新能力不足，这与应用研究占比较高（超过 40%）而基础研究比重相对较低（8.8%）有直接关系。研发产出较为直接地反映了投入的结构性差距，最为突出的是我国基础研究产出明显偏低。以 ESI 论文数量作为衡量指标。2000 年 1 月 1 日到 2010 年 8 月 31 日，我国累计发表 ESI 论文 719971 篇，仅为美国的 24.3%，也不及科研人员数量远低于我国的日本和德国。从反映论文质量的论文应用率指标看，我国论文引用率只有 5.87 次／篇，仅为美国的 37.2%，日本的 57.4%，德国的 44.9%（表 4-11）。

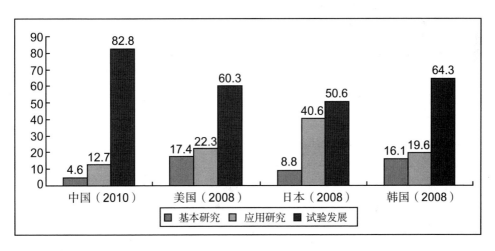

**图 4-4　我国与部分发达国家研发经费投入结构比较（%）**

资料来源：《中国科技统计年鉴（2011）》。

---

① 当然，这也与一国的创新重点和创新资源有一定的关系。

表 4-11　中国与部分国家 ESI 论文数量比较情况

| | 论文发表数量及排名 | 被引用次数及排名 | 论文引用率（次/篇） |
|---|---|---|---|
| 美国 | 2967957（1） | 46796090（1） | 15.77 |
| 日本 | 770252（2） | 7877699（4） | 10.23 |
| 德国 | 762599（3） | 9960100（3） | 13.06 |
| 中国 | 719971（4） | 4227779（8） | 5.87 |
| 韩国 | 254599（13） | 1767799（14） | 6.94 |

资料来源：《中国科技统计年鉴（2011）》。

　　最后看研发投入的效率。我国技术创新效率偏低主要反映在近年来研发投入的大幅增加并没有带来技术创新产出的同步增长方面。2011 年，我国每百个研发人员全时当量所拥有的发明专利授权量为 6 件/百人年（表 4-12），美国则为 11.4 件/百人年（2010 年），约为我国的 2 倍。我国创新效率指数一直处于最低水平。2008 年，美国创新效率指数是 100，日本、英国分别为 37 和 19，而我国仅为 0.9，低于韩国 1990 年的 1.4。我国技术创新效率偏低的主要原因在于制度性因素，亦即政府干预与市场机制的"双重失灵"。政府干预与市场机制表现出的"双重失灵"，是形成我国目前技术创新呈现出宏观数据提高迅速与微观层面企业自主创新能力提升缓慢并存局面的重要原因。

　　我国技术创新具有明显的政府主导性特征，技术创新投入的增加主要体现在政府密集出台各项扶持措施，甚至新兴产业的发展也主要表现为政府主导。相关研究表明，政府对技术创新干预与技术创新效率呈现出负相关关系，一定程度上可能会带来技术创新效率的损失。这与政府远离生产和市场，决策滞后性强、失误率高等因素有关（冯宗宪等，2011）。这一点也相当明显地反映在国有资本创新动力和压力不足等方面。相关研究表明，国有资本比重过高[①]对技术创新形成负面影响（冯根福等，2008）。[②]另一方面，市场对技术创新也表现出双重效应。相关研究表明，依托市场作用，企业创新动力得以加强，研

---

[①] 2011 年，我国国有及国有控股工业企业工业总产值占规模以上工业企业的比重为 26.2%，资产比重 41.7%，利润比重 26.8%。而且，国有及国有控股企业研发人才聚集度高，科技活动筹集经费和科技人员数量在国内制造业企业中占有明显优势。

[②] 我国国有制造业资本主要集中在对国民经济具有基础性作用和战略性作用的经济领域，在相应的领域中具有程度不一的垄断性。技术创新动力与企业垄断地位之间存在着一定程度的矛盾，在企业仅凭垄断地位就能够获取超额利润的前提下，其技术创新动力必然不足。同时，国有企业治理结构特点，也决定了其技术创新效率要低于其他类型企业。

发活动的技术效率得以提升，但仅凭市场的作用，企业依靠自身能力很难达到技术创新活动的最优规模。[①]另外，我国政府科技资源的多头管理，科技计划不衔接，科技资源分散使用和低水平重复，易于造成创新链条上资金链、人才链、设备链的断档，不利于研发效率的提升。

表4-12　2000—2012年间我国技术创新效率发展情况　（万人.年，亿元，件）

| | R&D人员全时当量 | R&D经费支出 | 发明专利 | 每百人年研发人员全时当量所拥有的发明专利申请量 | 每百万元研发经费支出所拥有的发明专利申请量 |
|---|---|---|---|---|---|
| 2000 | 92.2 | 895.7 | 12683 | 1.4 | 0.14 |
| 2001 | 95.7 | 1042.5 | 16296 | 1.7 | 0.16 |
| 2002 | 103.5 | 1287.6 | 21473 | 2.1 | 0.17 |
| 2003 | 109.5 | 1539.6 | 37154 | 3.4 | 0.24 |
| 2004 | 115.3 | 1966.3 | 49360 | 4.3 | 0.25 |
| 2005 | 136.5 | 2450.0 | 53305 | 3.9 | 0.22 |
| 2006 | 150.2 | 3003.1 | 57786 | 3.8 | 0.19 |
| 2007 | 173.6 | 3710.2 | 67948 | 3.9 | 0.18 |
| 2008 | 196.5 | 4616.0 | 93706 | 4.8 | 0.20 |
| 2009 | 229.1 | 5802.1 | 128489 | 5.6 | 0.22 |
| 2010 | 255.4 | 7062.6 | 135110 | 5.3 | 0.19 |
| 2011 | 288.3 | 8687.0 | 172113 | 6.0 | 0.20 |

资料来源：《中国统计年鉴》（各年）。

## （三）重技术引进、轻消化吸收，制约制造业技术能力的提升

受到企业资金和技术实力较弱、创新合作环境不完善、知识产权保护不力等诸多因素影响，我国企业普遍存在创新动力和能力不足的问题，很多从事创新的企业只是在技术创新的低层次方面有所投入，真正从事原始创新的企业数量极少。《国家技术创新报告》的数据显示，从2005年到2010年中国企业创新分指数只上升了2位，而且中间波动较大，其中2009年从第12位下降到第

[①] 我国国有制造业资本主要集中在对国民经济具有基础性作用和战略性作用的经济领域，在相应的领域中具有程度不一的垄断性。技术创新动力与企业垄断地位之间存在着一定程度的矛盾，在企业仅凭垄断地位就能够获取超额利润的前提下，其技术创新动力必然不足。同时，国有企业治理结构特点，也决定了其技术创新效率要低于其他类型企业。

18位，2010年又上升3位，位居第15位。企业自主创新能力不足，强化了企业对技术模仿和引进的依赖。

关于技术和设备引进。技术和设备引进是发展中国家实现技术赶超的有效路径之一。但在实践中，很难真正发挥效应。相关资料显示，作为与货物贸易、服务贸易并列的技术贸易80%在发达国家之间进行。在有限的20%部分，技术和设备的等级和档次也很难谈得上国际先进或前沿。这也是我国近年来更加注重引进技术消化吸收和购买国内技术的重要原因[1]，当然改变技术引进在我国技术来源中的地位尚需时日[2]。而且，重视技术引进而忽视消化吸收再创新是我国制造企业长期存在的问题，在目前用于消化吸收的经费不足引进费用的50%的情况下，需要加大力度，形成技术储备。一般而言，技术和设备引进费用与消化费用比例大约在1∶3左右，部分行业甚至达到1∶8（表4-13）。

表4-13　我国大中型工业企业技术来源情况　（亿元）

|  | 引进国外技术经费支出 | 引进技术消化吸收经费支出 | 购买国内技术经费支出 |
|---|---|---|---|
| 2000 | 245.4 | 18.2 | 26.4 |
| 2002 | 372.5 | 25.7 | 42.9 |
| 2003 | 405.4 | 27.1 | 54.3 |
| 2004 | 368.0 | 56.0 | 70.0 |
| 2005 | 296.8 | 69.4 | 83.4 |
| 2006 | 320.4 | 81.9 | 87.4 |
| 2007 | 452.5 | 106.6 | 129.6 |
| 2008 | 466.9 | 122.7 | 184.2 |
| 2009 | 422.2 | 182.0 | 203.4 |
| 2010 | 386.1 | 165.2 | 221.4 |
| 2011 | 449.0 | 202.2 | 220.5 |

资料来源：《中国统计年鉴》（各年）。

---

[1] 2000年，我国大中型工业企业引进国外技术经费支出从245.4亿元，经费支出数额远高于同期引进技术消化吸收经费支出和购买技术经费支出。之后，我国大中型工业企业用于引进技术消化吸收和购买国内技术的经费支出快速提高，2011年两项经费支出额分别达到202.2和220.5亿元，增长速度明显高于引进国外技术经费支出。

[2] 2011年我国大中型工业企业引进国外技术经费支出依然达到449.0亿元，比引进技术消化吸收和购买国内技术经费支出的总和还高。

关于技术模仿。技术模仿也是我国企业特别是中小企业重要的技术来源。根据中国社科院民营经济研究中心对 19 个省市规模以上工业企业的调查，现阶段我国民营企业的主要技术来源就是照抄照搬其他企业技术，在模仿基础上进行创新的企业数量较少。抽样数据显示，2009—2012 年间，全国仅有 35.18% 的企业实现了由劳动密集型产品向技术密集型产品的转变。

关于"干中学"。"干中学"是我国形成技术创新能力的另一重要来源。客观地讲，我国通过承接制造业 FDI，极大地发挥了 FDI 的技术溢出效应[①]，一定程度上实现了"以市场换技术"的初衷，推动了我国制造业的技术进步。值得注意的是，FDI 或合资企业的技术研发主要以改进型技术为主，在关键零部件和核心技术领域牢牢掌握在母公司，对于技术扩散采取谨慎态度。国际金融危机爆发后，美国等发达国家纷纷采取了"再工业化"战略，加强了对制造业核心技术的控制，力图将制造业关键生产环节保留在本土地区，合资企业的外资方将核心技术转移到发展中国家的可能性很小。

相关研究发现，FDI 技术溢出存在门槛效应，即只有地区经济发展程度、人力资源状况、金融发展状况、本土企业技术研发能力达到一定水平，才能发挥效用[②]。同时，FDI 的进入也可能对东道主的技术创新产生"挤出效应"，主要体现为 FDI 进入后，通过吸纳东道国的研发人才，冲击东道国原有的技术创新体系，对当地企业的创新能力形成不利影响。[③] 受到诸多因素的影响，我国 FDI 技术溢出正面效应尚未充分发挥，对技术创新推动力不足。首先，我国部分经济落后地区，存在着经济发展程度落后、人力资源素质较低、金融发展不完善等情况，造成 FDI 技术溢出效应尚未跨过门槛效应，其正面作用没有得到充分发挥，甚至对当地技术创新形成冲击。有研究表明，FDI 的流入主要对我国发达省市形成积极影响，如北京、上海、天津和浙江、广东等沿海发达地区，而内蒙古、广西、河南等地区，FDI 流入对这些地区的技术创新主要体现

---

① 研究表明，FDI 具有一定的技术溢出效应，主要体现为 FDI 为东道国带来先进的技术和管理经验，并通过与当地企业的竞争与合作，对东道国的技术进步形成带动作用。

② 李梅、谭力文：《FDI 对我国技术创新能力溢出的地区差异和门槛效应检验》，《世界经济研究》2009 年第 3 期；李晓钟、张小蒂：《外商直接投资对我国技术创新能力影响及地区差异分析》，《中国工业经济》2008 年第 9 期；张倩肖、冯根福：《三种 R&D 溢出与本地企业技术创新——基于我国高技术产业的经验分析》，《中国工业经济》2007 年第 11 期。

③ 李晓钟、张小蒂：《外商直接投资对我国技术创新能力影响及地区差异分析》，《中国工业经济》2008 年第 9 期。

为负面作用。[①] 其次，我国企业的消化吸收能力较弱，影响了 FDI 技术溢出效应发挥。相关研究表明，我国企业消化吸收能力的高低，对 FDI 技术溢出效应有着明显的影响。[②] 目前，我国企业存在着重模仿、重技术引进、轻消化吸收的问题，这在较大程度上削弱了 FDI 技术溢出效应。同时，相关研究还表明，FDI 技术溢出效应主要体现在外观设计和实用新型等低层次技术创新领域，而对核心技术创新能力则主要体现为负面作用，在我国企业自主技术创新能力比较薄弱的领域，存在着"挤出效应"[③]。这就意味着在我国企业自主创新能力普遍较弱的情况下，FDI 的"双刃剑"的负面作用也比较突出，在较大程度上抵消其正面意义。

### （四）创新金融发育严重滞后，官产学研资体系亟待完善

目前，我国以企业为主体的创新体系初步形成，但与产业发展需要相比，产学研资体系尚未形成高效的合作模式，较大程度上阻碍了制造业的转型发展。一方面，我国高等学校和科研机构体制改革尚未完全到位，受考核体制的影响，高校和科研机构的研发活动与市场接轨不足，"为研发而研发"的情况依然普遍，许多科技成果无法实现产业化，形成科技经济"两张票"的后果。据统计，目前我国的专利转化率不足 10%，远低于发达国家 70% 到 80% 的比重。[④] 从国际比较看，我国的成果转化指数在过去 30 年里也处于最低水平。2008 年，美国成果转化指数为 100，瑞典、法国、日本和英国分别为 77、59、40 和 40，而我国仅为 1.6，略高于韩国 1990 年的水平。另一方面，我国产学研合作存在着激励机制与利益保障机制不完善，产学研合作形式松散，风险共担体制不完善等问题。[⑤]

除以上所阐述的政府主导技术创新造成研发效率低下、企业研发投入能力和动力不足、科研院所和高等院校研发成果脱离市场需求等长期存在的问题外，财税和金融支持不足是我国制造业技术创新的转型发展效应难以发挥的重

---

① 李梅、谭力文：《FDI对我国技术创新能力溢出的地区差异和门槛效应检验》，《世界经济研究》2009年第3期。
② 张倩肖、冯根福：《三种R&D溢出与本地企业技术创新——基于我国高技术产业的经验分析》，《中国工业经济》2007年第11期。
③ 李晓钟、张小蒂：《外商直接投资对我国技术创新能力影响及地区差异分析》，《中国工业经济》2008年第9期。
④ 资料来源：《专利，奖大不如扶小》，《经济观察报》2008年5月12日。
⑤ 李玉清：《我国产学研结合的发展、问题及对策》，《技术与市场》2012年第2期。

要原因之一。

鼓励企业的创新政策难以落实。以 R&D 支出加计扣除所得税为例，根据国家统计局的调查，2011 年，该项政策的受惠企业仅占有研发活动的规模以上工业企业的 22%，免税金额只有 252.4 亿元，所抵研发经费占实际发生额的 45%。而且，R&D 的重要支出 ——部分人工成本不能纳入抵扣范围。

适合创新各阶段融资需要的资本市场不健全。资金投入伴随着技术创新（研究、中试、产业化）的每一个阶段，且每进入下一阶段投入成百上千倍地增长，风险也随之增加。创新金融体系是否发达，在很大程度上决定了技术创新的产业化效率。[①]以美国为代表的发达国家在技术创新的整个过程中，都有不同金融机构和金融产品参与其中（图 4-5），其中最为重要的一个因素是风险投资产品。尽管风险投资的资金来源各发达经济体有较大差异，但风险投资确为创新企业特别是中小创新企业提供了充裕的资金供应。目前，我国创新金融严重滞后。风险投资机构的组织形式单一、契约关系不完善、资金来源渠道狭窄。而且，市场推出机制不完善，与风险投资市场关系紧密的行业协会、标准认定机构、知识产权评估机构比较缺乏等。[②]创新金融体系不完善，在很大程度上成为制约我国技术创新发展的一个因素。

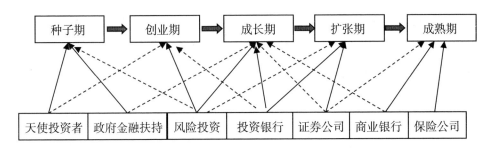

**图 4-5　发达国家技术创新金融支持体系示意图**

---

① 李建伟：《技术金融一体化形成机理及其政策含义》，《中国科技论坛》2004 年第 3 期。
② 吴佳龙、齐芯：《中美风险投资的比较分析以及对我国风险投资的借鉴》，《现代商业》2013 年第 2 期。

# 五、加强我国制造业技术创新促进转型发展的方略

## （一）以突破关键技术为核心，稳步提升制造业技术创新能力

按照"先外围技术后核心技术，先技术引进后消化吸收再创新，先试验研究后应用研究、基础研究，先普通零部件后关键零部件"的发展秩序，加大研发投入，提高技术创新效率为保证，稳步提升制造业自主技术创新能力，以量变带动质变，突破关键技术和核心技术瓶颈。

加大研发投入是前提和基础。继续强化技术创新政策的引导和扶持效果，促进提高企业自主技术创新意识和积极性。引导具备条件的企业成立研发机构，鼓励企业增加研发投入，合理分配研发资金结构，尽快达到企业研发投入数额的临界值。鼓励企业提高研发管理水平，逐步实现研发产出效率的最大化。鼓励企业加速技术积累，提高技术创新的经济效果，增加企业利润和对市场的技术垄断能力，形成"加大研发投入 ⟶ 掌控更多专利技术 ⟶ 增加企业超额利润 ⟶ 继续增加研发投入"的良性循环，为突破核心技术和关键技术提供良好基础。

突破核心技术是关键。与国外技术领先企业相比，我国制造企业普遍规模较小，资金实力较弱，在核心技术研发方面缺乏资金和人力支持。鼓励由大企业牵头利用国内外的研发资源，进行联合研发，为核心技术突破创造条件。

强调应用带动作用。新一轮工业革命的兴起是技术推动与应用带动并举的产物，应用带动的作用更加突出。借鉴欧美发达国家经验，通过信息、可再生能源、新材料等技术的广泛融合和深度应用，培育新产业、新业态、新模式，带动企业技术研发（专栏六）。[1]

---

[1] 国际金融危机以来，物联网、云计算、大数据、一栋互联、3D打印、智能机器人、页岩气、可再生能源等领域的技术创新空前活跃，推动这技术的不断进步，孕育着新的技术革命。但总体上，当前全球没有出现新的革命性技术，但正在兴起以互联网、物联网等技术为基础，以应用带动为重要特征的新一轮工业革命。

> **专栏六：**
>
> ### 发达国家政府积极推动新技术的应用
>
> ——法国。法国政府对购买纯电动汽车的消费者提供现金补贴，补贴后售价甚至低于同级别传统汽车。法国政府还出台"伊尔茨曼"项目，拨出5000万欧元专款用于电动汽车配套设施建设。据估计，到2020年，纯电动和混合电动汽车的市场份额将占整个法国汽车市场的10%。
>
> ——西班牙。在巴塞罗那智慧城市建设中，市政会议扮演了提出者和领导者的角色，在城市规划布局、搭建公司合作平台、促进信息集成应用等方面都发挥了十分重要的作用。

### （二）优先扶持重点行业企业，实现不同行业企业次序突破

不同行业技术密集度、经济体系重要性、技术突破难度各不相同。针对不同行业采取不同方式、按照不同次序，实现技术创新突破。

集中力量突破技术创新重点产业。选择和突破的重点标准是：优先突破对国民经济作用大、产业规模大、技术创新基础好的若干行业，重点突破产业地位突出、技术制约强、技术创新能力较弱的若干行业，率先突破产业处于起步阶段、国内外技术差距不大的若干新兴产业，逐步形成高技术密集产业、中技术密集产业和低技术密集产业技术突破的合理层次，依据不同产业的实际情况，采取相应的扶持措施，实现技术创新的突破。

培育一批技术创新带头企业。各行业优先支持一批研发实力强、技术积累雄厚的企业作为扶持重点。选择各行业内龙头企业作为扶持重点，明确技术创新的方向和目标是国际前沿，尽快实现对国际领先企业的超越。扶持政策要注重提前设计，更为关注扶持的时限和力度。

### （三）推动研发服务体系发展，实现中小企业技术创新服务突破

中小企业是技术创新的重要力量[①]。德国政府积极支持创新性中小企业的发展，2013年仅针对创新型中小企业的创业投资基金就达到5亿欧元，为其提供

---

① 欧盟相关数据表明，中小企业人均创新成果是大企业的两倍，单位R&D投入的创新产出是大企业的3—5倍；美国中小企业在1953—1973年间的创新成果占同期全国创新成果的比重接近50%，很多中小企业在较短时期内成长为大型科技企业，如IBM、英特尔、思科、微软等大型科技企业。

资金、咨询、搭建合作平台等方面的服务。借鉴德国经验，要积极创造良好条件，激发中小企业技术创新能力，是未来我国必须要解决的突出问题。

发展研发服务体系。依据我国实际情况，采取以政府资金与政策为扶持、行业协会为纽带、市场化科技中介机构为主体的方式，对中小企业的委托研发、联合研发、技术转让、专利申请与转让、企业技术创新的个性化服务等一系列技术服务。

发展创新金融体系。借鉴发达国家的创新基金发展经验，根据我国商业银行的金融主体地位，促进商业银行积极参股风险投资，建立科技金融专营机构，开发科技信贷产品，发展知识产权质押融资。设立创业投资引导资金，以阶段参股和跟进投资等方式支持创业投资。积极吸引国外创业投资机构入驻，鼓励设立天使投资联盟。支持竞争力强、运作规范、成长性好的研发设计服务企业国内主板和中小企业板上市，对首发上市的企业给予一定奖励。

### （四）优化政府体制和市场体系，实现技术创新环境突破

合理协调政府与市场关系，充分发挥市场体系和政府体制的积极作用，同时抑制双方的不利影响，是企业技术创新环境突破的重点。

明确政府自身定位。政府应积极发挥引导性作用和服务性作用，促进企业创新。根据不同行业和不同类型的企业，制定针对性更强的引导性政策和措施，提升技术创新政策的引导效果。不适于政府干预的领域和行为，积极交由市场发挥调节作用。政府可对部分高技术行业采取适度倾斜政策，但不宜过度强调某些新兴产业发展，也不宜代替企业对具体技术创新做出过度干涉。

优化技术创新环境。重点是要加强知识产权相关法律的制定和执行力度，切实保护知识产权所有者的利益，为技术创新创造一个良好的法律环境。

### （五）深化各项改革，科学合理地加强各项政策支持

体制制约和政策限制是制约我国制造业技术创新的根本。要有重点的切实给予肃清。

消除体制性制约。尽快消除目前高校和科研机构在研发过程中的盲目性问题，通过改革科研人员的考核机制和高校、科研机构的资金管理体制，增加高校和科研机构与市场接轨的动力和能力，为产学研合作的水平和效率提高创造良好的制度基础。加快军工与民用技术双向转移的立法工作，逐步消除阻碍军工和民用技术双向转移的制度障碍，在军事机密不受侵犯的前提下，让军工技

术和民用技术在融合中实现双赢。

加大政策性支持。一是依据不同行业和企业的差异，在实现政策公平与技术创新效率均衡的基础上，实现结构性的财税支持政策，并不断强化其效果。二是政府就应该从源头做起。对外资企业进入要设置一定的技术门槛，达不到相应技术投资水平的项目，不予引进，最大限度地实现外资企业的净正面作用最大化。

特别要强调的是，适应开放环境，要更加重视我国现行科技政策中存在的可能引发的反补贴争端（专栏七），尽量考虑国际规则的影响，既要达到促进自主创新的目的，又不能授人以柄。如加大竞争前研究资助，适当减少其他形式补贴；增加间接补贴，减少对企业的直接补贴；增加普惠性政策，对专项性补贴规定合理期限；建立科技反补贴风险预警机制，做好监测工作等。

**专栏七：**

### 三则我国遭遇的科技反补贴争端

——政府对企业的直接资助引发的争端。2010 年 10 月，美国贸易谈判代表办公室就中国补贴风能设备的相关措施发起反补贴调查，主要针对的是"中国政府向在华风电设备（包括设备整体以及其中的零部件）制造企业提供补助、资助或奖励的情况"。主要证据是《风力发电设备产业化专项资金管理暂行办法》。最终的结果是我方停止了部分风电补贴项目。

——税收优惠政策引发的争端。2004 年，中美之间曾出现了集成电路增值税问题争端。该案的起因是我国政府发布的《鼓励软件产业和集成电路产业发展的若干政策》，其中一项优惠政策是对进口集成电路征收法定 17% 的增值税而对国内生产的同类产品则实行增值税减免。美方认为中国的这一做法构成了对外国半导体生产和设计企业的歧视性待遇，因此于 2004 年 3 月 18 日就我国集成电路增值税退税政策向 WTO 提出了相应诉求。最后，争端以我国承诺取消对国产集成电路产品的增值税退税政策而告终。

——政策性贷款及贷款贴息引发的争端。2010 年 9 月 16 日，欧盟委员会宣布对中国产无限广域网卡（WWAN）发起反补贴调查。欧盟认为，华为技术公司和中兴通讯公司接受了来自中国政府的政策性贷款等补贴，以低价出口对欧洲生产商造成了实质损害。相关指控包括两个部分：一是中国国家开发银行和国家进出口银行给华为和中兴两家企业提供大量政策性贷款（事实上，许多国家都为企业提供一定的政策性贷款，是否会被采取反补贴措施的关键在于，被补贴的企业对其他国家企业是否造成实质性损害）；二是华为、中兴得到的贷款利率不能被视为正常商业利率。

（刘中显）

**参考文献：**

陈佳贵、黄群慧：《工业发展、国情变化与经济现代化战略——中国成为工业大国的国情分析》，《中国社会科学》2005 年第 4 期。

冯根福、温军：《中国上市公司治理与企业技术创新关系的实证分析》，《中国工业经济》2008 年第 7 期。

冯宗宪、王青等：《政府投入、市场化程度与中国工业企业的技术创新效率》，《数量经济技术经济研究》2011 年第 4 期。

金碚：《全球竞争新格局与中国产业发展趋势》，《中国工业经济》2012 年第 5 期。

景春梅：《国有企业在制造业技术创新中的地位和作用——两次经济普查相关数据分析之一》，《经济研究参考》2012 年第 30 期。

李建伟：《技术金融一体化形成机理及其政策含义》，《中国科技论坛》2004 年第 3 期。

李俊江、范思琦：《中小企业自主创新与风险投资的关系——美国小企业的经验与启示》，《吉林大学社会科学学报》2010 年第 5 期。

李莉、安筱鹏：《华为公司自主创新的实现路径及经验启示》，《高科技与产业化》2008 年第 7 期。

李梅、谭力文：《FDI 对我国技术创新能力溢出的地区差异和门槛效应检验》，《世界经济研究》2009 年第 3 期。

李珊珊、冯呈祥：《我国军民两用技术转移研究》，《企业技术开发》2012 年第 9 期。

李晓钟、张小蒂：《外商直接投资对我国技术创新能力影响及地区差异分析》，《中国工业经济》2008 年第 9 期。

李玉清：《我国产学研结合的发展、问题及对策》，《技术与市场》2012 年第 2 期。

吕达、张志勇：《发达国家技术引进消化吸收再创新成功经验与借鉴》，国研网，2012 年 8 月 28 日。

吕铁：《提高我国工业技术创新能力》，《中国社会科学院院报》2006 年 9 月 1 日。

齐晓丰：《关于军民用技术双向转移问题的分析》，《中国军转民》2012 年第 5 期。

乔慧：《从我国高铁成就看转变经济发展方式》，《中国财政》2010 年第 10 期。

吴佳龙、齐芯：《中美风险投资的比较分析以及对我国风险投资的借鉴》，《现代商业》

2013 年第 2 期。

　　张倩肖、冯根福：《三种 R&D 溢出与本地企业技术创新——基于我国高技术产业的经验分析》，《中国工业经济》2007 年第 11 期。

　　张世贤：《阀值效应：技术创新的低产业化分析——以中国医药技术产业化为例》，《中国工业经济》2005 年第 4 期。

　　郑慕强：《FDI 技术外溢与本地企业技术创新——吸收能力的影响》，《科研管理》2011 年第 3 期。

# 第五章 生产性服务业促进制造业转型研究

生产性服务业是一种具有较强产业关联性的现代服务产业，它与制造业部门联系密切，并能促进制造业转型、提高产业国际竞争力。本文在对我国生产性服务业发展现状分析的基础上，指出其在促进制造业转型方面存在的供给总量不足、供给与需求错位、与制造业关联度低等三大问题，并进一步分析了产生这些问题的有效需求不足、市场环境不健全、政策约束过多、国家层面规划设计不足、城市化水平较低和人力资源结构不尽合理等六个原因。进而，有针对性地提出了我国生产性服务业促进制造业转型的总体思想和政策建议。

国际经验表明，生产性服务业的快速发展有利于促进制造企业成本节约、延长产业链、提高附加值和利润率，进而提升产业链分工地位。目前，主宰全球产业空间布局的跨国公司不断压缩我国制造业的利润份额和发展空间，"中国制造"面临在全球价值链低端被锁定的危险。同时，人力成本快速提升、资源环境约束增强和优惠政策吸引力下降等因素使得我国传统制造业发展面临极大挑战，向高技术、高附加值的转型迫在眉睫。生产性服务业特有的高成长、高辐射、高智力、高附加值特点，与制造业之间天然的产业链条关系，为"中国制造"转型为"中国创造"提供了有效途径和新的动力。

## 一、相关理论和国际实践

### （一）生产性服务业促进制造业转型的相关理论

1. 生产性服务业的内涵。国内外学者和机构对生产性服务业的界定存在较大差异，但基本都认同的是，生产性服务业提供的是市场化的中间服务（非最终消费服务），即作为其他产品或服务生产的中间投入的服务，并具有专业化程度高、知识密集使产业结构软化和把大量人力资本和知识创新引入生产过程的特点，主要包括交通运输业、现代物流业、金融服务业、信息服务业和商务服务业等行业。生产性服务业的发展将促进制造业产业升级并提高其国际竞争力，在为制造业创造具有更高附加值与更大利润空间的同时，还可为消费者创造更方便、价值更高的产品或服务。

2. 生产性服务业的产生与形成。从广义讲，为企业生产提供市场化服务的部门很早就已存在，只不过当时还没有形成一定规模。进入农业社会以来，随着社会分工的发展，逐步产生了为农业服务的商业、运输业、邮政业等。到了工业革命时期，机器大生产所需的大规模资金投入导致融资需求的快速增长，从而催生了金融业，而生产的大量产品的有效流通又使得商贸业得到快速发展，同时高投资所引发的高风险又促成了保险业的不断发展。特别是自 20 世纪中叶以来，在经济全球化和信息化的推动下，全球产业结构呈现出由"工业型经济"向"服务型经济"的重大转变，知识经济、信息经济等生产性服务在全世界范围内得到快速发展。可以说，生产力的不断发展和社会分工的不断深化促进了生产性服务业的形成与发展，而产业链的不断延伸和知识资本、人力资本的不断壮大使得生产性服务业在制造业生产中的地位和作用不断提升，得到快速发展。

3. 生产性服务业促进制造业转型的相关理论。对于生产性服务业促进制造业转型的理论认识是一个逐渐深入的过程。最初，经济学家们认为生产性服务业是制造业生产率得以提高的前提和基础。一方面，生产性服务业的发展能够促使专业化程度的提高和劳动分工的进一步深化，而专业化水平的不断提高正是促进劳动生产率提高的驱动力。另一方面，服务部门的发展降低了投入到制造业部门的中间服务的成本。有效率的生产性服务业是制造业提高劳动生产率、提升产品竞争力的前提和保障，如果一个没有较为发达的生产性服务业，就不可能形成具有较强国际竞争力的制造业，将会阻碍当地制造业效率的提升和竞争力的提高，进而阻碍区域经济发展进程。

随着制造业部门中间投入的增加，生产性服务业与制造业融合发展，表现为相互作用、相互依赖、共同发展的互补性关系。随着经济规模特别是制造业部门的扩大，对生产性服务业的需求，如贸易、金融、运输、保险等会迅速增加，同时也提高了制造业部门的生产率；反之，服务业部门的增长依靠制造业部门中间投入的增加。而且，随着经济发展程度的提高，服务业与制造业之间彼此依赖的程度会逐步加深，生产性服务业逐渐渗透到制造企业价值链的每一个环节中。与此同时，传统意义上的服务业与制造业之间的边界越来越模糊，两者出现了一定程度的融合。

目前，人们认为，在后工业时代，生产性服务业逐渐从具有润滑剂作用的管理功能，转变成一种有助于制造业生产各阶段更高效运营以及提升产出价值的中间投入，并且会更全面地参与到经济发展的各个层面，成为新型技术和创新的主要提供传播者，具有更多战略功能和"推动器"效果。

## （二）不同制造业发展阶段生产性服务业发展的不同特点

生产性服务业作为现代经济发展水平的一个重要标志产业，是经济发展阶段的产物。国际经验表明，制造业发展到一定阶段后，其附加值和市场竞争力的提升更多是靠生产性服务业支撑，对其需求也越来越大。伴随着制造业的服务化，生产性服务得以迅速发展。不同工业化发展阶段，生产性服务业的发展特点在经济发展中的作用也有所不同。

在工业化初期阶段，制造业是产业的主体，制造业企业进行工业生产的过程中所需要的各种生产性服务大部分是由企业内部提供，生产性服务业主要以交通、运输、邮电等行业为主，这些生产性服务业能够为工业生产提供必要的辅助服务。

在工业化中期阶段，制造业迅速发展，知识密集和技术密集型制造企业生产的中间环节，对从事工业产前、产中和产后服务的生产性服务业提出了更广泛的需求。这一阶段，除交通、运输和邮电等行业进一步发展外，金融、保险和物流等生产性服务行业得到了较快的发展。生产性服务业对制造业的迅猛发展和工业化进程的加快起到了非常重要的促进作用。

在工业化后期阶段，随着制造业企业规模的扩大、国际市场竞争加剧，特别是高新技术的发展，企业内部的服务项目不断分离出来，广告、咨询调查、中介、营销等商务服务业发展较快。同时，生产性服务业的内部结构调整加快，研发设计、电子商务、移动增值等一些新型业态开始出现并迅速发展。

到了后工业化社会阶段，高技术产业成为主要的支撑产业，经济由制造业经济转向服务业经济，服务经济全面发展并日趋成熟，生产性服务业成为经济发展的主导，逐步向服务化社会迈进。这一时期，金融保险、商务服务等行业得到进一步的发展，科技研发、信息服务、教育培训等现代知识型服务业加快崛起为主流业态，且发展前景广阔、潜力巨大，生产性服务业成为后工业化社会经济发展的主导。

### （三）一些发达国家生产性服务业促进制造业升级情况

20 世纪 60 年代以来，服务经济、后工业化社会等新概念开始出现并诠释了西方发达国家的经济结构特征，预示着服务经济时代的到来。发达国家经历了以工业化为主向以服务经济为主的经济形态转变过程，生产性服务业作为一种围绕企业而兴起的新兴服务业异军突起，80 年代以后更成为西方发达国家经济的重要增长点。

为推动制造业从资本密集型向技术密集型的转变，20 世纪 70 年代韩国开始大力发展知识产业、研究开发型产业、高端组装型产业、流行设计产业等生产性服务业。首先，出台了《特定研究机构扶持法》、《科学技术研究所扶持法》和《技术开发促进法》等一系列鼓励科研机构和企业加大研发投入的法律法规。其次，注重对人才的培养，通过《技术劳务育成法》、《国家技术资格法》和《职业培训特别法》等加大人力资本开发力度。此外，在政策上进行大力支持，通过财税政策、信贷补贴、优惠利率等政策，推动资本、技术、人才等生产要素流向与制造业升级相关性强的生产性服务业领域，从而快速提升了韩国的自主创新能力，全面提高了制造业的国际竞争力，顺利完成了产业结构的转型升级。

印度作为新兴经济体之一，被誉为"外包王国"，其生产性服务业已成为经济发展的重要推动力。一方面，发挥本国语言和人力成本优势，通过一系列优惠政策，以软件外包服务业为核心，逐步扩展到呼叫中心、工程咨询、多媒体制作、财务服务等各个领域外，有效地承接了发达国家服务业的转移。另一方面，大力发展制药外包业，将大量资金投向全球标准制定领域，取得巨大回报，其药品生产规模居世界前列，产量约占全球的 8%。

在 20 世纪 70 年代，英、美、法三国生产性服务需求占服务业全部需求的比重约为 37%，到 90 年代进一步提高到 48%。OECD (2003) 研究成果表明，20 世纪 90 年代中期，OECD 国际制造业产品的价值中平均有 22% 是由生产性服务业所创造的，且比重不断提升。英国生产性服务业增加值占 GDP 比重从 1992 年的 25.9% 上升到 2002 年的 32.9%，11 年间增长七个百分点，成为英国国民经济体系中的重要构成部分。

同时，美、日、德等发达国家在制造业中间投入的部分生产性服务所占比重不断升高，服务投入的增长速度明显快于实物投入的增长速度。随着企业规模的扩大和国际市场竞争加剧，企业内部的服务项目不断地分离出来，形成独立的专业生产性服务业，同时也使得生产性服务业逐步外部化。从生产性服务业发展这一现象本身来看，伴随着生产组织方式的变革和专业分工细化的趋势，制造业企业基于自身核心竞争力，对价值链进行分解的趋势变得非常明显，它们将自身价值链的人力资源活动、会计活动、研发设计、采购活动、运输、仓储、售后服务等支持活动，甚至是基本活动都外包出去。

从发达国家20世纪生产性服务业促进制造业升级的实践来看，生产性服务业作为现代服务业中最具活力的部门，其发展速度已超过了制造业。而在制造业增加值和就业比重不断下降的同时，生产性服务业部门增加值和就业比重呈逐年上升的趋势，且经济越发达，这一现象越明显。在许多发达国家，其服务业增加值在 GDP 中的比重约为 70%，生产性服务业增加值占 GDP 在 30% 左右。

## 二、生产性服务业促进我国制造业转型势在必行

### （一）我国制造业传统国际竞争优势难以为继

改革开放以来，我国在要素市场通过一系列制度安排，人为地进一步压低了劳动力、土地、原材料等要素的成本，形成了低成本优势的国际竞争力。在劳动力市场，规模庞大且持续增长的人口为经济发展提供了充足廉价的劳动力资源，同时从农村源源不断释放出来的剩余劳动力使得我国劳动力价格在过去30 年保持着较低水平。而计划经济时代遗留下来的户籍制度和不完善的社会保障体系，则进一步压低了劳动力成本。在土地市场，由于政府拥有较大定价权，以低廉的价格提供土地往往成为地方政府吸引投资、发展本地经济的惯用手段。在原材料市场，为提高发展速度，地方政府往往采取自然资源无价、原材料低价的做法，忽视环境成本，形成原材料的低价优势。在资本市场，利率没有完全市场化，长期较低的利率不是市场出清的均衡结果，而是政府利用低成本资金加大投资，加快经济发展速度的意愿体现。

建立在要素禀赋基础上的成本优势无可厚非，这也正是"中国制造"行销全世界的原因所在，但人为的安排使要素市场的负向扭曲过度放大了这种成本优势。随着经济社会已发展到一定阶段，国内外环境条件发生较大变化，建立在低成本上的国际竞争力正面临着诸多挑战，一味固守将可能失去竞争优势。

一是生产要素成本全面上升。近年来，随着"刘易斯拐点"的临近，劳动力成本快速上升；土地资源的稀缺性越来越突出，土地价格在持续快速上涨；能源的瓶颈制约和倒逼压力，使得资源成本也越来越高，我国经济已进入"高成本时代"。

二是生态环境不堪重负。我国 30 多年来的增长基本是建立在粗放型经济的基础上，竞争优势相当一部分来自资源能源的低成本以及对环境保护的缺位，这种出口方式不仅造成大量能源、资源的消耗浪费，同时还造成严重的环境污染，雾霾、殍猪、赤水、地陷等生态灾难事件频发，一些地区环境承载能力已达极限。

三是贸易摩擦不断增多。依靠低价优势、扩大出口规模、采取以量取胜、挤占他国市场的外贸方式，越来越多地引发贸易摩擦。入世以来，我国在世界贸易中的排名从第六位上升到了第二位，并已连续四年成为世界货物贸易第一出口大国和第二进口大国，而同期，遭遇外国贸易救济调查案件 842 起，居世界第一位。特别是金融危机以来，各国贸易保护主义明显抬头，我国面临的国际贸易环境更加复杂和艰难。

四是来自发展中国家的竞争加剧。我国传统制造业的低成本优势正面临着来自其他发展中国家的激烈竞争，特别是印度、越南等东南亚国家近些年来效仿中国，积极引进外资，凭借更低的人力成本优势，与中国在劳动密集型产业、低端代工产业展开争夺，传统优势正在逐步失去。

### （二）大力发展生产性服务业势在必行

在传统制造业向现代制造业的转变过程，越来越依赖于生产性服务业对其的中间投入，作为制造业知识密集化的构成要素，生产性服务业是现代制造业发展中竞争力的基本源泉。在我国低成本竞争优势逐步消失的情况下，必须适时调整，而大力发展生产性服务业是推动我国产业结构优化升级、提升国际竞争力的必然选择。

1. 发展生产性服务业有助于降低交易成本

通过交易方式和交易技术的变革，生产性服务业在不断减少市场交易费用中发挥着十分重要的作用。商业、交通、通讯等流通服务业通过建立市场网络，在集中固定的生产与分散变动的需求之间架起桥梁，将空间和时间上分割的市场联结起来，扩大了交易网络的延伸范围和市场规模。金融业所主导的产业资本和商业资本流动，也是规模不断扩大的商品生产得以流畅循环的重要中间环节。金融服务业提供了更加完备的支付体系，提高了支付效率，促进了交易活动的开展。随着企业生产经营日益复杂，对资金运营调控等有更高的需求，各种金融衍生产品和创新服务不断产生。商务服务业中的广告等，为搜索交易对象、获取可靠的交易信息提供了便利，降低了交易的搜寻成本。在市场经济制度日益规范和复杂化的环境下，会计、审计、法律、税务等逐渐从企业内部分离出来。专业化发展，有效帮助企业规避经营风险，降低了交易的执行成本。在制造业跨区域、全球化布局其生产和交易网络时，企业管理服务通过有效的协调控制管理，保障了复杂生产交易的开展，促进了制造业的实力规模扩张。

2. 发展生产性服务业有助于提高全要素生产率

经济的增长不能仅仅依靠要素的投入，关键还是要提高生产效率，提高全要素生产率。同样，国际竞争优势的确立也不能单纯靠压低要素价格，以低成本制胜，从根本上来说，还是要提高生产效率。而发展生产性服务业恰恰有助于提高全要素生产率。一方面，信息传输、计算机服务和软件业、金融业、租赁和商务服务业、研究与试验发展业、综合技术服务业生产性服务行业融入了大量的人力资本、知识资本，为制造业提供支持、提升竞争力的同时，有效提高制造业的人力资本和知识资本含量。另一方面，生产性服务业的发展能进一步提高专业化程度，深化劳动分工，市场调研、信息服务、金融保险、物流、产品营销等生产性服务业贯穿于制造业生产上中下游的各个环节，可以使制造业利用外部专业化的生产性服务来提升产品竞争力、增强盈利能力。

3. 发展生产性服务业有助于推动产业价值链升级

生产性服务业能够强化价值链的核心环节，实现产出的服务功能，从而增强制造业的创新能力，提高附加值，打造制造业的核心竞争力。随着经济全球化和技术进步，现代制造业中各价值链环节创造价值的不平衡性日益加强，以电子信息产业为代表，呈现"微笑曲线"的特征。"微笑曲线"两端的生产性服务业，包括上端的研发、设计、材料采购，下端的品牌、营销渠道、销售、制造服务等附加值和盈利率高，而中端的生产加工、组装等传统制造行业附加值和盈利率低。发展高端生产性服务业，向价值链两端延伸，能提高制造业的附加值和盈利能力，获得差异化竞争力，培育核心竞争优势，是制造业升级的本质要求和关键步骤。

4. 发展生产性服务业有助于打造国际品牌和通路

纵观世界各国，国内优势产业向外转移的过程都离不开国内生产性服务业的有力支撑，包括海外市场开拓的相关商务服务、新产品的研发、中间产品及产成品的物流通道等等。全球化时代，跨国公司之所以能在世界范围内按照成本最小化原则安排生产，关键在于通过生产性服务业实现了各制造流程的有效链接。改革开放以来，我国积极利用国际产业转移的有利时机，推动了制造业的快速发展。但与跨国企业相比，中国制造企业在资本力量、技术水平、全球品牌知名度、全球销售网络等方面都不占优势。中国企业往往放弃品牌，采取 OEM 的方式，但当生产达到一定规模，并积累了相当经验后，就需要发展生产性服务业，通过发展物流、研发等服务产业，掌握销售终端，打造自身品牌，提高对产业链的控制力。

5. 发展生产性服务业有助于提升自主创新能力

自主创新能力和自主品牌是提升国际竞争力的重要源泉。生产性服务业中的研发和营销服务等产业将大大提升我国的核心技术自主研发和设计水平，对于扩大海外市场、形成核心竞争优势具有重要推动作用。加快发展生产性服务业，已成为推动制造业由"中国制造"向"中国创造"转型升级的重要举措。

相关理论和国际实践都证明，我国的制造业企业必须借助先进的生产性服务业特别是高水平的研发和市场营销能力，获得自主知识产权、自主创新能力、自主品牌，才能取得在全球生产网络和价值链中的支配权，提高国际分工地位，培植动态竞争优势，获取更多的比较利益。以实物产品为载体，提供扩展产品线的技术服务、信息服务，促进销售的金融服务、配送服务、安装、维修服务，以及整合实物产品和服务的集成解决方案，不仅有助于制造业创造市场、开拓市场、稳固市场，更是成为我国制造业高额利润和核心竞争优势的重要源泉。

# 三、我国生产性服务业在促进制造业转型
# 升级中面临的主要问题及原因

## （一）发展概况

改革开放以来，我国对服务业的管理方式进行了一系的改革，生产性服务业从无到有，开始支撑制造业，特别是在加入 WTO 之后，在进一步融入国际市场的同时，倒逼服务发展，使其更加积极主动与制造业发生关联，制造业向上游和下游的高利润环节延伸，形成新的产业链、新业态和新的增长点，使得制造业的知识、技术、资本、利润分配关系发生根本性变化。

但从总体上讲，我国生产性服务业还处于成长期。许多生产性服务还内化在制造业中，没有外部化形成独立的专业化产业，生产性服务业发展水平低等是难以满足制造业高层次需求的重要原因。同时，生产性服务业总量偏小，同一时期生产性服务业所占 GDP 比重，要比制造业占 GDP 的比重低 10 多个百分点（见图 5-1），生产性服务业远未成长为主导产业。生产性服务业增加值虽然处于上升势头，但呈缓慢增长趋势，消费性服务部门仍然是带动服务业增长的主要力量。生产性服务业在规模、层次、服务质量上的不足使得资源配置效率无法提高，专业分工受到影响。而专业化分工进程受阻又影响到人力资本、知识资本进入生产过程。从而，有可能形成"生产性服务业发展滞后—供给难以满足制造业需求—制造业升级无法获得生产性服务业的支撑—制造业生产性服务需求低下—生产性服务业发展滞后"的恶性循环。

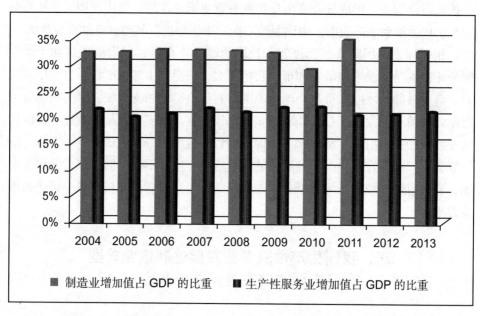

**图 5-1　生产性服务业与制造业占 GDP 比重情况（2004—2013）**

资料来源：生产性服务业占比由《中国统计年鉴 2005—2014》相关数据计算得出，制造业占比数据来自世界银行数据库。

## （二）主要问题

总体而言，我国生产性服务业在促进制造业转型发展方面主要存在三个突出问题。

1.生产性服务业发展显著，但仍然总量较低供给不足

改革开放以来，我国生产性服务业快速发展，2013 年生产性服务业增加值超过 12 万亿元，占 GDP 的比重也达到历史最高的 22.8%。事实上，从 2004年以来，生产性服务业增加值占服务业增加值的比重一直保持在 50% 左右，占国内生产总值比重基本保持在 20% 左右（见图 5-2）。但与发达国家相比，其生产性服务业占全部服务业的比重普遍在 60%—70% 之间，占国内生产总值比重大多超过 40% 左右，我国的生产性服务业发展程度仍明显较低。

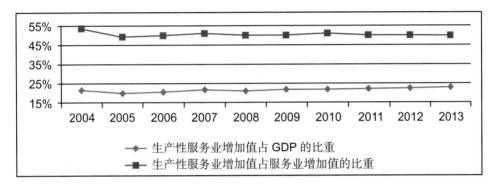

**图 5-2　我国生产性服务业发展情况（2004—2013）**

资料来源：《中国统计年鉴 2005t2014》。

目前，我国生产性服务业增加值占国内生产总值的比重已由 2003 年的13% 增加到 2010 年的 21.9%，但总体发展水平还远低于发达国家。特别是信息传输、计算机服务和软件业与科学研究、技术服务及地质勘查业等高技术产业研发投入不足，金融业的供给难以支撑现代科技产业、中小企业的发展，中小企业普遍面临融资难问题，风险投资市场尚处于起步阶段，无法帮助制造企业完成规模化、商业化生产。生产性服务业企业同质化现象严重，缺乏核心服务能力，不能完全满足制造企业专业化发展的需求，制约了制造业的发展。

2.生产性服务业初显现代服务经济的特点，但高度化不足

我国服务业内部结构虽已呈现传统服务业向现代服务业转变的趋势，但是整体结构仍表现为以传统生产性服务业为主，技术含量高的行业比重偏低。2013 年，信息传输、计算机服务和软件业与科学研究、技术服务及地质勘查业等知识密集型产业的增加值约为 21000 亿元，占生产性服务业增加值的比重只有 17.6%，而交通运输、仓储和邮政业及租赁和商务服务业等劳动密集型

产业的增加值约为 37000 亿元，占生产性服务业增加值的比重达到 30.6%（图 5-3），现代服务业发展不足，内部结构不合理。

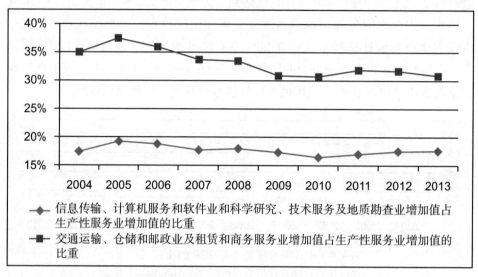

**图 5-3 我国生产性服务业内部结构（2004—2013）**

资料来源：《中国统计年鉴 2005—2014》。

3. 生产性服务业与制造业关联度低，供给与需求存在错位

近年来众多研究结果表明，目前我国生产性服务业的主要服务对象是第三产业，虽然对制造业的中间投入结构均呈现不断升级趋势，但两者的关联关系仍然较弱，处于较低水平。特别是改革开放以来，我国制造业发展主要依靠劳动力、土地和环境等廉价资源和要素，来吸引跨国公司到本地投资以承接国际制造业向本地的转移，从而迅速扩大产业规模和经济总量。这种模式在促进地方经济发展的同时，也暴露出较为明显的局限性，即外资企业与本地产业的关联薄弱。外资制造业中加工型、出口型、生产型企业居多，而且大多属于跨国公司全球生产组织体系中的封闭环节，产品线和产业链延伸不足，呈现"二少一多"特征，即外资企业对本地金融机构的信贷服务需求少；产品设计、关键技术、零部件依赖于进口，对本地研发或技术服务需求少；产品直接出口多，而且多进入跨国公司营销体系。此外，外资制造业所需的高级管理人员培训、物流服务、法律服务、广告策划、市场调研等服务，表现出明显的外向化特征，使我国制造业与生产性服务业之间内在的产业关联被割裂，产业链向生产性服务业增值部分的延伸受到抑制。

从科技服务看，目前高校和科研机构不注重市场和企业的实际需求，不注重科研成果的产业化，大量科研成果停留在发表论文、提供实验室成果阶段，缺乏进一步实现工程化、产业化的资金投入与激励机制。从金融服务看，我国金融行业存在金融创新不足、信用制度建设滞后、市场开放程度较低、中小企业融资较难等问题，无法满足制造企业实现融资发展的需要。从第三方物流服务看，目前第三方物流企业能够提供的综合性全程物流服务较少，绝大多数物流企业还停留在货物代理、仓储、库存管理、搬运、运输等方面，尚未转型成为现代物流企业。即便是大型的物流企业也存在服务内容单一的问题，缺乏综合的现代物流社会化能力。而多数制造企业在选择第三方物流服务商时首要考虑的是能够提供综合性的全程服务，其次才是服务质量与价格。总体而言，生产性服务业的供给与制造业需求存在错位问题。

---

**专栏一：**

**论文数量居世界第一　引用率排在百名开外**

2011 年我国科技人力资源总量达到 6300 万人，其中投入研发活动的劳动力人数达到 401.8 万人，位居世界第一；期刊、论文发表数量已经超过美国，也居世界第一。但在反应论文质量和实际应用程度的论文引用率指标上，在世界的排名却在百位之外。在以科研院所、高等院校为主体的科研系统内，论文发表数量成了科研人员评价体系中的一项硬指标。这让许多科研人员缺少市场眼光，研究的目的就是为了出论文、评职称，一旦论文发表了，职称上去了，科研也就完成了。这样的评价体系中产生的成果往往是实验室水平很高，但不具备产业化生产能力，与生产企业的需求差距较大，转化率不高。

资料来源：《我国论文数量居世界第一 引用率排在100名开外》，《中国青年报》2011 年2 月10 日。

---

### （三）原因分析

1.制造业发展层次较低，对生产性服务业的有效需求不足

我国制造业发展层次较低，对生产性服务业的有效需求不足。制造业本身的结构是决定制造业与生产性服务业之间形成何种反馈机制的关键，进而影响两者的互动发展。我国制造业是基于进行加工贸易的外向型经济发展模式，在国际产业分工中，基本上从事劳动密集型的生产或装配活动；即使是技术或资

本密集型的产品，我国从事的也是劳动密集型的工序，产品附加值和技术含量较低。这些处于产业链低端的生产、加工、装配、制造环节，其技术经济特征是对资源的高强度消耗和高密集化使用。跨国企业凭借生产性服务业的比较优势，占据了产业价值链的高端，赚取高额利润，而我国依靠跨国企业贴牌定制的"中国制造"往往产出多，资源消耗大，由此带来的经济效益却很低。长期以来，我国外资拉动型的制造业在很大程度上限制了企业技术进步和技术创新。在一定程度上抑制了生产性服务业竞争力的提高。具有较大规模和竞争力的生产性企业集团较少，平均规模较小，在组织规模、服务技术、服务质量和管理水平等方面与国际大型跨国公司相比存在很大差距。同时，制造代工模式使得制造企业只能处于价值链的中间，而无法参与附加值较高的两端（即价值链左端的产品开发和右端的市场营销），这在一定程度上制约了生产性服务业市场规模的扩大与市场需求层次的提升，进而影响生产性服务业与制造业的良性互动。

2.市场环境不健全，制造业服务外包受阻

一方面，目前我国生产性服务行业的市场竞争仍不充分，特别是那些在原有体制下属于垄断性的服务行业，如，金融、保险、通信等行业，改革的进程比较缓慢，市场竞争难以发挥作用，导致我国生产性服务业的有效供给不足，不能满足制造企业的需求。反过来，又会阻碍生产性服务业的发展。

另一方面，当前我国制造业竞争激烈且停留在低端层面，加之市场诚信度较低、市场中介组织发育不充分、法律制度环境不完善、知识产权保护不力等，制造企业外包生产性服务环节的动机不强。据香港贸发局2007年对长三角九个城市3000家制造企业调查，使用外包服务的上海为37%，其他城市是27%。在我国最发达的地区也是如此低的比例，最主要的原因是对服务企业的满意度低，在诚信度较低、随意违约、泄漏商业机密等现象较为普遍的商业环境下，服务外包意味着制造企业引入了一个风险源。此外，各类中介服务机构由于经营主体不规范，法规制度不完善，加上规模小、专业化程度低，人员素质参差不齐，缺乏统一有效的监管，也阻碍了制造企业进行服务外包。从产业政策层面看，地方政府存在的对制造业的偏好也使生产性服务业遭受政策歧视，水价、地价、电价、税费普遍多于工业，导致外包服务成本过高，使制造业更倾向于服务内置化。据中国物流与采购联合会调查，拥有自己的车队、仓库、机械化装卸设施的制造企业依次占到49%、46%、48%。过度内置化的结果必然导致资源效率利用低、专业化服务水平不高。

### 3.政策约束过多，阻碍生产性服务业发展

在生产性服务业存在着"垄断"现象。"垄断"体现为隶属于政府部门管理的一些机构，掌控着诸如知识产权、检验检测、信息服务、技术咨询等领域的大量信息资源，市场化的创新服务机构市场准入难，生存和发展空间受到挤压。市场准入门槛普遍高于工业，也高于其他服务业。相对于制造业，生产性服务业审批程序更加复杂，例如会计服务业，有20多项经营资格是由中央部门审批的，且其创新性也受到了许多限制。一些行业对非公经济和外资也没有完全开放，导致国外制造业环节进来之后与之相关的生产性服务环节无法进入，而制造企业固守"大而全，小而全"的传统企业组织结构，社会专业化分工程度低，也造成对生产性服务有效需求不足。过多限制、垄断、封锁与分割还严重影响了生产性服务业扩大市场容量，难以形成有效竞争。为增加垄断利润，这些行业往往与政府就价格调整进行博弈，不仅阻碍改革进程，还造成价格虚高而服务质量又远不能满足消费者的需求，从而在一定程度上抑制与制造业互动的能力，也削弱了企业服务外包的内在动力。此外，在税赋方面，税收政策也偏向制造业，财政扶持也是向制造业倾斜。

**专栏二：**

#### 审批——国产动漫发展之痛

动漫产业是以"创意"为核心，以动画、漫画为表现形式，包含动漫图书、报刊、电影、电视、音像制品、舞台剧和基于现代信息传播技术手段的动漫新品种等动漫直接产品的开发、生产、出版、播出、演出和销售，以及与动漫形象有关的服装、玩具、电子游戏等衍生产品的生产和经营的产业，被称为"新兴的朝阳产业"。然而，在我国一部动漫作品问世的审批程序非常复杂。首先是制作公司要取得影视制作许可证，有了创意要形成剧本，需要在国家广电总局备案，审核通过了才能开始制作环节，等到片子全部完成后，必须要送到省广电总局去审批，去获取发行许可证和备案号，然后才是市场推广。在实际审批过程中，很少能一次通过的，业内人士称常常要面对"中国式审批"——即三归类（把爱情当成色情，中国动画片很少有关青春恋爱的作品，因为怕小朋友们看了会早恋，这样的题材很少能获得通过；把战斗当成暴力，影片中稍微多一些打斗的场面，哪怕没有任何血腥之感，也会触碰一些特别敏感之人的神经；把神鬼妖狐当成封建迷信，浙江某动画公

司《大唐风云》一片的备案批复中就写道："同意立项，但灵魂不死、转世投胎等迷信内容需修改"）。一部动漫片，拿到国外审批只花两三个月，但是在国内要想顺利播出，常常得比国外滞后一年。

资料来源：《文化要素市场培育与文化消费升级研究》，中国工商出版社 2013 年版。

### 4. 国家层面总体规划不足

一方面，相应的引导政策法规不健全，标准与资质认证体系建设滞后。已有的创新服务机构小而散，分属各产业部门，难以形成合力；产业结构不合理，服务机构市场化程度和服务总体水平偏低，服务范围和内容较为狭窄；服务需求尚未充分释放。另一方面随着中心城市在区域范围内集聚资金、人才、技术、信息等产业要素能力的大幅提升，区域产业结构的同构化基础不断被瓦解，建立基于比较优势和产业链区别定位之上的区域分工体系越来越具有经济性和现实意义。但是，作为制度基础，分税和分灶吃饭的财税体制并没有明显的改变。受地方利益驱使，各城市互设壁垒、低效率同质化竞争严重，在生产性服务业发展中也出现了工业领域的"顽症"——低水平重复建设、过度竞争和资源浪费。

**专栏三：**

### 机场密度超美国　华东需要多少机场

2011 年，作为国际上机场密度最高的地区之一，华东地区机场数已达40 个，机场密度已超过美国，预计到 2020 年，这一区域拥有的民航机场将达到 48 个，从而形成平均每间隔 400 来公里就有一个机场覆盖的布局。而目前，华东地区已有 3 个机场停航，其中两个是因为航班量不足，其他一些机场也已陷入航班少、客源少、亏损大的困境之中。但各地方政府却忽视这一问题，对本地机场建设有着极大的投资冲动。因为一旦建成了飞机场，地方政府就容易进行招商引资活动，这样就更能带动当地经济发展。从全局来看，大量的重复建设会造成资源严重浪费，给区域经济的健康发展埋下隐患，需从国家层面对现有资源进行整合，设计布局合理的机场网络群，合理定位的机场格局，优化市场资源配置，形成机场资源的一体化。

资料来源：《中小机场建设亟待走出亏损怪圈》，《中国产经新闻报》2012 年 5 月 9 日。

5.城市化水平较低，无法形成有效集聚

生产性服务业发展的一个关键因素是要求制造业必须在空间和时间上有密集需求。只有制造业对服务产品的需求达到一定规模的时候，供给才会产生。城市化水平的提高不仅可以为生产性服务业的发展创造良好的市场条件，而且有利于形成集聚发展。与发达国家相比，我国城市化进程相对滞后，导致生产性服务业无法形成有效集聚，资源分布相对分散、业态种类较少，弱化了对生产性服务的中间需求，也使得制造业链条上的技术研发、人员培训、经营管理、会计服务、法律咨询、信息服务等关键环节得不到相关支撑服务体系的协作与配合，造成生产性服务业发展与工业结构优化升级产生一定的矛盾。

6.人力资源结构不尽合理

制造业产业的转型升级和生产性服务业的大发展是生产性服务业和制造业互动深化的必由之路，而这两个任务必须依靠大量专业人才和合理的人力资源结构来实现。但目前我国制造业人力资源结构还不能适应产业转型升级和生产性服务业大发展的需要。一方面，专业化、职业化和国际化的高端创新服务业人员极端缺乏，并缺乏培养锻炼途径和相应机构。另一方面，在岗职工中专业技术人员比重明显偏低，变化不大，技术工人尤其是高级技师和高级技工严重短缺。劳动者的技术水平是产业竞争力的重要决定因素，面对普通劳动力供过于求，有专业技能的劳动力严重短缺的供求矛盾。

# 四、生产性服务业促进制造业转型的总体思路和政策建议

## （一）总体思路

确立创新服务业在创新型国家建设中的战略地位，把大力发展生产性服务业作为实现发展方式转变、制造业转型升级的重要手段和途径。充分借鉴发达国家经验，从生产性服务业中影响制造业转型升级的关键领域和薄弱环节入手，突出重点区域、重点行业，解决事关全局的关键性问题，特别要大力发展反映国际竞争焦点、处于"微笑曲线"两端的生产性服务环节，即左端的科研设计环节，右端的品牌培育、营销管理和售后服务环节，使我国的生产性服务业对制造业转型升级的支撑力有明显增强。

一是根据经济发展阶段的要求，着力增强生产性服务业的生产力功能，积

极推进由生产辅助支持功能向导向推进功能转变。当前我国正处于生产性服务业与制造业互动的最初级阶段，主要是发挥生产性服务的辅助与支持功能。但随着制造业的转型升级，相应地要求生产性服务业要在充分发挥生产力推进器作用的基础上增强其战略导向功能，特别是高度重视本土的高端生产性服务业的培育与发展。

二是根据我国制造业转型升级的总体要求，重点发展生产性服务业中的知识技术密集型产业。西方工业国家的发展经验表明，在不断增长的生产性服务业需求中，制造业对知识技术密集型产业的需求增长最快。因此，未来要重点发展信息传输、计算机服务和软件业与科学研究、技术服务及地质勘查业等知识密集型产业。从而更好地满足以代表现代制造业发展水平的装备制造业、电子设备制造业、生物技术与医药业等中高技术产业的科技需求。

三是根据全球制造业服务化趋势，努力承接高端生产性服务业国际转移，满足制造业转型对高端服务的需求。承接高端生产性服务业国际转移的过程是一个生产性服务业不断进行技术创新、产品创新的过程，是产业升级的过程。由于在这一过程中有了新的技术和人才支持，生产性服务业可以发展得更快，可以通过提高自身创新能力和提供更为先进的知识技术密集型服务，来满足我国制造业转型的需求，促进制造业全行业升级。

四是根据不同区域制造业发展的水平，选择相应的生产性服务业的发展重点与方式。对制造业相对发达的东部地区，要加快发展对制造业转型，特别是产业结构优化升级具有重要引领作用的生产性服务业，或生产性服务业的战略性环节；加快发展对制造业增效节支、实现规模经济具有重要作用的生产性服务业，如供应链管理、工业设计、科技中介、专业市场、金融服务、物流配送、主导产业信息化或电子商务平台等。主要发展方式应该将制造企业核心竞争力的研发和与制造过程密切相关的流程管理等内部强化与非企业专长的服务外包化相结合，并与推进生产性服务业发展方式转变、与制造业在产业链和产业集群上融合起来。对制造业欠发达的中西部地区，重点是发展适应制造业产能扩张、有利于支撑其开拓市场，实现规模与范围经济、提升专业化与特色化水平的生产性服务业，如市场营销。

## （二）政策建议

### 1.完善联动发展的政策体系

通过行政和政策激励手段来降低市场的交易成本以及加速企业的专业化分

工，促使产业结构调整，使制造业企业中的生产性服务部门逐渐地脱离并转入市场，制造产业分离发展生产性服务业，逐步打造出具有规模化、专业性的生产性服务业。具体而言，要积极完善鼓励生产性服务业发展的金融政策和科技政策。在金融政策上，可以增加对中小生产服务企业的信贷支持，鼓励符合条件的企业通过多渠道筹集资金，鼓励在知识密集型的生产服务业领域开展创业投资，引导产业投资机构和信用机构优先支持生产服务业企业运用新技术、发展新业态；在科技政策上，加快推进高职教育的产学研一体化进程，鼓励建立以企业为主体的科研开发、技术创新机制，引导高职院校、科研机构与企业紧密结合。

2. 优化市场环境

根据生产性服务业发展的实际情况，借鉴国内外经验，抓紧制定一批相关的法律法规，确立其法律地位、权利与义务。加强对生产性服务业在发展方向、运作规范、监督管理等方面的指导，逐步形成衔接有序的法律法规体系，保障生产性服务业健康发展。同时，根据生产性服务业发展的实际需要，结合WTO 的相关要求，加快清理现行服务业法律、法规和政策中不适应形势发展要求的内容，取消投融资、用地、用电、用工等方面歧视生产性服务业发展的有关政策和规定，为加快生产性服务业发展扫除障碍，形成产业间公平发展、不同所有制平等竞争的良好发展环境。建立公开、透明、高效规范的市场监管体制，健全完善行业自律机制，减少和避免无序竞争造成的资源浪费。在商业环境方面要建立规范的市场准入制度，推进诚信体系建设，建设商业信用体系，加快公共信息开放、信用披露、信用评估等方面的立法，积极探索建立重点行业、重点企业的信用约束机制和失信惩戒机制。

3. 减少政策约束

加快对垄断性行业的改革步伐，合理引导民间资本和外资参与国有生产性服务企业改组改造，加快非基本服务行业的资源配置从以政府为主向以市场为主的转变。加大服务业对内和对外开放力度，利用多种渠道和手段吸引产业要素投向生产性服务部门，提高竞争程度，推动产业升级。除国家法律、法规禁止进入的领域，其他投资领域各类资本均可进入。对于有利于制造业升级、解决就业、符合条件的企业可以通过税收优惠、放宽审贷条件、项目融资、设立产业投资基金的方式，充分调动民间资本进入生产性服务业。

深入改革服务业的管制框架，放宽行业准入限制，合理引导民间资本和外资参与国有企业改组改造，增加生产性服务竞争主体供给，打破市场垄断、理顺市场机制、规范市场运行秩序，提高生产性服务业的服务效率。

### 4.推动产业融合

实现生产性服务业与制造业协调互动发展。通过知识、科技等要素的投入促进制造业的"软化"，从组装生产环节逐步向技术研发、市场运作和品牌塑造逐步升级；推动制造业和生产性服务业大范围的深入交叉、渗透和融合，提升产业规模和业务模式创新水平。促进制造业进一步深化分工，拓展产业链，引导企业特别是国有大中型企业实施主辅分离，将非核心的服务业务，如软件服务、法律、物流等外包出去，一方面通过专业化分工降低成本，提高效率；另一方面扩大生产性服务业市场，实现社会化服务与企业制造的有效链接。

### 5.深化对外开放

统筹兼顾生产性服务业的"引进来"和"走出去"。一方面，抓住当前国际服务业加速转移的契机，充分发挥我国的比较优势，大力吸引跨国公司地区总部、研发中心、设计中心、采购中心落户我国，推动我国生产性服务业技术和管理创新；另一方面，与我国的优势制造业相结合，完善生产服务体系，培育金融、物流、保险、信息服务、咨询等新业务增长点，以通过建设和塑造品牌为重点，鼓励、持有条件的企业"走出去"，设立海外营销总部、国际物流仓储分拨中心，搭建海外营销网络，打造国际品牌，提升中国制造的国际竞争力。

### 6.拓宽融资渠道

加强对生产性服务业的投融资支持。积极探索以财政投入为种子，设立产业发展基金，广泛吸纳民间资本参与的财政支持新思路；加大对生产性服务业基础设施的投入力度，改善生产性服务业投资经营环境；借鉴国际先进经验，加快建立有利于生产性服务业发展的投融资体系，支持合格的生产性服务企业利用资本市场进行直接融资，加大利用债务融资和股权融资工具的力度。

### 7.大力引进和培养创新服务人才

进一步树立职业教育必须面向市场的理念，坚持以就业为导向，有计划地增设现代服务业紧缺的专业，建立新的机制和办学模式，加强岗位职业培训。探索由政府部门、高职院校和中小企业三方合作的"实训基地"建设，建立院校与企事业单位合作进行人才培育的机制，实行"订单"式的人才教育与培养模式。成批引进海外高层次创新服务人才回国服务，聘请国外高层次创新服务人才来华讲学或在创新服务机构中任职，同时建立创新服务人员专业培训制度，组织业务骨干出国培训或到国外创新服务企业中任职。由此加快培养一大批高层次、高技能的专业人才，为生产性服务业与制造业的联动发展提供强有力的人才支撑。

（卞 靖）

## 参考文献：

马晓河：《推动服务业大发展》，《经济研究参考》2011 年第 60 期。

顾乃华、毕斗斗、任旺兵：《中国转型期生产性服务业发展与制造业竞争力关系研究——基于面板数据的实证分析》，《中国工业经济》2006 年第 9 期。

郭怀英：《大力发展生产性服务业》，《经济日报》2010 年 05 月 10 日。

杨玉英：《中国生产性服务业发展战略》，经济科学出版社 2010 年版。

高觉民、李晓慧：《生产性服务业与制造业的互动机理：理论与实证》，《中国工业经济》2011 年第 6 期。

谢显亮、潘德志：《浅谈中国制造业与服务业的关系及制造业的技术创新》，《人力资源管理》2012 年第 3 期。

杨仁发：《生产性服务业与制造业融合背景下的产业升级》，《改革》2011 年第 1 期。

孙攀：《中国生产性服务业竞争力研究：以美国生产性服务业为参照系》，《浙江树人大学学报》2014 年第 1 期。

李勇、王满仓、高煜：《生产性服务业与制造业互动发展机制》，《中大管理研究》2010 年第 5 期。

朱培培、沈蕾：《生产性服务业发展的国际经验及其启示》，《价格月刊》2011 年第 9 期。

吕政、刘勇、王钦：《中国生产性服务业发展的战略选择：基于产业互动的研究视角》，《中国工业经济》2006 年第 8 期。

高峰：《全球价值链视角下制造业与服务业的互动》，《现代管理科学》2007 年第 1 期。

但斌、贾利华：《国外生产性服务业的发展经验及对我国的启示》，《生产力研究》2008 年第 16 期。

张惠萍：《基于生产者服务业和制造业互动的产业融合探析》，《管理现代化》2008 年第 4 期。

孔婷、孙林岩、冯泰文：《生产性服务业对制造业效率调节效应的实证研究》，《科学学研究》2010 年第 3 期。

陈栋：《生产性服务业与浙江制造业互动发展的思考》，《当代经济管理》2006 年第 6 期。

童洁、张旭梅、但斌：《制造业与生产性服务业融合发展的模式与策略研究》，《软科学》2010 年第 2 期。

路红艳：《大力发展生产性服务业促进我国产业结构优化升级》，《经济前沿》2008 第 1 期。

# 第六章　劳动力供给变化对制造业
## 发展的影响研究

本章总结了 2000 年以来我国劳动力供给变化情况、原因及发展趋势，分析了这种变化对我国制造业发展带来的有利和不利影响，并结合美国、日本、韩国等国家的经验，提出我国制造业应对劳动力供给变化的对策建议。文章认为，我国已经告别劳动力无限供给阶段，进入了以劳动力供求结构性短缺和工资快速上涨为标志的刘易斯转折点。这种变化对我国制造业的影响因时、因地、因行业不同而异。从国际比较看，劳动力成本上升短期内尚未对我国制造业造成根本性影响；从行业看，不同制造业受劳动力供给变化影响差异较大；从区域看，中西部制造业仍有依靠低成本劳动力发展的空间；从中长期看，我国制造业的劳动力成本优势终将丧失。为此，要未雨绸缪，采取有效应对措施，一是最大限度挖掘农村剩余劳动力潜力，二是实施差别化和弹性制的退休年龄政策，三是全面提升劳动力整体素质，四是加快推进制造业升级，五是促进劳动密集型制造业向中西部地区转移。

随着我国人口总量增长放缓，2012 年以来新增劳动年龄人口数量呈现逐年下降趋势，但全社会对劳动力需求总量仍持续增长，导致劳动力供求发生重大变化，"人口红利"逐步丧失，这对长期依靠丰富廉价劳动力资源赢得竞争优势的我国制造业带来了重大挑战。如何应对"人口红利"丧失的不利影响，保持和提高我国制造业的国际竞争力，促进经济持续稳定增长，事关我国能否成功跨越中等收入陷阱、全面建成小康社会和实现中华民族伟大复兴的中国梦。

# 一、我国劳动力供给变化情况及发展趋势

我国是一个拥有 13 亿人口和丰富劳动力资源的大国。长期以来，在城乡二元体制分割的背景下，我国劳动力一直处于供给过剩状态。改革开放以来，大量流入的国外资本、技术和国内丰富廉价的劳动力相结合，发展以出口为主导的劳动密集型产业，造就了我国制造业的蓬勃发展和 30 多年的经济高速增长。然而，进入 21 世纪特别是 2004 年以来，随着劳动力市场需求持续扩大，我国开始告别了劳动力无限供给状态，出现了以劳动力结构性短缺和工资上涨为标志的刘易斯转折点[①]，劳动力供求关系发生了重大变化。

## （一）总人口和劳动年龄人口增长出现双放缓

近年来，随着人口自然增长率持续下降，我国进入低生育时代，人口总量增长放缓。2000—2014 年，我国人口（不包括香港、澳门和台湾地区）自然增长率从 7.58‰下降到 5.21‰，年新增人口从 957 万人下降到 710 万人，除个别年度外呈现逐年下降趋势 ( 见表 6-1 和图 6-1)。

表 6-1　2000—2014 年我国总人口及自然增长率变化情况

| 年　份 | 总人口（万人） | 比上年增长（万人） | 自然增长率（‰） |
|---|---|---|---|
| 2000 | 126743 | 957 | 7.58 |
| 2001 | 127627 | 884 | 6.95 |
| 2002 | 128453 | 826 | 6.45 |
| 2003 | 129227 | 774 | 6.01 |
| 2004 | 129988 | 761 | 5.87 |
| 2005 | 130756 | 768 | 5.89 |
| 2006 | 131448 | 692 | 5.28 |
| 2007 | 132129 | 681 | 5.17 |
| 2008 | 132802 | 673 | 5.08 |
| 2009 | 133450 | 648 | 4.87 |
| 2010 | 134091 | 641 | 4.79 |
| 2011 | 134735 | 644 | 4.79 |
| 2012 | 135404 | 669 | 4.95 |

[①] 蔡昉：《中国制造业何去何从？》，《21世纪经济报道》2012年03月21日。

续表

| 年　份 | 总人口（万人） | 比上年增长（万人） | 自然增长率（‰） |
|---|---|---|---|
| 2013 | 136072 | 668 | 4.92 |
| 2014 | 136782 | 710 | 5.21 |

资料来源：《中国统计摘要2015》。

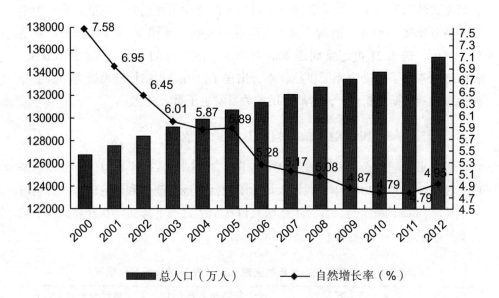

图6-1　我国人口总量及自然增长率变化趋势

资料来源：《中国统计摘要2015》。

　　在我国人口总量增长放缓的同时，人口结构也发生了明显变化，人口老龄化日趋严重，劳动年龄人口增长趋于减缓。2001—2014年，我国15—64岁劳动年龄人口从89849万人增加到100398万人，年度间同比增长率从1.06%下降到-0.16%，年新增劳动年龄人口从2001年的939万人下降到2013年的223万人，2014年甚至减少159万人。结果导致了劳动年龄人口比重在2010年达到峰值后开始持续下降。2011年末，我国15—64岁劳动年龄人口为10.03亿人，占总人口的比重为74.4%，比2010年下降了0.1个百分点，自2002年以来首次出现劳动年龄人口比重下降现象（见表6-2和图6-2、图6-3）。2014年，这个比重进一步下降到73.4%，连续第四年出现下降；与此对比，65岁以上老年人口占比超过十分之一。如果扣除60—65岁的人口，那么下降趋势更加明显。据国家统计局公布的数据显示，2014年我国15岁至59岁的劳动年龄人口数量为 91583 万人，比上年末减少 371 万人，连续第三年下降，占总人口比重为 67%，较上年占比下降 0.6 个百分点。

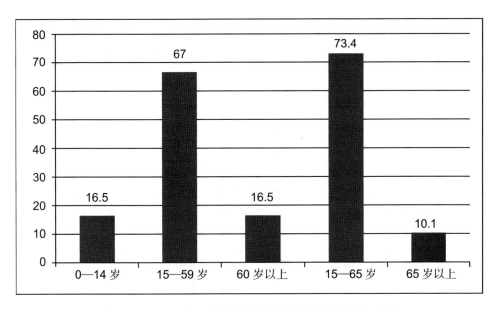

**图 6-2　2014 年末我国各年龄段人口比重（单位：%）**

资料来源：《中国统计摘要 2015》。

**表 6-2　2000—2014 年我国劳动年龄人口及占比变化情况**

| 年份 | 15—64 岁劳动年龄人口（万人） | 比上年增长（%） | 占总人口比重（%） |
|---|---|---|---|
| 2000 | 88910 | 4.41 | 70.1 |
| 2001 | 89849 | 1.06 | 70.4 |
| 2002 | 90302 | 0.50 | 70.3 |
| 2003 | 90976 | 0.75 | 70.4 |
| 2004 | 92184 | 1.33 | 70.9 |
| 2005 | 94197 | 2.18 | 72.0 |
| 2006 | 95068 | 0.92 | 72.3 |
| 2007 | 95833 | 0.80 | 72.5 |
| 2008 | 96680 | 0.88 | 72.7 |
| 2009 | 97484 | 0.83 | 73.0 |
| 2010 | 99938 | 2.52 | 74.5 |
| 2011 | 100283 | 0.35 | 74.4 |

续表

| 年份 | 15—64岁劳动年龄人口（万人） | 比上年增长（%） | 占总人口比重（%） |
|------|------|------|------|
| 2012 | 100334 | 0.05 | 74.1 |
| 2013 | 100557 | 0.22 | 73.9 |
| 2014 | 100398 | -0.16 | 73.4 |

资料来源：《中国统计摘要2015》。

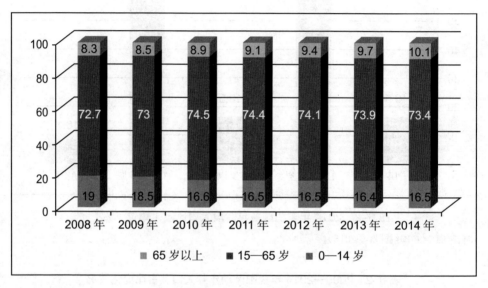

图6-3　2008—2014年我国各年龄段人口比重变化情况（单位：%）

资料来源：《中国统计摘要2015》。

## （二）可转移的农村剩余劳动力持续减少

长期以来，农村是我国人口增长和新增劳动力的主要供给源。随着农村越过了生育高峰期，农村劳动力数量出现由逐年上升到逐步下降的历史性拐点。农村人口自然增长率从20世纪60年代中期开始持续下降，劳动年龄人口增长率从20世纪80年代起也开始下降，21世纪以来下降速度明显加快。与此同时，改革开放30多年来我国工业化、城镇化的快速发展，吸引了农村大量剩余劳动力源源不断流入城镇，成为城镇二、三产业劳动力供给的主要来源。截至2014年，全国共有2.7多亿农村劳动力从农业转移到非农产业，由此导致我国二、三产业就业人数占全国就业总人数的比重则由29.5%上升到 70.6%，而农业就业人数占全国就业总人数的比重由 70.5% 下降到 29.5%，年均减少了 1.13 个百分点。二、三产业对农村劳动力 30 多年的不断吸收，使农村青壮年劳动力基本转移殆尽。据国务院发展研究中心的调查，早在 2006 年，全国农村中四分之三的村庄已无青壮年劳动力可转移。而近几年我国二、三产业仍保持较快发展态势，继续吸引大量农村劳动力转移，农村剩余劳动力数量进一步减少。

### （三）劳动力供求从过剩转为短缺

在劳动力供给增长减缓的同时，经济发展仍在创造大量就业需求，由此导致我国劳动力供求关系出现了由长期供给过剩到阶段性、结构性短缺的根本性变化。2004 年开始出现并一直延续到现在的"民工荒"便是劳动力短缺的反映。目前，"民工荒"不仅常态化，而且从珠三角等沿海地区蔓延到部分中西部地区。不过，研究表明，我国劳动力供求关系变化的分水岭是 2010 年。根据中国人力资源市场信息监测中心对全国约 100 个主要城市的统计，全国劳动力市场的求人倍率 2003 年为 0.93[1]，2010 年首次突破 1，达到 1.01，2011 年进一步提高到 1.06，标志着我国劳动力市场开始进入供不应求的状态[2]。蔡昉的研究也得到相似的结论，他把劳动年龄人口作为劳动力供给的替代指标，把进入城市的农民工和城镇居民就业人员作为劳动力需求的替代指标，测算结果表明，2002—2010 年，我国劳动力供给的年平均增长率为 1.1%，劳动力需求的年平均增长率高达 2.6%[3]，说明劳动力需求增长率远高于劳动力供给增长率。2002 和 2011 年，我国城镇新增就业人员分别为 859 万和 1227 万，而同期劳动年龄人口的增量分别为 1511 万和 345 万人，城镇新增就业需求超过劳动年龄人口供给增量。

### （四）我国劳动力供给总量在 2015 年左右达到峰值

随着自然生育率的不断下降和人口老龄化的日益加剧，我国劳动力供给下降的趋势将不可逆转。诸多迹象表明，目前我国距离劳动力供给的峰值已经越来越近。国内外学术研究机构对我国劳动力供给情况非常关注，并通过多种方法预测我国劳动力峰值及其可能出现的时间。

---

[1] 岗位空缺与求职人数的比例。
[2] 徐平华：《中国劳动力供求新变局与对策》，《理论视野》2013年第5期。
[3] 蔡昉：《劳动力供给与中国制造业的新竞争力来源》，《中国发展观察》2012年第4期。

联合国人口署预测，2010—2020 年，中国劳动力潜在增长率将由 1990—2010 年的年均 1.2% 下降至 0.2%（见图 6-4），年劳动力供给潜在增长总量仅为 600 万左右，从 2015 年开始劳动人口绝对数和占总人口比例将开始回落（见图 6-5），也就是说我国劳动力供给峰值出现在 2015 年。国家信息中心和中国社科院科学文献出版社共同出版的经济信息绿皮书《中国与世界经济发展报（2013）》预测，中国总劳动人口数量在 2013 年将达到 10 亿峰值，预示着中国劳动力供给将发生明显转折，这会对今后我国发展产生长远影响。蔡昉认为，我国总和生育率自 20 世纪 90 年代以来一直低于 2.1 的替代水平，目前仅为 1.4，甚至低于发达国家的平均水平，从而导致我国劳动年龄人口增长速度明显递减，他预计我国劳动年龄人口于 2015 年达到峰值 9.96 亿，之后将绝对减少，这将成为我国在相当一段时间内面临的新常态。比较以上预测，可以得出以下结论：在 2015 年前后，我国劳动力供给总量将达到 9.9 亿—10 亿的峰值，随后将逐步有所减少。事实上，在 21 世纪头 10 年，我国 15—64 岁劳动年龄人口年均增加 1100 万人左右，进入 2011 年以来，这个数字快速下降到只有 200 万人左右，表明我国距离劳动年龄人口供给拐点越来越近。

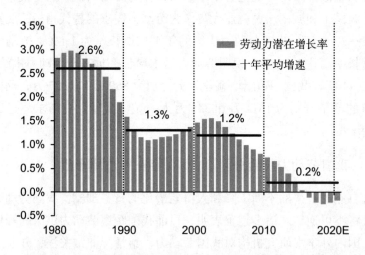

**图 6-4　我国劳动力供给潜在增长率（引自联合国人口署）**

资料来源：联合国人口署。

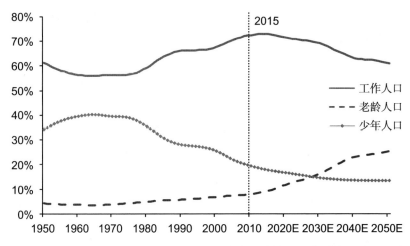

图 6-5　我国各年龄阶段人口所占比例的变化趋势（引自联合国人口署）

资料来源：联合国人口署。

## 二、劳动力供给变化对我国制造业发展的影响

改革开放以来，我国利用丰富而又廉价的劳动力资源优势，大力发展以出口导向为主的劳动密集型制造业，推动了我国经济 30 多年快速增长。但是，随着近年来劳动力供求发生变化，劳动力工资水平快速上升，对我国制造业特别是劳动密集型产业发展产生了重要影响。短期内虽然这种影响尚不足以给我国制造业发展带来根本性冲击，但从中长期看，我国制造业的劳动力成本优势终将丧失。

### （一）从国际比较看，劳动力成本上升短期内尚未对我国制造业造成根本性影响

1. 我国制造业劳动力成本增幅明显快于发达国家，但绝对成本仍远低于发达国家。2000 年—2010 年，我国以美元计价的制造业劳动者小时工资年均增速为 16.2%，而同期德国为 5.6%、法国为 6.6%、澳大利亚为 9.4%、英国为 3.6%、美国为 3.3%、日本为 2.3%。2010 年，我国制造业劳动者小时工资为三美元左右，分别相当于德国的 6.8%、法国的 7.4%、澳大利亚的 7.4%、英国的 10.2%、加拿大的 8.4%、美国的 8.6% 以及日本的 9.4%[1]，说明我国制造业劳动

---

[1] 根据联合国劳工组织数据库计算。

力成本与发达国家相比仍有较大差距，我国劳动密集型制造业仍具有比较明显的劳动力成本优势。

2. 我国制造业劳动力成本高于东南亚、南亚等周边国家，但综合配套条件也好于这些国家。2010 年，泰国、菲律宾、印度、印度尼西亚和缅甸制造业劳动者小时工资分别为 2.3 美元、1.9 美元、0.8 美元、1.7 美元和 0.4 美元，均远低于我国三美元左右的水平，说明与亚洲发展中国家相比，我国劳动力成本已不再具有优势。但是，制造业发展并不仅仅取决于劳动力成本，还需要相应的配套条件。与亚洲发展中国家相比，我国拥有比较完善的加工贸易产业链和配套条件较好的产业集群，劳动者的素质和职业精神也明显高于周边发展中国家，地方政府特别是东部发达地区的办事效率和服务意识相对较高。由此推断，尽管我国劳动力成本高于亚洲周边发展中国家，但短期内并不足以给我国制造业比较优势带来大的冲击。实际上，我们也看到，在我国加工贸易最集中的珠三角，尽管很多企业都抱怨劳动力成本上升带来的压力，但并没有出现大批企业把工厂迁移到东南亚国家的现象。

表 6-3　各国制造业每小时工资成本比较（美元）

| | 2000 | 2005 | 2007 | 2008 | 2009 | 2010 | 年均增长率 |
|---|---|---|---|---|---|---|---|
| 日　本 | 25.3 | 25.6 | 24 | 27.8 | 30.4 | 32 | 2.38% |
| 韩　国 | 9.8 | 15.1 | 19.6 | 16.5 | 14.5 | 16.6 | 5.41% |
| 菲律宾 | 1 | 1.2 | 1.6 | 1.8 | 1.7 | 1.9 | 6.63% |
| 新加坡 | 11.7 | 13.3 | 15.7 | 18.9 | 17.5 | 19.1 | 5.02% |
| 加拿大 | 18.6 | 26.7 | 31.8 | 32.5 | 30.5 | 35.7 | 6.74% |
| 墨西哥 | 4.7 | 5.6 | 6.2 | 6.5 | 5.7 | 6.2 | 2.81% |
| 美　国 | 25 | 30.1 | 32.1 | 32.8 | 34.1 | 34.7 | 3.33% |
| 阿根廷 | 8.1 | 5.5 | 8 | 10 | 10.1 | 12.7 | 4.60% |
| 巴　西 | 4.4 | 5 | 7.1 | 8.4 | 8.1 | 10.1 | 8.66% |
| 捷　克 | 3.4 | 7.3 | 9.8 | 12.2 | 11.4 | 11.5 | 12.96% |
| 法　国 | 21.4 | 33.3 | 39.1 | 43.3 | 41.9 | 40.6 | 6.61% |
| 德　国 | 25.4 | 38 | 43.5 | 47.5 | 45.9 | 43.8 | 5.60% |
| 意大利 | 16.6 | 27.6 | 31.7 | 34.9 | 34.2 | 33.4 | 7.24% |
| 波　兰 | 3.4 | 5.5 | 7.4 | 9.4 | 7.5 | 8 | 8.93% |

续表

| | 2000 | 2005 | 2007 | 2008 | 2009 | 2010 | 年均增长率 |
|---|---|---|---|---|---|---|---|
| 西班牙 | 12.4 | 20.7 | 24.7 | 27.7 | 27.8 | 26.6 | 7.93% |
| 英　国 | 20.7 | 29.7 | 35.3 | 34.2 | 29.5 | 29.4 | 3.57% |
| 澳大利亚 | 16.6 | 28.8 | 34.1 | 36.9 | 34.3 | 40.6 | 9.36% |
| 新西兰 | 9.3 | 16.6 | 19.1 | 19.4 | 17.7 | 20.6 | 8.28% |

资料来源：国际劳动组织数据库、《国际统计年鉴2012》、《中国劳动统计年鉴2010》。

3. 我国制造业单位产值劳动成本不仅明显低于发达国家，也低于部分发展中国家。单位产值劳动成本是反映制造业综合竞争力的核心指标。即使劳动力成本快速上涨，但如果劳动生产率保持同步或更快增长，那么制造业的竞争力也不会受到影响。根据《中国统计年鉴2012》、《中国劳动统计年鉴2011》和万德（Wind）数据库，我们分别计算了2006—2010年我国制造业的平均小时工资水平与小时劳动生产率。结果表明，2006—2010年，我国制造业的平均工资水平从每小时7.27元提高到每小时12.79元，累计提高75.9%，年均提高15.1%；同期，制造业单位小时劳动生产率从88.72元提高到149.24元，累计提高了68.2%，年均提高13.9%。两者相比表明，虽然劳动力平均工资水平出现大幅度提高，但劳动生产率也几乎保持同步增长，意味着工资上涨并没有对工业企业的盈利能力产生负面影响（见图6-6）。

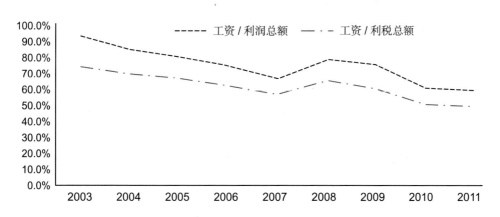

图6-6　我国工业企业工资总额与利润总额及利税总额的关系

资料来源：《中国统计年鉴2012》。

## （二）从行业比较看，不同制造业受劳动力供给变化影响差异较大

评价不同制造业受劳动力供给变化的影响程度，通常采用两个指标：一是劳动力成本在总成本中所占比重，一般而言，劳动力成本占比越高，企业受到的影响越大；二是工资上涨幅度，一般而言，行业工资上涨幅度越大，企业受到劳动力成本上升的影响也越大。因 30 个制造业劳动力成本占总成本的比重数据难以获得，这里仅比较这些行业劳动力成本上涨的情况。根据《中国统计年鉴 2012》和《中国劳动统计年鉴 2011》，我们计算了 2006 年至 2011 年制造业不同行业工资上涨的情况，并与制造业平均水平相比较，可以将制造业大致分为以下三大类。

第一类劳动力成本年均增长大于 16%，明显高于制造业平均值（15%）的行业。这类制造业共有八个，分别是：造纸及纸制品业，纺织业，农副食品制造业，饮料制造业，食品制造业，专用设备制造业，非金属矿物制品业，木材加工及木、竹、藤、棕、草制造业。

第二类是劳动力成本年均增长介于 14%—16%，接近制造业平均值的行业。这类制造业共有 14 个，分别是：电器机械及器材制造业，橡胶制造业，交通运输设备制造业，通用设备制造业，烟草制造业，纺织服装鞋帽制造业，医药制造业，化纤制造业，印刷业和记录媒介的复制，工艺品及其他制造业，塑料制品业，化工原料及化学制品制造业，家具制造业，金属制品业。

第三类是劳动力成本年均增长小于 14%，明显低于制造业平均值的行业。这类制造业共有七个，分别是：黑色金属冶炼及压延加工业，通信设备、计算机及其他电子设备制造业，有色金属冶炼及加工业，文教体育用品制造业，仪器仪表及文化、办公用品机械制造业，石油加工、炼焦及核燃料加工业，皮革、毛皮、羽毛（绒）及其制造业。

很显然，劳动力供给变化导致成本上升对第一类企业的影响最大，这一类企业主要是传统劳动密集型企业；对第二类企业影响次之，对第三类企业影响最小，这类企业主要是资源和资本密集型企业。

表 6-4 2006—2011 年我国制造业分行业平均工资变化情况

| 行　业 | 平均工资（元） | | 年均增长 |
|---|---|---|---|
| | 2006 年 | 2011 年 | |
| 制造业 | 18225 | 36665 | 15% |
| 黑色金属冶炼及压延加工业 | 12955 | 27901 | 10.4% |
| 通信设备、计算机及其他电子设备制造业 | 15292 | 34483 | 11.2% |
| 有色金属冶炼及加工业 | 15382 | 34105 | 12.1% |
| 文教体育用品制造业 | 46089 | 92919 | 12.9% |
| 仪器仪表及文化、办公用品机械制造业 | 12035 | 26973 | 12.9% |
| 石油加工、炼焦及核燃料加工业 | 14349 | 29026 | 13.2% |
| 皮革、毛皮、羽毛（绒）及其制造业 | 14415 | 27487 | 13.8% |
| 电器机械及器材制造业 | 11290 | 25618 | 14.4% |
| 橡胶制造业 | 14684 | 30700 | 14.7% |
| 交通运输设备制造业 | 14599 | 31376 | 14.7% |
| 通用设备制造业 | 16820 | 34095 | 15% |
| 烟草制造业 | 15015 | 27598 | 15.1% |
| 纺织服装、鞋、帽制造业 | 28335 | 52641 | 15.1% |
| 医药制造业 | 18475 | 38113 | 15.1% |
| 化纤制造业 | 19104 | 38612 | 15.1% |
| 印刷业和记录媒介的复制 | 16964 | 34267 | 15.2% |
| 工艺品及其他制造业 | 16251 | 32289 | 15.2% |
| 塑料制品业 | 15455 | 31668 | 15.4% |
| 化工原料及化学制品制造业 | 13403 | 30259 | 15.6% |
| 家具制造业 | 26999 | 44238 | 15.9% |
| 金属制品业 | 20543 | 36444 | 15.9% |
| 废弃资源和废旧材料回收加工业 | 16287 | 34016 | 16% |
| 造纸及纸制品业 | 19332 | 38809 | 16.5% |
| 农副食品制造业 | 19103 | 41416 | 16.6% |
| 专用设备制造业 | 22990 | 45635 | 16.7% |
| 饮料制造业 | 18533 | 36383 | 17.3% |

| 行　业 | 平均工资（元） | | 年均增长 |
|---|---|---|---|
| | 2006 年 | 2011 年 | |
| 纺织业 | 24119 | 41009 | 17.5% |
| 食品制造业 | 21933 | 40185 | 17.7% |
| 非金属矿物制品业 | 14392 | 29240 | 17.7% |
| 木材加工及木、竹、藤、棕、草制造业 | 15841 | 33252 | 17.8% |

资料来源：《中国劳动统计年鉴2012》。

### （三）从区域比较看，中西部制造业仍有依靠低成本劳动力发展的空间

中西部地区由于发展阶段上的差异，生育率下降慢于东西部地区，劳动力供给仍处于相对充足状态。根据第六次人口普查数据，2010 年全国人口自然增长率为 5.05‰，东部地区平均为 4.68‰，中部地区平均为 4.73‰，西部地区为 6.78‰。按照户籍人口计算，中西部地区的人口抚养比低于东部地区，这意味着中西部地区仍有人口红利可以挖掘。

第一，中西部地区是我国未来劳动力供给潜力所在。2012 年，全国有 1.63 亿离开本乡镇六个月及以上的农民工，其中中西部地区占 68.2%。农民工中跨省流动的比例，中部地区为 69.1%，西部地区为 56.9%，其中大量的是流向东部地区。由于户籍制度限制，跨地区流动的农民工达到 40—50 岁以上年龄以后，通常选择返乡务农。这些返乡的劳动力及中西部地区新增劳动年龄人口，是我国未来劳动力供给的最大潜力。

第二，中西部地区劳动力成本在今后一个时期内仍保持低于东部地区。因中西部地区土地等资源要素价格和生活费用较低，劳动者愿意接受的工资水平低于东部地区。同时，在中西部地区中，那些留在本地年龄偏大的农业剩余劳动力，一旦在家乡找到非农就业机会，也会乐于接受明显低于东部地区的工资水平。

第三，劳动力密集型制造业向中西部地区转移进程加快。近年来，随着西部大开发、中部崛起、东北等老工业基地振兴等战略的实施，中西部地区的交通运输等基础设施条件得到显著改善。同时，随着扩大内需政策的实施和消费需求在经济增长中拉动作用的增大，制造业长距离运输的必要性和成本也会降

低，制约中西部地区制造业发展的瓶颈因素基本消除，为中西部地区制造业加快发展创造了物质基础。近年来，富士康、戴尔、惠普等大型跨国公司陆续将一部分生产能力转移到了中西部地区，便是有力的佐证。

### (四) 从中长期看，我国制造业的劳动力成本优势终将丧失

虽然目前我国劳动力工资上涨对制造业竞争力没有产生重大影响，然而，值得注意的是，2008 年之后我国的制造业劳动生产率增长速度明显放缓，而工资水平仍继续保持快速增长，2008 至 2010 年的三年时间里，我国制造业的劳动生产率仅提高 13.7%，而人均工资则上涨了 24%，说明制造业劳动生产率增长速度明显低于工资上涨速度，如果这种势头继续保持下去，对制造业特别是劳动密集型制造业的影响是不言而喻的。现实中，我们也看到，近年来，东南沿海一些劳动密集型企业，因承受不了劳动力短缺所带来的工资成本上涨，开始向东南亚国家转移。

从发展趋势看，劳动力供给减少对我国制造业的影响将越来越大。劳动力从无限供给到有限剩余，再到供给短缺，意味着以资本和劳动投入驱动经济增长的传统模式，将不足以维持中国制造业在国际上的竞争力。在劳动力从无限供给条件下，劳动力供给充足可以打破资本报酬递减规律[①]，使我国制造业能够通过资本和劳动的高投入来维持较高的增长率。随着劳动力供给出现短缺，资本投入过度会遇到报酬递减现象。根据蔡昉的研究，在 20 世纪 90 年代之前，资本劳动比长期没有实质性提高，但资本边际报酬却保持较高水平，表现出劳动力供给充足所产生的抑制资本报酬递减的作用。但是，1993 年以后，资本劳动比的上升与资本边际报酬率的下降同时发生了。可见，单纯依靠物质资本投入，我国不能继续保持制造业的竞争优势。

劳动力供给变化的另一个中长期影响，是通过劳动力成本上升倒逼产业结构升级。劳动力成本上升，使得我国制造业依靠低成本劳动力形成竞争优势的模式越来越难以为继，企业必须改变要素组合，使用价格相对较低的其他要素，特别是使用机器设备替代劳动力，并进行相应的管理创新，才能维持企业的竞争力，从而有利于提高企业技术和管理水平。另外，在劳动力有限供给的背景下，各地区尤其是东部的劳动力资源越来越难以支撑传统制造

---

① 资本报酬递减规律认为，在其他要素不变的情况下，随着资本投入增加，资本所获得的报酬是递减的。

业的发展，各地区必将更加积极地发展先进制造业和现代服务业，依靠产业结构的高度化来缓解劳动力供给不足压力，有利于推动我国制造业结构从劳动密集型占主导向劳动密集型和资本技术密集型并存转变，从低中端水平向中高端水平迈进。

## 三、部分国家制造业应对劳动力供给变化的经验及启示

美国、日本、韩国及部分东南亚国家和地区，在20世纪70—80年代也出现劳动力从无限供给到短缺的问题。分析这些国家应对劳动力短缺所采取的政策措施及实施效果，对处理好劳动力供给变化对我国制造业发展的影响具有重要借鉴意义。

### （一）美国

美国是世界上最发达的制造业强国。然而，20世纪90年代以来，受劳动力工资成本上升的影响，美国制造业纷纷向国外迁移或者开展离岸外包，制造业发展不断萎缩，占全球制造业总产值的比重显著下降。2010年，美国占全球制造业比重由高峰期的接近30%下降到19.4%，首次被中国超过（19.8%）。尽管如此，制造业仍然是美国的支柱产业，目前占美国GDP的比重为11%，若加入设备维护、交通运输、科技服务等与制造业直接相关的经济活动，占比上升到15%。如果再算上工厂附近的零售、系统开发和法律服务等间接经济活动，制造业占GDP的比重更是高达25%。2008年金融危机的爆发，使美国重新认识到制造业的重要性。为了重振美国制造业，美国重点在引进人才、加强教育、降低劳动力比重等方面采取措施，并取得了积极效果（专栏一）。

一是大力吸引全球优秀的高端制造业技术工人。美国非常缺乏合格的制造业工人，主要原因是传统制造业对学生缺乏吸引力。为了弥补高科技行业技术工人的短缺，美国政府放宽了移民政策，以便吸引科学、技术、工程等专业的留学生毕业后留在美国工作。

二是加强与墨西哥的合作。对很多美国企业来说，墨西哥的人工成本低且距离美国近，是美国制造业向他国转移和开展离岸外包的首选国之一。美国很多制造商有效利用了墨西哥低成本的劳动力和与美国联系方便的优势，将设计相对稳定、要求较低、劳动强度高的产品或零部件生产迁往墨西哥，在当地建

立生产基地，而把高技能工作和先进技术留在美国，实现了以较低的生产制造成本供应高质量产品的目标。

三是改善教育。教育是未来制造业的关键所在。为确保美国制造业的全球竞争力，美国不断改善各级教育，提供与制造业生产相联系的教学指导，为大学学生提供更完善和实操性的技术课程。

四是降低劳动成本在制造业中的份额。在现代经济中，工厂新建和扩建选址决策受到多种因素影响，如高技能的员工、现代化的基础设施、世界一流的研发创新能力以及领先的制造技术及生产系统等。因此，美国注重在人才、市场进入难度、创新、监管环境、知识产权保护、进入和退出壁垒以及运营规模等方面，为企业在美国建立新的制造基地减少障碍和成本，尽量降低劳动力成本在制造业总成本中的份额。

**专栏一：**

### 被低估的"美国制造"

制造业对经济繁荣至关重要的原因包括：规模经济、对创新的影响，以及给其他经济领域带来的乘数效应。美国制造业占 GDP 的比重为 11%，总产值达 1.47 万亿美元，已超出西班牙的国内生产总值。若加入设备维护、交通运输、科技服务和建筑等与制造业直接相关的经济活动，那么制造业占 GDP 的比重将上升至 15%。也就是说，美国私营企业就业岗位中的七分之一（13.5%）都与制造业直接相关。如果再算上工厂附近的零售、系统开发和法律服务等间接经济活动，那么制造业占 GDP 的比重将高达 25%。回顾历史，制造业产品比其他产品更适合贸易。因此，强大的制造业基础是美国减少贸易逆差的关键。美国 2010 年的贸易逆差达到 4970 亿美元，严重拖累 GDP 的增长。若不采取措施重振制造业，美国经济可能蒸发掉 50% 的增加值。如此一来，美国贸易逆差将突破一万亿美元，这对任何一个寻求经济增长的国家都非常危险。也许很少有人了解制造业与设计、产品开发、质量控制和工厂流程之间的紧密联系。根据美国国家科学基金会数据，在 2008 年私营企业的总研发投入中，制造企业占到了67%。从 2006 至 2008 年，22% 的美国制造企业推出了新产品或有显著改进的产品、服务及流程。相比之下，非制造业企业的研发只占 8%。创新能够提高生产效率，促进资本流动，提高原材料和能源的利用效率，以及改进生产力的其他环节。因此，制造业生产力的提高能推动经济增长并提高生活水平。在 1987 至 2008 年，美国制造业生产力的增速比总体经济高出 65%。

引自：《美国制造真相：竞争力高于多数人预期》，"中国企业家网" 2013 年 02 月 25 日。

## （二）日本

第二次世界大战以后至 1990 年的 20 多年间，日本人口快速增长，劳动年龄人口总量和比例呈现持续扩大态势，为日本经济快速发展储备了丰富的劳动力。根据日本国立社会保障与人口问题研究所的统计资料，1980 年，日本 15—64 岁劳动年龄人口有 7883.5 万人，占总人口的比例为 67.35%。到 1990 年，日本劳动年龄人口增长到 8590 万人，占总人口的比例提高到 69.47%，占比达到峰值，同时也迎来了劳动力供不应求的"刘易斯拐点"。到 2000 年，劳动年龄人口增加到 8622 万人，占总人口的比例为 67.93%，劳动年龄人口绝对量达到峰值。

表 6-5　日本经济高增长期劳动力变化情况

| 年　份 | | 1980 | 1990 | 2000 | 2005 |
|---|---|---|---|---|---|
| 0—14 岁 | 人数（千人） | 27507 | 22486 | 188472 | 17521 |
| | 占比（%） | 23.5 | 18.18 | 14.55 | 13.71 |
| 15—64 岁 | 人数（千人） | 78835 | 85904 | 86220 | 84092 |
| | 占比（%） | 67.35 | 69.47 | 67.93 | 65.82 |
| 65 岁以上 | 人数（千人） | 10647 | 14895 | 22005 | 25672 |
| | 占比（%） | 9.15 | 12.35 | 17.52 | 20.47 |

资料来源：日本国立社会保障与人口问题研究所《人口统计资料集 2010 年》。

然而，进入 21 世纪以来，随着日本越过了第二次世界大战后生育高峰期，总人口在 2005 年出现了负增长的现象，劳动年龄人口数量也开始下降，2005 年 15—64 岁劳动年龄人口比 2000 年减少 200 多万人，占总人口的比例进一步下降到 65.8%。劳动力供给不足导致日本经济陷入缓慢增长，造成了"失去 20 年"。为缓解劳动力供给不足状况，保持制造业持续较快发展，日本重点采取以下应对措施。

一是返聘退休老人。由于年轻工人数量不断减少，日本公司不得不在就业市场招聘那些已经退休的"银发工人"。这些"银发工人"大都是熟练工人，拥有较高水平的业务技能和工作经验。为此，日本出现了不少专门为老年人服务的职业介绍所。

**专栏二：**

## 老人就业方兴未艾

日本人口正在以前所未有的速度加速老龄化。目前，日本1.27亿人口中，65岁以上的人口占20%，这一比例在世界各国中高居榜首，而且据预测，2055年日本65岁以上的人口将占总人口的40%。

由于年轻工人数量不断减少，日本公司不得不要求60岁以上的熟练技工延迟退休，或在就业市场招聘那些已经退休的"银发工人"。

近年来，日本也兴起不少专门为老年人服务的职业介绍所。平野木尾创办的Mystar60公司就是其中之一。

现年63岁的平野说："日本最好的工程师和技术工人即将退休，不少公司已经意识到要保持高水平的技能和技术，唯一的办法就是返聘那些退休老人。"

虾原广在东京以北的茨木工作，在一家冰箱压缩机厂上班。这名63岁的老工人说："只要工厂允许，我还想继续在这里干。年轻工人经常向我请教如何看图纸或其他他们不懂的事情。"

33岁的佐佐木安广是这家工厂的一名监工。他说，老职工的干劲、技能和经验都比年轻人强，离了他们不行。

不仅制造业为老人提供发挥余热的用武之地，金融机构为满足日益增多的散户投资者需要，也急需招聘一些业务熟练的老人。

在日光热诚证券公司的电话服务中心，为投资者提供股票咨询的职员中大约70%是60岁以上、具有金融专业知识和经验的老人。

二是引进外籍劳动力。为解决本国劳动力短缺的问题，保持日本制造业的竞争力，日本从菲律宾、越南等东南亚国家引进了大量劳动力。

三是鼓励使用机器人。日本为了缓解劳动力供给不足和劳动力报酬过高对制造业的影响，投入大量资金研发和生产工业机器人。这也是为什么日本工业机器人产业发展相对好于其他国家的原因之一。

四是推动制造业转型升级。除了从供给端着力扩大劳动力供给外，日本也从需求端推进制造业结构升级，以适应劳动力供求变化的新情况。20世纪50年代，日本实施产业合理化政策，对造船、电力、合成纤维等产业进行资金支持，实现产业结构的重心由轻工业向重化工业转变。到了20世纪60—70年代，日本又确定汽车、家用电器、运输设备、精密机械与电气机械作为重点发展产业，推进产业结构向高加工度化转变。进入20世纪80年代，日本吸取了全球石油危机的教训，减少了对高能耗、高污染产业的支持，转而发展计算机、机器人、数控机床、微电子、新材料、新能源等技术密集和高附加值产业[①]，使日本制造业结构由原来的劳动密集型为主，向技术和资本密集型为主转变。

### （三）韩国

从20世纪60年代起，韩国制造业得到快速发展，为经济的高速增长奠定了坚实基础。但是，到了20世纪80年代，韩国劳动力出现了供不应求现象，给该国制造业发展带来了重大影响，不少中小加工企业由于劳动力短缺濒临关闭。为此，从20世纪80年代末起，韩国便开始采取措施积极应对劳动力短缺问题，并取得了显著成效。主要措施包括：

一是鼓励退休人员和家庭妇女参与社会经济活动。为解决劳动力供给不足问题，韩国政府大力倡导和鼓励退休人员和家庭妇女参与到社会经济活动中去，但是，由于劳动力短缺问题主要集中于工资低、工作环境较差的体力劳动部门，退休人员和妇女参与的积极性不高，因此，这个政策的效果并不理想。

二是支持中小企业吸引和培训人才。在20世纪80年代，韩国人不愿到中小企业工作的主要原因是工资待遇低、工作环境差。提高工资与福利待遇是吸引人们在中小企业就业的重要前提，为改善中小企业工作环境、留住专业人才，韩国政府积极推动企业改进人力资源政策。2003年，韩国出台了《中小企业人才支持特别法》，鼓励企业和大学联合培养人才。政府提供约844亿韩元的资助金，开展联合培养资助项目，主要用于中小企业为改善作业环境而进行的设备投资，以缩短从业人员作业时间和提高生产效率，以及提高中小企业从业人员的公共福利，如在中小企业聚集区设立公共福利设施、为远距离通勤人

---

① 林岗、王一鸣、黄泰岩、马晓河等：《迈过"中等收入陷阱"的中国战略》，经济学科出版社2011年版，第30页。

员提供集体宿舍、设立婴幼儿教育机构等等[①]。

三是积极引进国外产业技术研修生。韩国政府于1991年发布了《外国人产业技术研修签证发放等相关业务处理指南》，决定引进外国产业技术研修生。该指南以企业的劳动力需求为核心对研修生引进规模、研修期限以及工资水平做了明确规定。产业技术研修制度的实施从总体上缓解了劳动力不足的问题，保证了韩国制造业发展所必需的劳务人员。随着韩国生产加工、建筑业等部门对外国劳动力的依赖性逐渐增强，韩国取消了饱受争议的产业技术研修生制度并实施了雇佣许可制度，在外来劳动力引进程序、外劳权益保障等方面进行较大的改善。雇佣许可制度实施取得了显著效果，外来劳动力对本地劳动力产生了较强的补缺效应，有效缓解了中小企业劳动力严重短缺问题。资料表明，雇佣许可制度实施以来，外来劳动力大部分就职于韩国中小企业，尤其是在从业人员11—50人的小企业。

四是推动产业升级。在劳动力供给不足的背景下，韩国企业为减少雇佣劳动力，积极推进产业升级。韩国政府为企业转型升级提供了大量的资金支持，特别是对产业升级所需的技术创新人才的资助。许多企业努力提高自主研发能力，推动技术创新。20世纪60年代，韩国重点发展以出口为导向的劳动密集型产业。从20世纪70年代起，韩国将产业发展的重心转向造船、钢铁、汽车、有色金属、石化等资金密集型重化工业。20世纪末重点推动计算机、半导体、精细化工和生物技术等技术密集产业发展，并成功实现了本国产业转型升级。

## （四）对我国的启示

我国目前出现的劳动力供给变化，与日本、韩国20世纪70—80年代出现的情况基本相似。比较日、韩两国的做法，有几点值得我们借鉴。

一是加快推进产业升级。目前中国出现的劳动力短缺现象主要出现在加工贸易占比大、劳动密集型产业集中的东南沿海地区，很多企业技术含量和出口附加值不高，多数企业仍然依靠劳动力赚取利润。随着劳动力市场由无限供给逐步接近平衡，这些企业对包括农民工在内的劳动力吸引力越来越低。因此，必须尽快实现企业升级，摆脱依靠廉价劳动力赢得竞争的传统优势。

二是加大创新型人才和技术型人才培养力度。一方面，企业进行技术创

---

① 金永花：《中国社会科学院亚太与全球战略研究院》，《人口与发展》2012年第3期。

新、转型升级需要创新型人才作保障。韩国政府实施的中小企业转型人才支持战略，对中国有重要的借鉴意义。我们要引导中小企业应更加注重人才的引进，积极与大学或研究机构建立长期的伙伴关系，建立中小企业人才培养计划，为人才创造更好的工作和生活环境。另一方，产业转型升级需要大量技术型人才做支撑。韩国为应对劳动力市场上技工人才的短缺，强调要营造重能力、轻学历的社会氛围，呼吁社会公平对待低学历人群，并规定在公务员招考中高中毕业或特殊教育人群必须占有一定比例。长期以来，我国高度重视高等教育，但对职业技术教育重视和发展不够，导致全社会技工人才短缺，进而对我国产业结构调整和转型升级构成了制约。要改变一味追求高学历的思想观念，更加重视职业技能教育，做好学生毕业后的承接及技能培训工作，努力缓解我国长期存在的技工短缺问题。

三是适当引进外来劳动力。韩国引进外国廉价劳动力填补了部分行业的低技能劳动空缺，对中国也有一定的借鉴意义。中国目前还处于需要大量廉价劳动力的阶段，而劳动力工资的上涨，使部分地区对廉价劳动力的需求无法得到满足。因此，有必要在劳动力紧缺的部分地区引进周边国家的廉价劳动力，满足国内用工需求。借鉴韩国的经验，我国可以采取产业技术研修生与雇佣许可制度相结合的办法，既引进低成本的雇佣劳动力，也引进具有一定技能的产业研修制生。

## 四、我国制造业应对劳动力供给变化的对策建议

实体经济是经济可持续发展的根本，制造业是实体经济的主体，强国必先强制造业。从历史来看，一个强国的崛起，必然有强大的制造业做支撑。金融危机给我们留下的一个深刻启示，就是发达而强大的制造业是抵御危机最好的堤坝。因此，必须紧紧抓住制造业不放松，努力做大做强我国制造业。

从长期看，因人口自然增长率下降、劳动参与率降低而导致劳动力供给减少的趋势不可逆转，我国劳动力成本将持续上升，这既是我国劳动力供求关系变化的必然结果，也是全球经济发展的普遍规律。劳动力供给变化对以劳动密集型为主导的我国制造业来说，其影响和挑战是不言而喻的。要从供给和需求两个方面双管齐下，着力推动劳动力供给变化与制造业转型升级相互促进和协调发展。在供给面，要通过提高劳动力素质、消除城乡劳动力流动障碍、减少劳动力闲置和浪费等措施，促进劳动力资源充分利用和有效配置，尽可能延长

"人口数量红利"，深度挖掘"人口质量红利"。在需求面，要加快调整制造业结构、推进产业转型升级，使制造业发展从依赖劳动力成本优势转向依靠科技进步、劳动者素质提高和管理创新驱动。

## （一）最大限度挖掘农村剩余劳动力潜力

一方面，我国中西部地区的人口抚养比低于东部地区，由于本地不能提供充足的就业机会，加上受到户籍制度的制约，很多外出务工的青壮年到了40—50岁以后就会返乡，因此，劳动力供给仍处于相对过剩状态。如果不及时对户籍制度进行改革，中西部地区丰富的劳动力不能合理流动并得到充分利用，既造成劳动力资源浪费，也可能使我国错过人口红利机遇期。为此，要加快推进以户籍为核心的城乡二元制度改革，逐步取消那些不利于劳动力自由流动的制度障碍，确保农村剩余劳动力自由转移、农村人口自由迁徙。

另一方面，我们目前农业劳动力总数为4.7亿人，农业劳动力占全社会劳动力总数的29.5%。在发达国家，农业劳动力仅占全社会劳动力总数的5%以内，有的国家甚至低于2%。当然，这与农业规模化经营和现代农业发展程度紧密相关。然而，这说明我们农业劳动力转移仍有巨大的挖掘空间。为此，一要加快发展现代农业，推广使用先进技术和装备，努力提高农业机械化水平，减少对农业劳动力的需求，把更多的农民从土地中转移出来。二要积极创造条件促进农民承包地流转，扩大农户生产经营规模，减少直接从事农业生产的农民数量。通过以上两种方式为城市二、三产业发展提供更多的劳动力供给，最大限度地延长我国"人口红利"期。

## （二）实施差别化和弹性制的退休年龄政策

从长期趋势看，随着人口总量增长缓慢和农村剩余劳动力越来越少，延长退休年龄是增加我国劳动力供给的主要途径。从发达国家经验看，也是如此。目前，大约半数以上 OECD 国家已经或计划提高法定退休年龄，如 2011 年 OECD 国家男性平均退休年龄为 62.9 岁，女性为 61.8 岁。随着社会经济的发展和生活水平的提高，我国人均预期寿命不断延长，许多职工退休后身体还很健康，仍然具有很强劳动能力。这部分资源没得到充分利用，将造成我国劳动力资源供给不足和浪费并存的格局。为此，要探索实施差别化和弹性制的退休年龄政策，根据不同行业对劳动年龄的要求情况，在某些行业试点弹性退休年龄（比如 60—65 岁）政策，赋予劳动者自由选择权。这样一方面可以充分利用劳动力资源，相对增加了劳动年龄人口，延长了"人口红利"期，另一方面增加了缴纳养老保险费年数，既减轻了劳动年龄人口的赡养负担又增加了养老保险基金。

### （三）全面提升劳动力整体素质

要降低新增劳动力供给减少对我国制造业的影响，除了在数量上进一步挖掘劳动力供给潜力、用好存量资源外，还要通过提升劳动力素质来提高制造业的劳动生产率。充足而低成本的劳动力作为制造业的竞争优势在一定时期会消失，高素质技能型人力资本才是保持制造业竞争优势的持久源泉。加强和改善人力资本积累，必须提高全民教育素质。一是通过重新配置教育资源，扩展教育领域和受教育时间，建立终身学习型社会，把有限的资源加以更有效率的使用。二是大力发展职业技术教育，特别要加强农村中等职业教育，把中等职业技术教育的发展重点放到农村；高等职业教育要扩大招收农村高中毕业生，确保他们在就业之前获得必要的职业技术训练，能够适应未来企业的工作和城市的生活。三是在全国主要劳动力输出和输入地区，依托现有培训资源提升改造农民工培训示范基地，提高农民工素质和劳动生产率。

### （四）加快推进制造业转型升级

随着劳动力成本上升，我国以劳动密集型为主的低端制造业逐步向具有更低劳动成本的越南、印度等国家迁移，我国制造业的发展将会受到影响。改变以往依靠低成本劳动力的发展模式，探索依靠科技进步、劳动者素质提高、管理创新驱动的新模式，是我国制造业应对劳动力供给不足的唯一出路。为此，一要着力推动制造业转型升级，大力发展战略性新兴产业，加快用现代高技术和先进适用技术改造和提升传统产业，推进制造业向产业链中高端延伸，提高产品附加值。二要加大政府扶持力度，提高全社会研发投入，构建企业为主体、市场为导向、产学研相结合的创新体系，提高国家自主创新能力，提升制造业整体技术水平。

### （五）促进劳动密集型制造业向中西部地区转移

虽然大量中西部地区劳动力在沿海地区打工，但是，现行户籍制度和城市生活的高成本使得大部分打工者结婚生子或者过了40—50岁以后，都选择回到家乡工作，他们难以在输入地落后转为市民，从而不能形成稳定的劳动力供给。为此，需要结合中西部地区的资源禀赋和产业基础，积极推进劳动密集型制造业向中西部地区转移，通过与当地劳动力的结合，提升资源重新配置效率，创造新的"人口红利"。

（黄汉权）

**参考文献：**

蔡昉：《中国制造业何去何从？》，《21 世纪经济报道》，21 世纪网，2012 年 03 月 21 日。

蔡昉：《劳动力供给与中国制造业的新竞争力来源》，《中国发展观察》2012 年第 4 期。

金永花：《中国社会科学院亚太与全球战略研究院》，《人口与发展》2012 年第 3 期。

林岗、王一鸣、黄泰岩、马晓河等：《迈过"中等收入陷阱"的中国战略》，经济学科出版社 2011 年版。

徐平华：《中国劳动力供求新变局与对策》，《理论视野》2013 年第 5 期。

国家信息中心、中国社科院科学文献出版社：《经济信息绿皮书——中国与世界经济发展报（2013）》，中国社科院科学文献出版社 2013 年版。

# 第七章　资源环境约束与制造业发展问题研究

以环境库兹涅茨曲线为理论基础，以经济发展与资源环境的相互制约关系为研究前提，本章深入探讨了自然资源、生态资源、经济资源以及社会资源等要素对我国制造业发展的约束。根据可持续发展理论，建立了我国 29 个制造业细分行业的可持续发展评价指标体系，采用主成分分析和聚类分析法，根据各行业的可持续发展能力分为五类。借鉴国家发达国家在资源约束情况下发展制造业的经验，指出我国制造业发展的可行路径。

传统的制造业生产模式是一种"资源—产品—污染排放"单向流动的模式。在这种生产模式中，人们高强度地提取自然界的物质和能源，然后又把污染和废物大量地丢弃和排放到空气、水系、土壤、植被中。传统的制造业正是通过这种把资源持续不断变成垃圾的运动和反向增长的自然代价来推动经济增长的。一方面，制造业的发展必须依赖于丰富充足的资源环境；另一方面，低效、高能耗的传统制造业又会给资源环境带来重大的、甚至是不可修复的毁坏，这将直接影响到下一阶段的制造业发展。所以，探求资源环境的约束与制造业的发展两者之间的相互作用，先要从制造业发展的影响开始分析。

## 一、制造业发展对资源环境的影响——基于<br>环境库兹涅茨曲线的分析

一个社会的发展离不开人类赖以生存的自然环境。但在早期，环境问题并没有进入人们的视野，它被视为一种"取之不尽、用之不竭"的资源。随着经济持续、高速的增长，人类生活的环境变得每况愈下。环境状况的恶化开始直接影响到人类生活的质量，甚至威胁到人类的生存。1968 年，来自全球的 100 多位学者

聚会罗马，成立了"罗马俱乐部"，讨论当时人类的困境与出路，环境污染问题则被列为人类面临的五大严重问题之一。1972年，该组织发表了震动世界的研究报告《增长的极限》。同年，联合国人类环境会议在斯德哥尔摩举行。环境问题引起人们越来越多的关注[①]。经济增长是否可持续而不受环境的约束？收入的增加与环境质量二者的关系如何？持续、快速的经济增长和环境质量的高标准之间是否存在平衡？这些问题实际上都是有关经济发展与环境的关系问题。

20世纪90年代，一系列污染物，如二氧化碳（$CO_2$）、氮氧化物（NOx）、二氧化硫（$SO_2$）、甲烷（$CH_4$）及氟利昂（CFCs）等的排放造成了严重的环境后果，这再次引起了人们对于经济增长的环境可持续性问题的关注和讨论。在这一阶段，经济学界认为，市场机制所能解决的问题是有限的，因为许多重要环境问题的发生具有市场外部性，并涉及全球或地区性的公共产品问题。而环境库兹涅茨曲线（EKC）及其所支持的命题，提供了一个替代的解决方案。

Grossman和Krueger（1991）通过对42个国家横截面数据的分析，发现环境污染与经济增长的长期关系呈倒U形，就像反映经济增长与收入分配之间关系的库兹涅茨曲线（Kuznets，1955）。当一个国家经济发展水平较低的时候，环境污染的程度较轻，但是其恶化的程度随经济的增长而加剧；当该国的经济发展达到一定水平后，其环境污染的程度逐渐减缓，环境质量逐渐得到改善。这种现象被称为环境库兹涅茨曲线（Environmental Kuznets Curve，EKC）。并且发现，当一国人均GDP达到4000—5000美元（1985年的美元价格）的转折点时，经济增长趋向于减轻环境污染问题，这个收入水平正好与当时墨西哥的人均收入水平相一致[②]。

无疑，Grossman和Krueger的分析和发现意义重大。如果EKC确实存在，或者在到达一定的转折点后，人均收入或财富的增长有助于改善环境质量，那么对环境破坏问题的解决还需依靠经济增长本身。这就意味着促进经济增长应成为国际社会的首要政策目标。直观地说，环境库兹涅茨曲线有其合理性。经济结构的变迁、资源使用效率的提高、投入构成的变化及生产技术的改进会改

---

[①] 实际上，对环境污染的关注最早可以追溯到1285年，当时，伦敦由于燃烧烟煤而产生空气污染问题，而最早对污染进行系统的经济学分析的可以说是皮古（Pigou，1932），认为环境污染问题是由于外部性引起的。但是，直到20世纪60年代，经济学家和社会学家才普遍认识到环境污染对人类的威胁问题。

[②] Grossman, G. M., Krueger, A., 1995, Economic Growth and Environment, Quarterly Journal of Economics, Vol 110, pp. 357–378.

变经济系统对稀缺生态资源的需求状况。除经济结构变迁外的其他三种因素是受价格驱动的。生产技术的竞争性创新使单位产出所使用的投入下降，再加上自然资源价格的变化，结果导致产品生产工艺的改进和更高的废物回收利用率。在某些情况下还包括对稀缺资源的替代和清洁生产技术的引进。而经济结构的变迁与收入水平有着更直接的联系。有历史证据表明，随着国民收入水平的提高，经济活动对环境资源的需求量将减少，并且单位产出所产生的废弃物水平也会下降，从而推动经济结构的变迁。几乎每一个发达国家或地区都经历过从"大烟囱"产业向高新技术产业和服务业的转变，后者的单位产出对环境的影响比第一产业和第二产业低得多。

继 Grossman 和 Krueger 之后，许多实证研究都表明，在大多数环境质量指标与人均收入之间的确存在一个倒 U 型的关系。Shafik（1994）发现安全饮水和卫生状况随人均收入的增长而持续改善，对于悬浮颗粒物（SPM）和 $SO_2$ 则先恶化而后改善，但固体废弃物和碳排放量随经济的增长呈现持续恶化现象。Selden 和 Song（1994）考察了四种重要的空气污染物（即 $SO_2$、$CO_2$、$NO_2$ 和 SPM）排放问题，发现它们与收入之间都存在倒 U 型的关系。Xepapadeas 和 Amri（1995）证实对于大气中 $SO_2$ 的浓度也存在同样的结论。Grossman 和 Krueger 使用比 1993 年的研究范围更广的环境质量指标数据进行跨国分析，发现没有证据表明环境质量会随经济增长而持续恶化，相反，大多数指标在经济增长的初始阶段出现恶化，而后呈现出稳定改善的过程[1]。

上述分析均采用跨国的面板数据（panel data）或横截面数据，而对一国或地区的实证研究则不多见。因此，还不能确定经济增长与环境之间的这种倒 U 型的关系是否对每个国家或地区都成立。即使在某些国家或地区存在这种关系，并不必然意味着在另一些国家或地区成立。Friedl 和 Getzner（2002）应用奥地利 1960—1999 年度经济增长与 $CO_2$ 排放量的时间序列数据检验 EKC 假说，发现对数据拟合度最佳的是三次方型（N 型）而非通常的倒 U 型关系[2]。

在我国的经济发展过程中，必须清醒地意识到，经济增长并不是提高环境质量的灵丹妙药，甚至也不是主要的办法，问题的关键是经济增长的内容——投入（包括环境资源）和产出（包括污染物）的构成。因此，我们不能认为环

---

[1] Stokey, N., 1998, Are there any limits to growth, International Economic Rev&w, Vol(39), pp. 1—31.

[2] Birgit Friedl, Michael Getzner, 2003, Determinants of CO2 emisions in a small open economy, Ecological Economics, Vol45(1):133—148.

境质量的改善会随着经济的发展而自动产生，更主要的还是要依靠政府的引导，通过制定环境政策、加大规制力度、唤醒民众的环保意识等途径来保护环境。这才是环境库兹涅茨曲线对我国制造业发展的最重要启示。

## 二、我国制造业发展面临的资源环境约束

在现代工业化过程中，制造业作为工业的主体在国民经济中占有主要的地位，是一国经济的基石和竞争力的基础。资源环境约束一直以来都是制造业发展中面临的最主要的障碍。西方经济学把资源稀缺问题分为绝对性稀缺和相对性稀缺。绝对稀缺论认为随着人们资源利用量的不断增加，边际成本增加，边际受益递减，人类最终在资源替代方面无能为力，经济发展会处于停滞状态；相对稀缺性认为资源稀缺可以得到解决，因为市场机制会促使人们明智地使用各种资源。一旦人们预期某种资源行将枯竭，这种资源的市场价格会表现上升，人们就会寻找替代资源对价格信号做出反应。无论是资源稀缺绝对论还是相对论，都传达了同一个概念——资源约束。如何克服资源的稀缺性，生产尽可能多的产品来满足人们的需求，成了制造业发展的本质。

近年来我国制造业发展迅速，已经成为继日、德、美之后世界第四大制造业强国，但是我国制造业面临的资源约束问题也日益显现。中国工业发展所受到的资源和环境约束比世界上其他国家更为显著。依靠大量的能源消费，中国经济实现了高速增长，但同时中国的经济增长也越来越接近了资源和环境条件的约束边界。

对于制造业资源约束的内涵界定，从最早的自然资源到对能源资源重点研究，再到对人力资源、技术资源以及环境和制度的研究，制造业发展过程中所受到资源约束的范围越来越广泛。随着理论的演变和经济实践的发展，对制造业发展起约束作用的资源的外延不断发生变化。

### （一）自然资源和生态资源约束

我国自然资源主要包括土地资源、水利资源、林木资源和矿产资源等。通过表 7-1 数据可以看出，我国人均耕地面积不到 0.9 公顷 / 人，占世界人均水平的 29.7%；人均水资源拥有量仅有 2080 立方米，还不到人均 3000 立方米的轻度缺水标准；人均淡水资源为 2060 立方米，仅为世界人均水平的 24%；人均森林面积为 0.1519 公顷，仅为世界人均水平的 27%；人均森林

蓄积量仅为世界平均水平的八分之一。我国煤炭人均剩余可采储量仅为世界人均水平的 54%，石油、天然气人均占有量也只是世界人均水平的 6.2% 和 6.7%。我国以世界耕地的 9% 养活着世界 22% 的人口，这固然说明我们在经济建设中取得了巨大的成就，但同时也反映了我国的自然资源实际上是十分匮乏的。

表 7-1　我国的人口、耕地、水和林木资源状况（2014 年）

| | 全国总量 | 占世界比例 % | 人均水平 | 占世界比例 % |
|---|---|---|---|---|
| 人口（亿人） | 13.67 | 19.0 | — | — |
| 耕地（万公顷） | 12172 | 9.3 | 0.8904（公顷/人） | 29.7 |
| 水资源总量（亿立方米） | 28370 | 6.8 | 2080（立方米/人） | 30.8 |
| 淡水总量<br>（亿立方米） | 27958 | 6.0 | 2060（立方米/人） | 24.0 |
| 森林面积<br>（万公顷） | 20769 | 6.1 | 0.1519（公顷/人） | 27.1 |

资料来源：根据《中国统计摘要（2015）》计算整理得到。

　　我国矿产资源的基本特点是：资源总量较大，矿种比较齐全。但是，由于我国人口众多，人均占有矿产资源量比较低，我国实际是一个矿产资源相对不足的国家，许多矿产资源如石油、天然气、铁矿石、铜矿、镍矿等人均消费量都大于人均产量，矿产资源供需失衡（见表 7-2）。

表 7-2　我国主要矿产资源状况（2013 年）

| 矿产资源 | 储备总量 | 人均储量<br>（千克/人） | 人均产量 *<br>（千克/人） | 人均消费量 *<br>（千克/人） |
|---|---|---|---|---|
| 石油（万吨） | 336732.81 | 2463.30 | 151.78 | 348.58 |
| 天然气（亿立） | 46428.84 | 339.64 | 86.01 | 107.02 |
| 煤炭（亿吨） | 2362.90 | 172852 | 2666.42 | 2579.72 |
| 铁矿石（亿吨） | 199.17 | 14569 | 240 | 359 |
| 铜矿（万吨） | 2751.52 | 20.13 | 1.6 | 2.5 |
| 锌矿（万吨） | 3766.18 | 27.55 | 2.0 | 1.9 |
| 铝土矿（万吨） | 98323.53 | 719.27 | 5.7 | 5.4 |
| 镍矿（万吨） | 253.53 | 1.85 | 0.06 | 0.1 |

资料来源：根据《中国统计年鉴（2014）》表 8-4 主要矿产基础储量计算整理得到。* 代表估算数。

中国目前进入工业化经济高速增长阶段，许多矿产资源的消费增速接近或超过国民经济的发展速度，矿产资源的供需矛盾日益尖锐。根据国土资源部对中国矿产资源储量的分析和预测到 2020 年我国将面临短缺的矿产资源有 10 种，严重短缺的有九种（见表 7-3）。我国对矿产资源需求的持续增长导致我国必须大规模地进口矿产资源，矿产资源的进口依存度增加。日益扩大的矿产资源缺口意味着我国正面临着矿产资源的约束。

表 7-3　到 2020 年中国矿产资源的供应情况

| | 矿产资源 | 2020 年中国可供储量保证程度 1% | | 矿产资源 | 2020 年中国可供储量保证程度 1% |
|---|---|---|---|---|---|
| 中国严重短缺 | 铜 | 等于 18 | 中国短缺 | 铁矿石 | 48 |
| | 锌 | 等于 31 | | 铝土矿 | 57 |
| | 钴 | 小于 40 | | 锰 | 62 |
| | 铬 | 小于 10 | | 锡 | 55 |
| | 金刚石 | 小于 10 | | 铅 | 48 |
| | 铂族金属 | 小于 10 | | 镍 | 48 |

资料来源：国土资源部、中国矿产资源供应情况。

## （二）经济资源约束

制造业的经济资源主要是包括制造业生产过程中使用的以能源为主的资源、以金属和水泥等为主的原材料、外资和国内资本。随着我国制造业的规模不断扩大，其面临的能源、原材料和资本等经济资源的约束也日益显露出来。

1. 能源资源约束

我国的能源消耗总体上体现为：（1）能源的供给对外依赖性强；（2）使用的多为一次性能源，能源的再利用率低。"十一五"以来，工业能源消耗总量逐年增加，由 2005 年的 16.87 亿吨标准煤增加到 2010 年的 26.14 亿吨标准煤，再到 2013 年的 29.11 亿吨标准煤，占全社会总能耗的比重持续在 70% 以上；钢铁、有色金属、建材、石化、化工和电力六大高耗能行业能耗占工业总能耗的比重由 71.3% 上升到 79% 左右。总体来看，中国是一个能源消耗大国，一次能源的消耗量已经位居世界第二位。

中国制造业发展面临严重的能源资源的约束。近年来我国的能源供需缺口不断加大，2013 年我国一次能源消费总量（417415 万吨标准煤）中有 73420

万吨标准煤需要进口。天然气依存度已经超过33%。2013年，制造业的能源消费总量占全部能源消费总量的56.86%，而制造业在GDP中的比重仅为37.3%。相对于产出的比重来说，制造业的能耗很高。

表7-4　我国主要能源资源状况（2013年）

| 能　　源 | 年消费量 | 制造业使用总量 | 所占比例% |
|---|---|---|---|
| 能源消费总量（万吨标准煤） | 361732.01 | 205667.69 | 56.86% |
| 煤炭（万吨） | 352467.07 | 132542.86 | 37.60% |
| 焦炭（万吨） | 39373.04 | 39003.74 | 99.06% |
| 原油（万吨） | 46678.92 | 45482.98 | 97.44% |
| 汽油（万吨） | 8140.90 | 489.14 | 6.01% |
| 煤油（万吨） | 1956.60 | 29.37 | 1.50% |
| 柴油（万吨） | 16966.05 | 1037.70 | 6.12% |
| 燃料油（万吨） | 3683.29 | 2202.55 | 59.80% |
| 天然气（亿立方米） | 1463.00 | 572.27 | 39.12% |
| 电力（亿千瓦小时） | 49762.64 | 26822.46 | 53.90% |

资料来源：根据《中国统计年鉴（2014）》表9-9按行业分能源消费量。

通过对表7-4的观察，我们可以发现制造业主要能源的使用状况主要有以下四个方面。

（1）我国制造业已经成为原油消耗的绝对大户。2013年，我国石油年初年末库存差额为-2087.6万吨，石油进口量为33088.8万吨，石油进口量占可供量的69.1%，占消费量的69.4%。2013年我国原油生产量为20747.8万吨，消费量高达46678.92万吨，同时制造业的使用量为45482.98万吨，占了原油消费总量的97.44%。目前中国原油的对外依存度已经达到56%，预计2020年中国石油需求达每天840万桶，原油产量达约1.95亿吨（相当于每天390万桶），供需缺口进一步加大，对外依存度将上升为60%。很明显，目前石油资源的紧缺对于占其消费总量97.44%的制造业来说是一个严重的约束。

（2）煤炭消费占我国的能源消费的比重有所上升。2013年我国煤炭生产量为364500万吨，消费量为352467.07万吨，其中制造业消费了132542.86万吨，占总消费量的37.60%；煤炭年初年末库存差额为-12380.4万吨，消费量大于可供量，煤炭供求出现缺口。根据预计，到2020年煤炭缺口将达到7亿吨。同时，中国煤炭的进口量也在不断增长。据统计，2010 年中国煤炭进口产量达 1.63 亿吨，2011 年煤炭进口 1.82 亿吨，2012 年突增为 2.88 亿吨，增长迅猛。这意味着在今后我国的煤炭资源将越来越紧张，我国制造业也不可避免地受到煤炭资源短缺的制约。

（3）电力短缺是目前经济增长中比较明显的特征。2013 年我国电力生产量为 49875.5 亿千瓦小时，消费量为 49762.64 亿千瓦小时，其中制造业消费了 26822.46 亿千瓦小时，占总消费量的 53.9%。2014 年，全国全社会用电量 55352 亿千瓦时，同比增长 4.1%。虽然电力消费需求增速相对于 2013 年的 7.5% 有所回落，但在电力新增有效容量减少的情况下，电力供需缺口仍将很大。电力消费的增长不仅表现在工业生产用电上，而且在居民现实生活中也存在着非常严重的电力紧缺。2014 年，拉闸限电仍是大多省份维持电力供应的主要手段，省份的数量增加到 26 个，用电缺口达到 1800—2000 万千瓦时。而制造业特别是设备制造业用电增长最为明显，制造业在 2014 年前三个季度的用电增速分别为 5.7%、5.4% 和 3.6%，三季度对全社会用电量的增长的贡献率达到 136.9%，是支撑当季全社会用电增长的最主要动力。据预测，2015 年全年电力需求为 5.71 万亿千瓦时，同比增长 7%，电力需求增长依旧强劲，电力资源仍然非常紧张。

（4）天然气生产和消费在中国起步均比较晚，但发展迅速。2012 年我国天然气生产量为 1789.02 亿立方米，消费量为 1463 亿立方米，仅占能源生产和消费比重的 4.3% 和 4.0%。其中制造业消费了 572.27 亿千瓦小时，占总消费量的 39.12%。2013 年，中国天然气供应量达到 1170 亿立方米，同比增加 8.6%；而天然气的消费量已达到 1676 亿立方米，同比增加 13.9%；进口量 530 亿立方米，同比增加 25%。到了 2014 年，我国天然气的需求继续快速增长，消费量已达 1860 亿立方米，其中有 630 亿立方米需要进口，对外依存度已达 33.9%。换言之，尽管天然气的供应量出现了明显增加，但是消费量的增长更为迅猛。预计到 2020 年，天然气需求将激增至 3000 亿立方米，而需求缺口将达到 1000 亿立方米以上，约合 8000 万吨。天然气需求缺口的不断扩大则是制造业面临的能源约束又一表现。

从制造业内部的产业结构来看，技术密集型产业的能源消费比重较大，其中主要以传统的装备制造业为主，如专用设备、交通运输设备以及电器机械设备等；资本密集型产业是制造业中能源消耗比重较小的产业，其中主要包括一些饮料制造业、造纸及纸制品业等；劳动密集型产业总体相对略高，但是由于劳动密集型行业众多，因此平均能耗比较小。

2. 原材料约束

目前在中国，原材料的约束已经成为越来越突出的问题。在过去的十几年中，国内矿产资源消费一直保持两位数增长，铁、铜、铝、钾盐等大宗原材料的进口量大幅攀升，对外依存度居高不下，分别为：铁矿石53.6%、精炼铝52.9%、精炼铜69%，钾盐52.4%。按照现有查明储量和预测需求分析，我国的铁、铜、铝、钾盐等矿产的对外依存度仍将处于高位。

2014年中国对世界经济的总贡献是27.8%，但是也成为了全球第一大能源消费国。2014年主要原材料消费中，钢材10.46亿吨（同比增长2.6%），氧化铝5623万吨（其中528万吨需进口），水泥24.76亿吨（同比增长1.8%），每万元GDP的能源消耗是美国的三倍，日本的九倍，钢材消耗是美国的七倍，日本的3.1倍。这种"高投入、低效率"的经济发展模式使得我国本已十分紧缺的原材料资源更加紧张。以中国国内生产总值年均8%的增长率计算，到2020年，中国生铁、钢材、10种有色金属、水泥的消耗量将分别达到13.4亿吨，23.8亿吨，7249万吨，43.2亿吨。这种巨大的生产消耗量，直接导致了原材料进口价格不断上涨，降低了制造业企业创造利润的能力。

## （三）社会资源约束

近年来，我国制造业在国内生产总值中所占的比重超过40%，吸收了近一半的城市就业人口，创造了近3/4的外汇收入，制造业对社会的贡献已经不可或缺。但是，我国制造业并没有充分地利用现有的社会资源，而且社会资源在某些方面也对制造业产生不同程度的约束。

1. 人力资源约束

在未来20年里，我国保持着平均每年增长1千万左右的新生人口，劳动生产力供给总量将持续上升，到2025年劳动人口规模才会出现逐渐下降趋势。即使在严格控制人口生育的条件下，中国人口也将在2030年达到或接近土地资源最大承载能力对应的人口极限。庞大人口造成的数量制约是人力资源约束的一个方面。

缺乏高技能熟练工人和高级技工即质量制约是人力资源约束的另一个方面。如今的经济增长方式正在以物质资源为主体转向以人力资源为主体，这就要求人力资源的充分发展，劳动者必须具备较高的科学文化知识和劳动素养。知识经济的发展主要在于创新，而创新又取决于作为创新主体的人，这就给中国人力资源的发展提出了更高的要求。我国制造业的技术水平和劳动生产率缺乏强有力的人力资源支持。制造业从业人员教育程度参差不齐，初中水平占据近一半的比重，高中水平的比重为31%，大专水平占据10%，大学本科水平占3%，研究生水平只占1%。全球科技行业的快速增长给我国制造行业提供了巨大的机遇，但是如果我国没有足够高素质的人才为保障，这个机遇对于我国制造业来说是很难转化为成果的。

2.科技创新资源约束

企业的科技创新能力是企业竞争能力的核心内容，反映了企业发展水平和发展潜力，科技的不断创新意味掌握着大量的核心技术，可以使企业在高度竞争的市场中抢得先机，创造更多的利润，提高经济效益。作为世界最大的制造业基地之一，中国现已有上百种产品的产量居于"世界第一"，尤其是汽车工业、航天航空业和IT产业尤为突出。我国制造业之所以发展迅速主要是建立在国内劳动力的无限供给，廉价的工资成本基础之上的。我国工业制成品的低成本、低价格使得我国制造业的竞争优势主要集中于中、低技术水平的产业链，绝大多数企业缺乏大型、特大型核心技术的现象十分严重，产品附加值低。据统计，目前我国的光纤制造装备的90%以上、集成电路芯片制造装备的85%、石油化工装备的80%、轿车工业装备、数控机床、纺织机械的70%、以及大型飞机、大型科学仪器、大型医疗设备等，主要依靠进口。

我国很多制造业企业没有摆脱依靠技术引进和模仿创新的模式，没有形成具有自主知识产权的技术体系，许多在国民经济中发挥重要作用的产业以及主导产品的设计、生产，对国外的依赖度太高，企业过度依赖引进技术，自主创新不足，高技术产品缺乏竞争力，这些都是科技创新形成资源约束的突出表现。

3.政府政策约束

政府不能仅仅满足于扮演"引导者"的角色。在现实中，政府存在失灵的地方，种种不合理的政策已经成为制造业企业节能、环保技术推广和产业发展的约束。在资源利用方面，人们的节约意识仍然很淡薄，依然认为中国"地大物博"，资源"取之不尽、用之不竭"，政府没有很好地纠正崇尚奢侈性消费、盲目攀比的错误观念。一些地方政府为了提高以GDP为核心的政绩考核水平，盲目招商引资，引进技术含量低、能耗高、污染大的项目。同时，现行的法律法规没有很好地发挥对能源、土地、水资源和原材料等资源使用的监管作用，缺乏对环保节能产品的宣传和推广，对资源约束型技术的研究和开发力度不够。政府的正确引导可以促进节约型社会的形成，尤其在引导能源高消耗的制造业发展方面更是显得尤为重要了。目前，在可持续发展过程中出现的种种问题，如果政府不能得到很好的解决，将会影响到节约型制造业的实现，影响制造业可持续发展的进程。

### （四）资源环境约束要素内部关系分析

资源约束要素之间不是孤立静止的，而是动态变化的；不是彼此隔绝的，而是相互联系制约的；不是难以克服，而是可控的[①]。

1.资源环境约束的外延不断变化

对于制造业资源约束的内涵界定，从最早的自然资源到对能源资源的重点研究，再到对人力资源、技术资源以及环境和制度的研究，制造业发展过程中所受到资源约束的范围越来越广泛。随着理论的演变和经济实践的发展，对制造业发展起约束作用的资源的外延不断发生变化。要素之间存在相互制约，自然资源的约束程度直接影响到经济资源约束的程度，而社会资源利用的好坏决定着集约生产的程度，并进一步影响着生态资源约束。生态资源的质量最终也要以自然资源来体现。因此，虽然资源约束的外延在不断变化，约束要素之间却相互制约，不可分割。

2.各要素的可控程度存在差异

制造业生产的本质是物质资源形态的转化，即将自然资源加工制造成可用于消费或再加工的产品，制造业在这一过程中只是扮演着转换资源形态的间接角色。资源的供给者对自然资源进行探测和开采，对生态环境的作用往往更加直接。提高制造业部门的生产效率减少污染的排放，这种环境恶化是可控的；但是对自然资源的肆意开采和掠夺所导致的资源耗竭和生态恶化相当严重，无法人为地增加自然资源的储量。在社会资源约束方面可控程度相对更高，可以提高社会资源的供给和质量。因此，资源约束要素的可控程度存在差异。

## 三、资源环境约束下的我国制造业可持续发展分析

可持续发展观认为，健康的经济发展，应建立在生态可持续能力、社会公

---

[①] 唐德才：《我国制造业发展的资源约束要素分析》，《闽江学刊》2009年第3期，第28—37页。

正和人民积极参与自身发展决策基础之上。随着可持续发展理论的不断深入，如何引导制造业走可持续发展的道路已经成为亟待解决的问题。日本制造业通过科技资源的开发建立了集约型生产模式，成功地解决了能源资源约束；美国制造业通过一系列的技术创新解决了环境资源的约束；德国制造业则通过建立完善的职业培训体系解决了人力资源约束。而中国制造业并没有解决好发展与环境的关系，仍旧面临着能源、环境、科技以及人力资源等方面的严重约束。因此，以可持续发展理论为依据，评价制造业行业的可持续发展能力（ability of sustainable development，以下简称 ASD）是引导中国制造业解决资源约束的重要途径。

## （一）制造业可持续发展的评价指标体系

Labuschagne 曾对工业可持续能力的评价标准给出了三层含义[1]，即经济可持续能力（包括财务指标、经济贡献、盈利潜力、贸易机会）、环境可持续能力（包括空气资源、水资源、土地资源、能源资源）、社会可持续能力（包括人力资源质量、人口分布情况、社会福利贡献）。在制造业可持续发展理论体系中，经济可持续性是制造业可持续发展的基础，只有在良好的经济效益的基础上，制造业企业才能将更多的资源投入到社会、科技和环境中去。能源在制造业的发展中扮演着中心作用，也是可持续发展面临的主要挑战。尽管科技的发展逐步地减少能源消耗，但是随着制造业发展规模的不断扩大，能源的需求同制造业的规模始终存在一种近似线性增长的关系[2]。因此，能源问题是可持续发展中的关键问题。科技创新是促进可持续性的重要手段，会形成制造业发展的强可持续性。制造业可持续发展的主要障碍就是缺乏先进的技术来支撑制造系统，加大科技投入、增强创新能力就是解决技术难题的主要途径[3]。根据OECD 对创新的定义，研制出新兴商品或者服务是判断行业是否具有创新能力的标准，因此科技创新能力是制造业可持续发展中的重点问题。经济与生态环境不是相互排斥而是互补的，应该相互结合共同促进可持续发展，因此环境的保护和改善能力是可持续发展中的核心问题。综上，以"经济—能源—环境—

① Labuschagne Carin, Assessing the sustainability performances of industries. Journal of Cleaner Production, 2005, 13:373-385.

② Francois Marechal, Energy in the perspective of the sustainable development. Resources, Conservation and Recycling, 2005(40):245-262.

③ James Scott Baldwin, Modelling manufacturing evolution : thoughts on sustainable industrial development. Journal of Cleaner Production, 2005 : 887-902.

科技"系统[①]可以构建一个如表 7-5 所示的资源环境约束型制造业 ASD 评价指标体系。

表 7-5　资源约束型制造业 ASD 评价指标体系

| 主指标 | 一级指标 | 单位 |
|---|---|---|
| 经济指标 | a1 总资产贡献率 | % |
| | a2 成本费用利润率 | % |
| | a3 劳动力生产率 | 元 / 人 / 年 |
| | a4 制造业增加值占各自行业总产值比重 | % |
| | a5 制造业效益指数 | % |
| | a6 就业人数占制造业总人数的比重 | % |
| 能源指标 | b1 能源消费弹性 | — |
| | b2 单值能源消耗指数 | 千克标准煤 / 元 |
| | b3 单值煤炭消耗指数 | 千克 / 元 |
| | b4 单值原油消耗指数 | 千克 / 元 |
| | b5 单值电力消耗指数 | 千瓦小时 / 元 |
| 环境指标 | c1 废水排放达标率 | % |
| | c2 单值废水排放量 | 千克 / 元 |
| | c3 废气处理率 | % |
| | c4 单值废气排放量 | 立方米 / 元 |
| | c5 固体废物处理率 | % |
| | c6 单值固体废物排放量 | 千克 / 元 |
| | c7 三废综合利用产值 | 万元 |
| 科技指标 | d1 R&D 投入强度 | % |
| | d2 科技投入强度 | % |
| | d3 新产品产值比重 | % |
| | d4 消化吸收指数 | % |
| | d5 人均科技活动经费 | 元 |

---

① 唐德才、李廉水、杜凯：《基于资源约束的中国制造业 ASD 评价》，《管理工程学报》2007 年第 4 期，第 125—131 页。

· 170 ·

| 主指标 | 一级指标 | 单位 |
|---|---|---|
| 科技指标 | d6 人均专利申请数 | 项/人 |
| | d7 人均发明专利拥有数 | 项/人 |

## （二）当前我国制造业 ASD 的行业综合评定

标准化所有指标的数据（2014 年制造业行业数据）后，通过因子分析，采用主成分分析法得出以下结论：经过 KMO 和 Bartlett 球形检验，得出 KMO 值为 0.774，原有变量比较适合作因子分析。因此，提取八个主成分因子进行，根据因子贡献度计算因子总得分，计算公式为：

$$F = 0.18395 \times F1 + 0.18007 \times F2 + 0.17452 \times F3 + 0.074162 \times F4$$
$$+ 0.06387 \times F5 + 0.05411 \times F6 + 0.05399 \times F7 + 0.04982 \times F8$$

将制造业各个行业 ASD 总得分进行计算。根据八个主成分因子的得分情况，可以大致判断出中国制造业各行业的 ASD。见表 7-6。

### 表 7-6　制造业细分行业因子得分表

| 行业分类 | 总得分 | 排名 |
|---|---|---|
| 交通运输设备制造业 | 0.595528 | 1 |
| 通信设备、计算机及其他电子设备制造业 | 0.547186 | 2 |
| 医药制造业 | 0.352147 | 3 |
| 电气机械及器材制造业 | 0.300444 | 4 |
| 烟草制品业 | 0.291563 | 5 |
| 木材加工及木、竹、藤、棕、草制造业 | 0.272458 | 6 |
| 专用设备制造业 | 0.236544 | 7 |
| 仪器仪表及文化、办公用机械制造业 | 0.181833 | 8 |
| 工艺品及其他制造业 | 0.178449 | 9 |
| 文教体育用品制造业 | 0.178001 | 10 |
| 通用设备制造业 | 0.173777 | 11 |
| 橡胶制品业 | 0.169904 | 12 |
| 家具制造业 | 0.076450 | 13 |

| 行业分类 | 总得分 | 排名 |
|---|---|---|
| 饮料制造业 | 0.033259 | 14 |
| 皮革、毛皮、羽毛（绒）及其制品业 | -0.00831 | 15 |
| 化学原料及化学制品制造业 | -0.02889 | 16 |
| 印刷业和记录媒介的复制 | -0.07997 | 17 |
| 纺织服装、鞋、帽制造业 | -0.08032 | 18 |
| 塑料制品业 | -0.08644 | 19 |
| 纺织业 | -0.15077 | 20 |
| 金属制品业 | -0.16468 | 21 |
| 食品制造业 | -0.16914 | 22 |
| 黑色金属冶炼及压延加工业 | -0.20351 | 23 |
| 化学纤维制造业 | -0.23278 | 24 |
| 有色金属冶炼及压延加工业 | -0.30191 | 25 |
| 石油加工、炼焦及核燃料加工业 | -0.33455 | 26 |
| 农副食品加工业 | -0.34532 | 27 |
| 造纸及纸制品业 | -0.47882 | 28 |
| 非金属矿物制品业 | -0.59960 | 29 |

在制造业可持续能力因子得分前 10 名中，交通运输设备制造业总得分最高，其次是通信业设备、计算机及其他电子设备制造业、医药制造业、电气机械及器材制造业、烟草制品业、木材加工及木、竹、藤、棕、草制造业、专用设备制造业、仪器仪表及文化办公用机械制造业、工艺品及其他制造业、文教体育用品制造业。

烟草制品业排名靠前是由于本身经济指标和能源指标得分比较高，不仅经济贡献大，而且自身能源消耗低，对环境的危害也较小，暂时来看烟草制品业仍然是中国制造业中比较强势的行业。但是，考虑到烟草制品业的需求很有争议，无论在国际还是国内，未来的政策约束性恐怕都会趋于强化，可持续必然受到影响，所以尽管得分较为靠前，但并不代表烟草行业就是今后发展的方向。

制造业行业中 ASD 较强的是交通运输、机械设备和电子类制造业等，这些行业的科技创新能力和环境资源的保护能力比较强；产品加工型制造业科技含量不高，但是经济贡献能力较强，同时在吸纳社会劳动力方面的贡献比较大，因此 ASD 排名位于中游；对于资源加工型制造业来说，资源的大量消耗，环境污染严重是其产业发展的主要特征，同时科技含量低、缺乏创新能力导致资源加工型制造业 ASD 比较弱的主要原因。

### （三）我国制造业细分行业的 ASD 分类

根据聚类分析的结果，可以大致将中国制造业各行业的 ASD 分为五大类。

（1）强 ASD：这里分析的制造业行业 ASD 考虑的是经济、能源、环境和科技因素，所以，排名前两位的交通运输设备制造业和通信设备、计算机及其他电子类设备制造业作为高新技术产业的代表，指标的综合得分比较高，具有很强的可持续发展能力。

（2）较强 ASD：得分第 3 位到第 12 位的十个行业，包括医药、电气机械、木材加工、仪器仪表、工艺品及其他、文教体育用品制造业、橡胶制品业等，指标的综合得分也位于比较靠前的位置，具有较强的可持续发展能力。此外，烟草制品业，如上文所提到的，其排名不能代表实际的可持续发展水平，故将此作为特殊行业不予讨论。

（3）一般 ASD：得分第 13 位到第 19 位的七个行业。这一类制造业行业的指标得分不高，处于中间位置，主要包括家具、饮料、皮革及其制品、化学原料及化学制品、印刷业、印刷、纺织、塑料等。

（4）弱 ASD：得分第 20 位到第 27 位的八个行业。包括纺织、金属制品、食品、黑色金属、化学纤维、有色金属、石油和核燃料加工、农副食品在内的制造业属于 ASD 比较弱的行业，其资源消耗、环境保护、科技竞争力以及经济指标等都具有相对劣势，ASD 有待进一步加强。

（5）很弱 ASD：对于造纸业和非金属矿物制品业来说，能源指标以及环境保护这两个衡量 ASD 的重要指标都位于最后，因此属于 ASD 很弱的行业，应该重点加强对这两个行业的扶持和改造，通过技术革新降低能源使用量，降低环境污染程度，才可以增强科技竞争力，提高经济效益和贡献。

需要说明的是，以上结果仅是基于对数据做平面分析，没有考虑到产业链的作用。比如，钢铁、金属制品、水泥、非金属矿物、化工等行业本身作为重要的原材料，处于产业链的前端，而有的产业则处于产业链的中高端环节，所以其自身的产业链位置也会影响到该制造业的可持续发展指标评估。

## 四、资源环境约束下的制造业发展路径研究

根据钱纳里对工业化进程的划分[①]，中国制造业目前应该处于工业化进程的中期至后期的过渡阶段，即以深加工工业为主体的重工业化阶段，也是属于资源消耗量最大的阶段；从发展的阶段来看，中国制造业目前应该处于第四阶段，即以可持续发展为目标的阶段。因此，根据两种阶段可以看出，一方面制造业仍然是中国的主导产业，同时也处在资源约束比较严重的阶段；另一方面制造业应该以可持续发展为方向，实现环境与发展的和谐统一。具体而言，提高中国资源约束型制造业 ASD 的发展路径是：

### （一）解决能源资源约束，推进循环经济以实现能源资源的可持续性

1.调整能源结构，提高能源使用效率。

结构变化对于"十二五"规划及中国未来经济增长而言非常重要。我国能源总消耗中，制造业约占一半以上，导致大量的温室气体排放。制造业为国民收入做出更大的贡献，但相应的能源效率要低 10%—40%。

未来 10 年，能源结构调整对实现低碳工业化至关重要，其中的关键是提高非化石燃料在初级能源消耗中的份额。为进一步降低碳排放强度，能源结构的调整包括两个方面：非化石能源和化石能源比例的调整、化石能源本身结构的调整。

一是提高非化石能源的比例。2009 年，我国非化石能源（水电、核电、风电、生物质能等）占能源消费总量的比例仅为 7.8%，2010 年升至 8.6%，而2011 年又降至 8.0%，2012 年为 9.4%，2013 年为 10.2%，2014 年为 10.9%，呈现稳步提高特点。为降低碳排放强度，需要在工业领域减少化石能源消费比例。到 2015 年，非化石能源占一次能源消费的比例应达到 11.4%；到 2020 年，非化石能源占一次能源消费的比例达到 15%。

二是优化化石能源消费结构。2014 年，煤炭、石油和天然气占能源消费总量的比重分别是 66.0%、17.1% 和 5.7%。在工业领域中，煤炭资源占能源消耗的比重也很高。在未来，要进一步降低发热值低、碳含量高的煤炭能源消耗比例，有序开展煤制天然气、煤制液体燃料和煤基多联产研发示范，加大石油、

---

① 郭熙保：《经济发展理论与政策》，中国社会科学出版社2005年版，第103页。

天然气资源勘探开发力度，尤其是促进天然气产量快速增长，推进煤层气、页岩气等非常规油气资源开发利用。

2. 引导企业兼并重组，实现能源集约利用。

企业规模是影响制造业能源利用效率的重要因素。据测算，在中国的高耗能行业中，中小企业往往采用较为落后的生产工艺和高耗能原料路线，其产品单耗比大型企业高30%—60%。在"十二五"时期，我国将以汽车、钢铁、水泥、机械制造、电解铝、稀土、电子信息、医药等行业为重点，推动优势企业实施强强联合、跨地区兼并重组，提高产业集中度，从而降低重点行业中主要产品的单品能耗。此外，还将推动园区化、集聚化发展，淘汰落后产能。

制造业企业应该重点提高能源的最终利用效率，逐步减小对能源依赖程度，从过去的高消耗、高排放、低效率的粗放型传统增长模式转到集约型利用模式上来，完善和细化能源使用规划，高度重视能源的集约使用和再利用。同时，应该针对不同能源资源的可利用性建立相应的能源储备战略，优化能源使用结构，提高可再生能源使用的比例。尤其是以金属、化学原材料、石油和矿物等资源加工型为主的制造业行业，不仅本身能源消耗量大，而且由于能源使用的低效率进一步对环境造成了巨大的破坏，所以解决能源资源的约束，建立集约型的生产模式已经成为这些行业可持续发展过程中亟待解决的问题。

3. 推广循环经济，探索可持续发展模式。

循环经济的理念近年来在国内受到越来越高的关注，它能有效缓解经济发展中面临的资源危机。在循环经济理念下，制造业应遵循"减量化、再利用、再循环"的原则。其中，减量化原则旨在减少进入生产和消费流程的物质总量；再利用原则的目的是延长产品和服务的时间强度；再循环原则旨在把废弃物再次变成资源以减少处理的数量。制造业企业是资源消耗与环境污染的主要行业之一，它也是受到资源约束最严重的行业之一，因此在制造业企业中推广循环经济的理念是非常必要的，并且能收到比较直接的效果。

企业推行循环经济必须以技术进步为支撑。推行循环经济的关键是要解决不同生产环节之间的链接技术，包括综合利用资源（原材料和能源等）、开发二次资源（利用"废渣""废气"等）、在绿色生产过程中防止物料流失、改进设备和工艺流程、搞好污染防范及末端处理等。据测算，在今后的10年中，如果能源密集型产业采用79项关键技术，那么总共可以节约45600万tce的能源，从而到2020年可以减少12.2亿 $tCO_2$ 的排放（见图7-1）。尽管在未来的10年中，仅仅这79项优先技术应用在制造业上所需的投资会消耗将近1万亿元人民币。但是，应用新技术节省下来的资金、资源将远远高于这个数字。

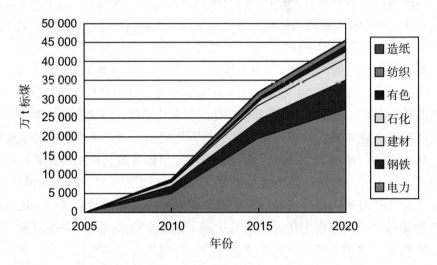

图7-1　能源保护方面潜在的79项工业能源保护技术（2005—2020年）

除了已有的适用技术之外，还需要科研创新，需要自己研究出成本低、效益高、环境友好的高新技术；面对一些技术难题，甚至世界上还没有解决的办法，企业要在国家有关部门的支持下安排专项资金，集中目标，进行攻关。只有技术水平提高了，才能提高资源利用的水平与效率。

### （二）解决环境资源约束，推进发展环境和谐

资源经济学认为，环境是资源的重要组成部分，环境问题是由于不可持续的生产和消费方式所导致的。中国制造业应该把解决环境问题作为可持续发展的核心内容，以"新型制造业"的发展模式为依据，缓解发展与环境的尖锐矛盾，推进制造业发展与环境的和谐性。

1. 用高新技术改造传统制造业

用高新技术改造传统制造业，第一，要用高新技术改进产品与改造企业并重，提倡硬装备软提升。用高新技术改造、提升制造业包含两方面的内涵：一是改造企业的研发、设计、加工和装配、管理、销售、使用、服务乃至回收的全过程；二是将高新技术注入产品本身，实现机械、电子、信息的融合和一体

化，特别要注重用软件技术对老设备、传统生产过程的改造。第二，围绕核心能力进行改造，使竞争对手在一个较长时间难以超越，而对于非核心能力，可以利用社会优良的资源去弥补。第三，以提高经济效益为中心，选用先进、适用、成熟的技术进行改造，力求减少投资的风险。

2. 以绿色理念打造节约环保型制造业

树立绿色理念，坚持高效益、高技术、低消耗、广就业的发展价值取向，推进制造业发展与环境的和谐性。加大先进节能环保技术、工艺和装备的研发力度，加快制造业绿色升级改造；积极推行低碳化、循环化和集约化，提高制造业资源利用效率；努力构建高效、清洁、低碳、循环的绿色制造体系。强化产品全生命周期绿色管理，通过绿色生产过程生产出绿色产品，使用完以后再通过绿色处理加以回收利用，具体措施包括：一是实行生态化设计，对产品进行全生命周期的评价和规划，减少产品制造的能耗和废料，使产品在使用过程中便于拆卸以及使用后便于废弃物处理和再生等。二是开发新型绿色装备，即新型资源综合利用和环境、生态治理装备。绿色制造还必须采用清洁生产技术，从绿色设计开始，采用清洁的能源和节能工艺，通过精密成型、无毒低毒工艺材料，低振动、低噪声和低辐射等工艺设备生产出绿色产品。

### （三）解决社会资源约束，提高科技与人力资源质量

可持续发展固然需要通过科技创新，但是科技的转化和吸收才是关键。而由于短期内无法取得明显收益的创新或者经济生产中的微观个体各自利益的不同，导致一些创新技术无法得到有效的转化与吸收[①]。目前中国制造业行业中，农副食品和木材加工、纺织、造纸以及印刷等制造业科技创新和转化吸收的能力比较低，人力资源质量低下。因此解决科技资源约束的问题，需要提升这些制造业企业的制造技术和制造工艺水平，通过科技创新研发具有知识产权的核心技术，结合信息技术、自动化技术和现代管理理念，进行绿色制造，打造制造业知名品牌，以赢得竞争的主动权。制造业企业根据资源约束条件的变化在盈利目的驱动下进行投入和产出的比较，进行投入中各种生产要素的成本与效益的比较，依据整个社会科技与经济的发展趋势自主地、与时俱进地变换发展

---

① Turlough F. Guerin.Why sustainable innovations are not always adopted. Resources, Conservation and Recycling, 2001, 34：1-18.

模式的过程。

同时，人力资源是企业最重要的战略资源，制造业需要培养多层次、全方位、复合型的人才，提高人力资源的素质，充分发挥人力资源的优势。只有充分利用并储备更多的科技资源，中国制造业才能加快技术结构的升级，才能提高产业对社会的贡献度，才能依靠技术进步来解决生态资源的约束。

### （四）发挥政府引导作用，有步骤、分类别推进制造业转型升级

历史经验表明，要适时地推进制造业提升水平，创新合理的制度安排，包括如下的基本内容。

1. 促进资源环境保护政策与技术创新政策的整合

科技进步对资源环境的影响是双刃剑。为了防止科技进步偏离环境友好、资源节约的方向，一方面在资源环境保护的工具箱中，应尽可能选择有利于技术创新的政策，如建立基于潜在技术驱动型标准，管制中充分运用市场诱因等等，另一方面则要加强对特定科技创新的资源环境后果评价。

高新技术制造业企业是我国技术创新的主力军，在中国资源环境形势严峻的形势下，高新技术制造企业必须同时是资源节约与环境友好型企业，所以，环境友好、资源节约型标准应构成高新技术企业认定条件的重要内容。高新园区是中国科技成果转化的基地和科技创新的核心区，对高新园区的考核应更多地纳入环境友好与资源节约型标准，以促使各级政府、高新园区管委会更加重视资源节约和环境保护工作，引领科技创新与资源环境保护的有效结合，促进中国的制造业企业发展模式由外延型向内涵型转变。市场对于资源配置起基础性作用，制造业解决资源约束需要通过市场合理配置资源的作用来实现，但是由于市场存在固有的资源配置失灵，因此政府发挥其积极的调控作用，培育良好的可持续发展的环境是十分必要的。

2. 分类别地推进制造业细分产业升级

研究分析表明，29个制造业细分行业的可持续发展能力差异很大，因此，政府需要分类对待，不能搞"一刀切"。对于可持续发展能力很强或较强的交通运输、电子类设备制造业、医药等行业，国家应加大扶持力度，在税收等方面给予更多的扶持。对于可持续发展能力一般的印刷、纺织、塑料、文教体育用品、金属以及食品制造业等行业，需要发挥政府及行业协会的监督、引导作用，促使其向着更加高效节能减排的方向发展。对于可持续发展能力较差或很差的行业，如木材加工、石油和核燃料加工、造纸、非金属矿物制品业等行

业，其资源消耗、环境保护、科技竞争力以及经济指标等都具有相对劣势，应该通过技术革新降低能源使用量，降低环境污染程度，才可以增强科技竞争力，提高经济效益和贡献。

3.分步骤实现制造强国的战略目标

中国成为21世纪的制造强国，绝不是一蹴而就的事情。2015年5月，国务院印发《中国制造2025》，这是我国实施制造强国战略的行动纲领，其中详细阐述了通过"三步走"实现制造强国的战略目标：第一步，力争用十年时间，迈入制造强国行列；第二步，到2035年，我国制造业整体达到世界制造强国阵营中等水平；第三步，新中国成立一百年时，制造业大国地位更加巩固，综合实力进入世界制造强国前列。为实现这样的目标，就必须坚持问题导向，必须凝聚全社会共识，加快制造业升级转型，深入推进制造业结构调整，全面提高国家制造业创新能力、推进信息化与工业化深度融合、推动优势和战略产业的快速发展，积极发展服务型制造和生产性服务业，提高制造业国际化发展水平。

4.促进完善法律法规和宣传环保节约理念的整合

针对中国众多制造业企业的可持续发展的观念淡薄、环保意识不强的问题，政府一方面应该完善有关法律法规政策，把可持续性发展战略具体化为法律条文以国家的强制力保证其实施；另一方面，政府应该在充分发挥科学技术的核心作用的基础上加强可持续发展理论的宣传，把生态环保和资源节约活动逐步变成制造业企业甚至全体公民的责任意识和自觉行为。随着生活水平提高，公众的环境意识不断增强，制造业对生态和环境的破坏将面临越来越大的公众压力。制造业要解决资源的约束，走可持续发展的道路，需要全社会的共同努力和参与，需要政府的配合为支撑，需要一个良好的可持续发展的社会环境。

## （五）转变当前消费方式，建立可持续消费模式

在工业化的世界里，资源密集型的消费方式快速地传遍于全球。所以要实现可持续发展必须要从本质上减少资源的利用量，减少自然资源的需求量，也就是要实现可持续消费。可持续消费意味着供应链的生态化，生产更多环境友好型或者高生态效率的产品，并且通过市场提供给消费者更多的可持续性消费的信息。因此，政府应该提供适当的激励、非政府机构加强宣传以及学校注重可持续消费的教育，对于建立可持续性的消费模式起着关键的作用。

可持续性消费模式的建立有助于制造业企业建立与可持续消费相对应的生产模式，激励制造业企业技术革新以满足新型消费市场，加快产品供应链的生态化。

（王明姬）

**参考文献：**

张晓：《中国环境政策的总体评价》，《中国社会科学》1999年第3期。

陆虹：《中国环境问题与经济发展的关系》，《财经研究》2000年第10期。

范金：《环境Kuznets曲线研究与应用》，《数学的实践与认识》2002年第6期。

陈华文、刘康兵：《经济增长与环境质量：关于环境库兹涅茨曲线的经验分析》，《复旦学报》2004年第2期。

吴玉萍、董锁成、宋键峰：《北京市经济增长与环境污染水平计量模型研究》，《地理研究》2002年第21卷。

杜婷婷、毛峰、罗锐：《中国经济增长与CO排放演化探析》，《中国人口·资源与环境》2007年第2期。

沈满洪、许云华：《一种新型的环境库兹涅茨曲线——浙江省工业化进程中经济增长与环境变迁的关系研究》，《浙江社会科学》2000年第7期。

唐德才：《我国制造业发展的资源约束要素分析》，《阅江学刊》2009年第3期。

唐德才、李廉水、杜凯：《基于资源约束的中国制造业ASD评价》，《管理工程学报》2007年第4期。

郭熙保：《经济发展理论与政策》，中国社会科学出版社2005年版。

Birgit Friedl, Michael Getzner, 2003, Determinants of $CO_2$ emissions in a small open economy, Ecological Economics, Vol45(1):133-148.

Francois Marechal, Energy in the perspective of the sustainable development. Resources, Conservation and Recycling, 2005(40):245-262.

Grossman, G.M., Krueger, A., 1995, Economic Growth and Environment, Quarterly Journal of Economics, Vol 110, pp.357-378.

James Scott Baldwin, Modelling manufacturing evolution:thoughts on sustainable industrial development. Journal of Cleaner Production, 2005:887-902.

Labuschagne Carin, Assessing the sustainability performances of industries.Journal of Cleaner Production, 2005, 13:373-385.

Panayotou, T., 1997, "Demystifying the Environmental Kuznets Curve:Turning a Black Box into a Policy Tool", Environment and Development Economics, Vol.2.

Panayotou, T., 2003, "Economic Growth and the Environment", Economic Survey of Europe, No.2.

Stokey, N., 1998, Are there any limits to growth, International Economic Rev&w, Vol(39), pp.1-31.

Turlough F. Guerin.Why sustainable innovations are not always adopted. Resources, Conservation and Recycling, 2001, 34:1-18.

# 第八章 发达国家制造业发展的国际经验教训及对我国的启示

制造业是推动人类社会发展的永恒产业，也是一个国家发展的基石。对于一个国家而言，强大的制造业对于其保持经济长期繁荣、提升创新能力、维护国家安全都具有不可替代的重要作用。一方面，制造业的发展有利于拉动本国经济增长，创造就业岗位并促进出口；另一方面，强大的制造业对于提升一国的创新能力十分重要。

综观世界各国的经济发展史，美国、日本、德国、韩国等发达国家都是通过发展制造业逐渐成为经济强国，在世界经济领域占有重要地位。2008年金融危机爆发后，为了应对国内经济颓势，美国、日本、德国等发达国家纷纷提出重振制造业战略，目的在于通过重振本土制造业，寻找能够支撑未来经济增长的高端产业，实现经济复苏。

改革开放以来，我国经济取得了举世瞩目的成就，制造业成为世界分工体系中的重要组成部分。我国的制造业因先进技术的引进而取得了快速发展，在国际市场上占有重要地位。但是，由于创新的缺失，我国的制造业也面临着品牌、技术、关键设备乃至零部件等种种困境。因此，借鉴美国、日本、德国等制造业大国的先进经验，促进我国制造业的转型升级，具有十分重要的战略意义。

## 一、美国的制造业发展

### （一）美国的制造业发展历程

美国是后起的资本主义强国，在1783年美国独立战争结束之前，生产方式主要以工场手工业为主。1840 年前后英国的产业革命进入尾声时，在美国蒸汽机才开始代替水力发动机。第一次科技革命为美国的工业化奠定了一定的物质基础。在 1810—1860 年期间，美国工业总产值增长了近九倍，在世界工业总产值中的比重从 1820 年的 10% 上升到 1860 年的 17%，1860 年美国制成品在世界上占第四位。

19 世纪 70 年代开始的第二次科技革命浪潮，使美国的经济开始高速增长，生产力空前发展，尤其是大规模的铁路建设带动美国的工业和交通进入飞跃发展时期。1860—1890 年，美国生铁产量增加了 10 倍多，煤产量增加了 15 倍，1894 年美国工业生产跃居世界首位，制造业总产值相当于英国的两倍；1913 年美国工业生产量相当于英、德、日、法四国的总和，占到世界 1/3 以上，美国工业长期保持了世界第一的地位。1919—1929 年，美国的汽车产量增加了 225%，化学工业增长 94%，橡胶工业增长 86%，印刷出版业增长了 85%，钢铁工业增长了 70%。同期，家用电器获得了大发展，电熨斗、洗衣机、吸尘器、电冰箱纷纷问世。从劳动生产率来看，由于第二次科技革命和管理革命，美国劳动生产率在 10 年内提高了 40%，制造业产量增加了 64%。

自 20 世纪 20 年代起，美国以轿车工业和军事工业上的绝对优势成为了装备制造业大国。20 世纪 50 年代，在第三次技术革命浪潮的推动下，美国以电视机为代表的电子制造业逐渐向日本等国家转移。20 世纪 70—80 年代，美国开始走向"去工业化"过程，普通工业机械、汽车、机电产品等传统装备制造业生产开始大量向海外转移，制造业就业人数占美国劳动总就业人数的比重只有 25%。1983 年美国轿车产量首次被日本超过，机床的竞争力也下滑到日本、德国、韩国之后，美国在世界的制造业霸主地位受到了严重威胁。

为了重振制造业雄风，美国利用信息技术革命的机会，大力发展通信设备、计算机、航天航空等新兴装备制造业。20 世纪 90 年代以来，美国利用"信息高速公路"计划，再次抓住高科技上的比较优势，大力发展与集成电路、计算机软件、个人电脑、光缆等信息产业相关的通信设备、计算机及其电子设备制造业，并对传统设备、生产线和传统产品进行技术和信息化改造，使得许多传统装备制造业重新提高了生产率和竞争力。冷战结束后，美国一些国防高技术工业也转向民用，与国防有关的如探测及航海设备、飞机及部件制造业的生产逐渐减少，而工业医疗设备、特种工业器械、汽车等行业得到了较快发展。进入 21 世纪后，美国劳动力迅速向金融业、房地产和生产性服务业转移，制造业向新兴工业化国家外流，"产业空心化"态势逐渐显现，制造业产值占GDP 的比重从 2000 年的 13.25% 下降至 2011 年的 12.2%[1]。美国低端、劳动密集型制造业外流，不仅仅是对低端制造业的淘汰，同时也是美国经济向高端产业转移、提升产业结构的战略选择。

2008 年金融危机爆发后，美国政府提出了重振制造业战略，也叫"再工业化"过程，目的在于通过重振本土制造业，寻找能够形成未来经济增长的高端产业，通过产业升级化解高成本压力，实现经济复苏。[2] 为了促进装备制造业回流，美国制定了《重振美国制造业框架》《美国制造业促进法案》等一系列相关法令，详细论述了美国重振制造业的理论基础、优势、挑战和政策措施等，并规定对美国本土制造业所需原材料进口削减关税，对投资美国本土的企业实施税收优惠。美国装备制造业回流，不仅增加了本土高薪就业岗位，而且拉动了美国内需，增强了产品出口能力。20 世纪大量外包的美国 IT 业、电子制造业、金属制品业等金融危机后开始逐渐回归本土，为美国创造了 200 万—300 万个就业机会；交通运输设备、电子设备、器械、机械、金属制品和电脑等行业回流本土，拉动美国国内需求约 2 万亿美元。

## （二）美国制造业快速发展的原因分析

美国制造业的快速成长具有多方面的原因，其主要包括政策环境、技术创新与应用、人才培养与引进以及国内外市场四个方面。

1. 良好的政策环境

美国成立之初，第一任财务部长亚历山大·汉密尔顿在 1791 年向国会递交了《关于制造业的报告》，提出了"工业立国"的思想，从根本上确定了美国经济发展的方向。当时，美国还是一个农业国家，工业基础十分薄弱。为保护国内的制造业，汉密尔顿提出了设置高额关税，甚至禁止国外竞争产品进入美国市场；对于发展制造业必需的原材料则免征关税；对于本国产品出口实施奖励政策，同时禁止国内制造资源出口。

汉密尔顿发展制造业的思想基本上贯穿了美国工业发展的始终，在之后的 100 多年时间里美国一直实行高关税政策。20 世纪前 40 年美国平均关税为39.5%，最高时甚至达到 59%（1932 年）。正是由于高额的关税政策极大地削

---

[1] 美国商务部经济分析局发布的数据。

[2] 赵刚：《美国再工业化之于我国高端装备制造业的启示》，《中国科技财富》2011年第17期。

弱了外国产品的竞争力，为美国工业的快速成长提供了良好的条件。在工业立国思想的影响以及高额关税的保护下，美国建立起独立完整的工业体系，并成为全球制造中心。

2. 技术创新与应用

工业的快速发展离不开技术革命，美国依靠第二次产业革命超越英国成为第二个世界工厂，在第二次产业革命中，美国诞生了许多影响世界的伟大发明。如贝尔发明了电话、爱迪生发明了电灯、莱特兄弟发明了飞机等等。之所以能够孕育这么多发明创造，与美国的鼓励创新政策分不开。1790 年，美国国会通过了首部专利法来保护发明创造，1898 年美国修订专利法延长了专利的保护年限，并通过增加专利局审查员数量、简化专利评审程序等方式鼓励发明创造。1890—1900 年，美国颁发的发明专利达到 23 万项，20 世纪前 30 年美国授予专利数量又翻了一倍。

美国的反垄断政策为美国技术创新起到了很好的推动作用。1890 年通过的《谢尔曼反托拉斯法》阻止企业之间过度合并，防治形成产业垄断，但对技术垄断不做限制。为扩大企业效益，同时避免垄断指控，各大公司纷纷成立工业实验室开发新技术。

值得一提的是，美国在大力发展自身科技的同时，在吸收国外先进技术方面也走在世界前列。英国最先发明的贝赛默尔新型炼钢法在美国首先得到大规模应用，美国钢铁产量迅速提升，到 1920 年占世界比重达到 50% 以上。德国人奥托发明的内燃机、本茨发明的汽车在美国也得到了最广泛的应用，极大地促进了交通运输业的发展。同时，美国对生产管理也有深入的研究。科学管理之父泰勒在生产管理中首次运用"观察、记录、调查、试验"等近代分析方法，通过推行标准化、计件工资制大幅提高了劳动生产率。亨利·福特于 1913 年创立汽车流水线，并实行标准化，这不仅使普通劳动者可以参加专业化生产，同时也极大地提高了生产效率，降低了生产成本。

新技术的发明和广泛应用为美国制造业的发展提供了强大的动力，科学管理的提升又降低了生产成本，提高了产品竞争力，直接促进了美国制造业的崛起。

3. 人才的培养与引进

美国在 19 世纪末开始大力发展教育事业，教育开支从 1870 年的 6900 万美元增加到 1916 年的 6.4 亿美元，占各类政府支出的第二位。1870 年—1916 年间，美国中学入学率由 64% 增长到 75%，中学毕业生由 1.6 万人增加至 25.9

万人；每年取得学士及以上学位人数由 9200 人增加到 4.98 万人，大学入学率达到 20%。

除了对国内人才的培养外，大量的移民也为美国工业的发展起到了重要作用。1861—1920 年，美国共吸引了 2859.3 万移民。到 1910 年，移民人口占美国总人口比重达到 14.7%，而且这些移民中的 88% 来自欧洲发达国家。大量的海外移民，尤其是来自欧洲的投资者以及手工业者为美国工业的发展带来了丰富的资金、技术以及劳动力，促进了美国制造业的快速发展。

4. 市场环境的培育

制造业的发展离不开国内国外两个市场。就美国而言，一方面基础设施、大众消费为美国制造业的发展提供了巨大的国内市场；另一方面，美国是世界上最主要的出口国家。此外，世界大战也为美国制造业的快速发展提供了良好的机会。

19 世纪末 20 世纪初，美国政府积极引导市场，大量兴建铁路、公路等基础设施。公路的建设为美国汽车业的发展起到了推动作用。汽车业有 1：4 的杠杆效应，它的兴起极大地带动了周边产业的发展。1928 年，汽车业消耗了美国 20% 的钢铁、80% 的橡胶、65% 的皮革和 75% 的平板玻璃，每年消耗的汽油量达到 70 亿加仑。庞大的铁路、公路等基础建设促进了钢铁、水泥业的发展，1870—1930 年，美国年均钢铁产量由 10 万吨增加到 5010 万吨，增长了 500 余倍。

大众观念的形成是美国国内市场繁荣的又一个重要因素。20 世纪初，随着美国工业化的快速发展，美国居民收入迅速增长，极大地提高了民众的购买力。同时，大量物美价廉的商品涌入市场，也为大众消费的产生创造了有利条件。20 世纪初，消费逐渐成为美国人的一种生活方式，消费信贷比例也不断增长。到 1928 年，20% 的美国人已经拥有了汽车，冰箱、洗衣机等家用电器也走进了美国的千家万户。

此外，世界大战也为美国制造业的腾飞提供了绝佳的机会。欧洲国家忙于战争导致生产停滞，其所需的巨额战争物资和民用物资主要是从美国进口。一战期间，美国的制成品出口额从 1914 年的 7200 万美元迅速增长到 1920 年的 3.2 亿美元。美国飞机产量从 1914 年的 49 架增长至 1918 年的 1.4 万架。通过第一次世界大战，美国由世界上最大的债务国变成了最大的债权国，纽约也成了全球的金融中心。

综观美国的制造业发展历史，可以看出第二次科技革命是其生产力发展的内在动因，两次世界大战也为美国制造业的快速发展提供了良好的客观条件，再加上美国的制度创新，使得"世界工厂"从英国转移到美国，并保持了100多年的制造业强国地位。

## 二、日本的制造业发展

### （一）日本的制造业发展历程

日本在二战后迅速崛起，成功地实现了经济赶超和国家现代化，并于20世纪80年代成为举世瞩目的世界制造业中心。日本从二战后经济恢复期到泡沫经济出现大约经历了40年时间，主要经历了三个阶段。

1. 战后恢复期（1945—1955年）

二战对日本经济造成了严重破坏，1946年工业生产水平只有战前的30%左右。为了尽快恢复经济，解决国内供应不足和失业问题，日本政府一方面通过解散财阀等一系列政策促进了市场竞争，另一方面实施"倾斜生产方式"优先发展煤炭、钢铁、电力等原材料和基础产业部门。从外因来说，1950—1952年的朝鲜战争，由于美国大量定购各种物资，促使日本制造业在"特需景气"带动下迅速发展。1953年，日本的实际GNP已超过1944年的水平，1946—1955年期间，GNP年均增长率达到9.2%，[1]已达到中等发达国家水平。

2. 高速增长期（1956—1973年）

1955年鸠山内阁通过立法程序制定了第一个正式的五年计划即《经济自立五年计划》（1956—1960年），随后的《新长期经济计划》、《国民收入倍增计划》、《中期经济计划》均以实现经济高速增长为目标。日本政府还成立了"产业结构调查会"，专门研究日本产业结构发展的长期方向，并将机械、石化、钢铁及有色金属等重化工业确定为主导产业，这恰好与世界市场对重化工产品的迅速增长相吻合。在主导产业的生产和贸易自由化政策相互配合下，重化工业产品的出口大幅扩大，日本实现了经济的高速增长。日本制造业中的重化工业所占比重急速提高，从1955年的50%提高到1970年的68.9%，超过所有欧美发达国家。[2]1970年出口结构中排在首位的机械设备比重达到46.3%，这标志着日本制造业国际竞争力明显提高，在国际分工中地位大大改善。

---

① 色文：《现代日本经济的发展与对策》，北京大学出版社1990年版，第31页。
② 日本通产省：《日本产业结构的方向》1978年版，第113页。

### 3. 稳定增长期（1973—1986年）

1973年布雷顿森林体系瓦解，实行浮动汇率制后，日元兑美元的汇率不断攀升，加之两次石油危机的爆发，使日本的生产成本大幅提高，出口的国际竞争力减弱，传统产业陷入结构性萧条。1980年日本政府提出"技术立国"战略，以推动制造业结构从劳动密集型和资源消耗型向高附加值的知识密集型转化。这一时期以机械工业为核心的日本制造业发展迅猛，1980年日本汽车产量超过美国居世界第一，1982年日本机床年产量达到世界第一位，1983年日本机械工业出口超过美国达到世界第一。这一阶段机械工业在制造业出口份额中猛涨，日本出口商品结构向深加工、高附加值方向转变。同时半导体和集成电路等新兴制造业也取得了巨大发展，从而推动了机械电器等传统制造业的生产革命。尽管面临发达国家的出口限制和发展中国家紧紧追赶的严峻挑战，日本制造业仍然保持了所向披靡的国际竞争力，进一步巩固了世界制造业中心的地位。

### （二）日本振兴制造业的主要政策措施

日本政府在振兴制造业的过程中形成了一套行之有效的政策措施，实现了有限资源的合理配置，创造了制造业腾飞的奇迹。主要包括产业选择与扶持、技术引进与创新、合并与改组、金融与税收以及产业保护政策等。

#### 1. 产业选择与扶持政策

战后日本制造业能够快速发展有赖于其成功的产业选择与扶持政策。日本政府通过科学方法，选择各时期重点发展的主导产业并加以大力扶持。选择主导产业的原则主要以"筱原二准则"为核心，即"需求的收入弹性标准"和"劳动生产率增长标准"为原则。根据有关学者的归纳，按照对GDP增长的贡献率排序，日本战后40年间制造业的主导产业发展如表8-1所示。

表8-1　日本制造业主导产业发展变迁

| 时　期 | 主导产业 |
| --- | --- |
| 20世纪50年代 | 化学、钢铁、电器机械、一般机械、运输机械（造船） |
| 20世纪60年代 | 运输机械（轿车）、一般机械、电器机械（家电）、化学、钢铁、 |
| 20世纪70年代 | 电气机械（电子计算机）、运输机械（轿车）、一般机械、化学 |
| 20世纪80年代 | 电气机械（通信设备）、一般机械、运输机械（轿车）、化学 |

资料来源：陈建安：《产业结构调整与政府的经济政策》，上海财经大学出版社，第52页。

为了加速主导产业的发展，日本政府从融资、税收和贸易政策等各方面进行了大力扶植。资金方面，设立由国家出资的日本开发银行和日本输出入银行，对重点产业的设备投资给予长期和低息贷款，为企业从民间商业银行贷款提供担保，并对出口企业提供出口信贷。税收方面，根据1952年制定的《企业合理化促进法》，建立了"重要机械等的加速折旧制度"，对企业投资的现代化机械设备给予特别折旧的优惠，减轻企业税负。进出口方面，通过制定《外汇及外国贸易管理法》对扶植产业和企业优先分配外汇，以利于他们进口必要的先进技术和设备。

主导产业扶植政策符合当时世界需求增长的趋势和产业发展方向，在主导产业带动下，原有的传统制造业部门加速了发展，新兴制造业部门也迅速成长壮大，并获得了高于其他发达国家的劳动生产率增长率，促进日本迅速崛起为世界制造业中心。

2. 技术引进与创新

在促进技术创新方面，日本根据自己的国情，采取了在已有技术基础上引进必要技术和关键设备的"嫁接方式"，既不是美国全靠自己发展的"播种方式"，也不是全盘引进成套设备的"移植方式"，而是充分利用有利的国际条件，选择了"引进—消化—吸收—再创新"的技术进步路线。

日本政府对技术引进实行了严格的审批制度，主管部门根据产业扶植的重点进行审批，并根据制造业发展的需要，不断调整引进重点。除了引进前的审批外，日本政府还对技术引进的管理贯穿于技术引进前到最终应用整个过程，做到"负责到底"。首先，日本政府通过搜集国外先进技术资料，为企业提供最新科技信息；其次，注重提高企业对国外先进技术的消化吸收能力，特别是鼓励企业对劳动力和技术人员的培训，提高人力资本素质；最后是通过金融、税收等手段以及特别折旧制度等方式激励企业加速技术创新和设备更新，促进引进技术的应用。正是由于日本政府对技术引进与创新采取了适合国情的技术进步路线，日本制造业取得了飞速发展。20世纪50年代日本制造业还以引进模仿为主，到60年代以后逐步转向自主研发创新为主，在钢铁、汽车、半导体、家用电器、机械设备、机器人等行业都步入了世界先进水平行列。

3. 金融与税收政策

为促使制造业符合国家产业发展目标，保证资金向重点产业部门倾斜分配，日本政府实施了以建立政府金融机构体系和形成资金分配的"官民协调"体制为核心的金融政策。建立以日本开发银行、日本进出口银行和中小企业界公库等一系列政府金融机构组成的资金供给网络。这些机构由政府出资建立，以完成特定政策目标为宗旨，具有特定贷款范围和对象。通过政府金融机构向重点产业提供长期低息贷款，弥补了民间金融机构因供给能力有限、风险大收益低而造成的资金供应不足问题，并且为实现日本战后制造业崛起起到了产业导向的作用。

由于政府资金在社会资金总供应中的比例较小，日本政府还建立了资金分配机制的官方与民间相互协调的体制。具体运作方式为，每年初先由通产省协同相关部门对所管辖的各产业部门的设备投资计划进行审查，制定投资计划，再由大藏省有关部门提出投融资计划和社会资金供给预测。在此基础上，由通产省产业合理化审议会资金部出面与企业界和金融业协商，对政府的资金计划进行调整，最后形成的政府资金计划传达给日本全国银行协会联合会，由该会在各银行间协调，保证政府投资计划的资金供给。同时由日本开发银行的融资为先导对民间金融机构进行示范。在以上体制作用下，日本民间机构的贷款流向和结构充分反映了日本政府的产业政策目标。

日本政府还通过让成熟行业多承担税负，而对要扶植和保护的产业实行政策倾斜的行业差别税率来实现产业扶植政策。具体方法包括折旧优惠制度和税收减免制度。前者的主要措施是对特定行业设备缩短折旧期限提高折旧率，以加速企业资本回收和设备更新。后者则相当于给企业一定金额的无息贷款，加快设备更新的节奏，鼓励特定行业发展。从目的来看，折旧优惠制度主要是引导新兴产业投资增长，而税收减免政策则从多方面促进制造业结构的合理化和高级化。

### 4. 产业保护政策

战后初期，日本政府通过《外汇与外贸管理法》对进口进行限制，其中最主要措施就是进口外汇配额制。该制度把外汇分配权集中到政府手中，一方面可以把有限的外汇配置给因设备更新和技术升级急需外汇的产业，另一方面也可以限制与国内扶植产业相竞争的产业进口。外汇配额政策成为当时日本保护国内新兴产业强有力的战略手段，一直到1960年以前一直是产业保护的核心政策。

进入20世纪60年代以后，日本成为国际货币基金和关贸总协定成员国，被迫取消了外汇配额限制，对进口的限制转向以关税为主的相对缓和方式。以汽车业为例，1962年小轴距轿车税率高达40%，大轴距轿车也为35%，而货车相应关税率为30%和27%，差别关税率的目的是要保护竞争压力较大的小轿车行业。关税政策的设置体现了日本保护国内竞争能力较差的幼稚产业的目标。

在国际组织和欧美国家的压力下，日本在 20 世纪 60—70 年代实行了一系列贸易自由化措施，但对国内产业的开放是循序渐进的，开放的基本都是已经居世界领先地位的产业。到 1975 年，日本在原则上实行了贸易自由化，关税水平与欧美一致。此后，日本的产业保护政策由关税壁垒转向非关税壁垒，如卫生检疫、环保标准等。

# 三、韩国的制造业发展

## （一）韩国制造业发展历程

韩国国土面积仅 9.9 万平方公里，各种资源有限，国内市场潜力不大。但从 1960 年代初到 1990 年代中期的 30 多年间，韩国经济保持了持续、稳定、高速增长，年均增长率在 9% 以上，一举成为中等发达国家。如今，韩国经济实力雄厚，钢铁、汽车成为支柱产业，其中造船和汽车制造等行业更是享誉世界。韩国的经济发展如此快而稳，与制造业的快速发展是密切相关的。韩国的经济发展可概括为三个时期：1948—1962 年的经济基础培植期，1962—1997 年的经济高速增长期，1998 年以后的经济调整复苏期。

1. 经济基础培植期（1948—1961 年）

韩国立国时是世界上最穷的农业国之一，当时的经济基础主要是落后的农业。朝鲜半岛战争后，李承晚政府面对人口增长和自然资源的匮乏，只能在经济上高度依赖美国援助。作为美国抑制远东共产主义的前哨，朴正熙政府也得到了美国一部分经济援助以及贸易、投资和技术上的优惠，但数量已经大减。因此朴正熙政府立足本土实行经济革命，主持制定了一系列发展经济的计划和外向经济型导向政策鼓励出口创汇，与日本建交获得巨额赔款，使得经济恢复和出口导向政策得以实施。

2. 经济高速增长期（1962—1997 年）

在韩国经济高速增长的 35 年间制定了八个经济发展计划，其中以社会先进化和民族统一作为发展方向的第七个五年计划只实行了一年，就转为以改革为中心的新经济计划。

表 8-2　韩国五年计划概要及与实际增长率对照表

| | 一五计划（1962—1966） | 二五计划（1967—1971） | 三五计划（1972—1976） | 四五计划（1977—1981） | 五五计划（1982—1986） | 六五计划（1987—1991） | 新五计划（1993—1997） |
|---|---|---|---|---|---|---|---|
| 目标与战略 | 抑制社会经济恶性循环，构筑工业化基础 | 产业结构升级、外向型工业化非均衡增长 | 外向性增长、产业高度化、稳定协调发展 | 外向型增长、技术创新提高效率，培育新产业 | 发展知识密集产业，外向均衡增长，重福利 | 提高国民生活质量，提高产业国际竞争力 | 新经济、新制度、新动力、新产业、新市场 |
| 计划（%） | 7.1 | 7.0 | 8.6 | 9.2 | 7.5 | 7.8 | 7.0 |
| 实际（%） | 7.9 | 9.7 | 10.2 | 5.7 | 8.7 | 7.8 | 7.0 |

资料来源：根据韩国详明大学《经济改革与我们经济的新乐园》资料整理。

从 20 世纪 60 年代开始，韩国政府开始着手建立自给自足的经济。首先是建立起一批基础性产业，奠定了未来工业化的基础。在这个时期政府的产业政策中，确定了制造业作为火车头产业优先发展。60 年代中后期，当重化工业基础初步建立后，韩国政府开始建立工业外向型的产业结构。根据当时人口多、工资低、劳动力资源具有相对比较优势的特点，重点发展劳动密集型的出口产业。当时，世界市场对轻工业产品的需求大量增加，特别是对纺织品、服装、鞋类等的需求十分强烈，这给韩国的工业发展创造了良好的机会。韩国轻工业在 60 年代快速发展，1960—1966 年，轻工业增长了一倍。

在外向型工业发展战略中，制造业的产业结构演进在出口产品变化方面表现得最为明显。20 世纪 60 年代主力出口产品是纤维、皮革、服装、假发等劳动密集型轻工业产品；70 年代中后期至 80 年代，出口产品逐渐转向以钢铁、造船、机械、化学、非铁金属、电子和家电等资本密集型产品为主；90 年代后占韩国出口前几位的主要是汽车、造船、半导体、电脑、通信设备等产品，同时，具有劳动、资本、技术三密集的韩国造船业开始在世界市场异军突起，具有核心技术、高劳动生产率、高附加值的一批产业成熟并接近世界先进水平，其产品在国际市场占有率急速扩张。

在这一时期，在政府的大力扶持下，韩国涌现出一批大企业集团。现代、三星、大宇、LG、鲜京等一批企业财团迅速成长为世界 500 强企业。这些特大家族企业财团财富拥有量在韩国举足轻重，在生产投资额、产业集中度、对外出口额等方面占据半壁以上江山，尤其是在研发和国际竞争力方面都是韩国的代表。

经济调整复苏期（1998 年以后）

韩国经济高速赶超式发展的结果之一就是使它在 20 世纪 90 年代开始进入脱工业化过程，这对其经济增长的影响是使韩国经济年均增长率至少下降 0.62—0.77%[①]。韩国经济外向依存度过高决定了韩国经济受到国际市场影响程度较高，加之韩国政府财政连年赤字致使国家大量举债，外汇储备持续减少，抵御国际短期资本流动的能力下降。

韩国在 1997 年接受 IMF 贷款的同时承诺了产业结构改革措施和开放市场等贷款条件，进行金融、企业、公共部门和政企关系的改革，国民经济进入了调整复苏期。韩国的产业政策转入"通过自由竞争，诱导产业结构升级和资源的有效配置"。政府一改过去自行确定重点产业的做法，在防止出现垄断的同时，主张企业自己在竞争中选择优势产业，由政府审批。政府的产业政策越来越体现出效率兼公平的原则。在韩国采取金融制度修正与银行重组、大企业整合等措施下，韩国逐渐走出了亚洲金融危机的阴影，进入 21 世纪以来年均增长 5%左右。

## （二）韩国振兴制造业的主要政策措施

### 1. 制定合理的产业政策

自 20 世纪 60 年代以来，韩国根据本国经济发展的需要，不断地调整其产业政策和产业结构，从贫穷落后的农业国一跃成为一个新兴工业国，创造了令人瞩目的奇迹。

20 世 60 年代末—70 年代末，韩国政府的产业政策重点开始转向重化工业，包括化学、石油、煤炭、橡胶、塑料、非金属矿产品、基本金属、机械和设备等行业。在这期间，政府发布了《钢铁工业培育法》、《重工业和化学工业发展规划》、《国家投资资金法》等法规，为制造业发展提供政策支持。

韩国的实践证明，优先发展重化工业对国家的经济起飞具有重要意义。在 20 世纪 60—80 年代，政府的产业政策明显地表现出政府参与经济、致力于促进经济增长的强烈愿望。通过制定一系列产业政策，产业结构转换的节奏加快，但同时也出现了过度发展重化工业，产业结构失衡的问题。从 80 年代开始，政府将产业政策的重点转向高新技术产业，主要包括对高新技术产业投入

---

[①] 周松兰：《韩国的脱工业化特点、产业结构调整重点及其启示》，《外国经济与管理》2004年第2期。

大量人力和资金、政府设立"风险投资基金"等措施，对高新技术产业的发展给予优惠支持。

2. 提供优惠的财税政策

韩国 1967 年颁布的《科学技术振兴法》，强化了税收在促进科技进步和经济发展中的作用。此后，又颁布了为扶持重点产业而制定的直接税收鼓励法《新技术产业化投资税金扣除制度》。

1974 年，韩国实行"关键部门的特别税收待遇"，规定重点部门有权在免税期、特别折旧、投资税收抵免三者中选择一项。1977 和 1979 年，韩国分别制定了《科研设备投资税金扣除制度》和《技术转让减免所得税制度》。1980 年，为推进产业技术开发，制定了《对先导型技术产品实行特别消费税暂定税率制度》、《技术及人才开发费税金扣除制度》以及《免征外国人员的所得税制度》。

在鼓励技术创新方面，根据企业类型的不同，政府规定相关企业可以按照其收入总额的 3% – 5% 提取技术开发准备年金，并可将其计入成本。在提留期的三年内用于技术开发、技术培训、技术革新及研究设施等用途。对于开发费用与研究试验设备政府也给予税收减免。

对新技术开发的流转税与所得税予以减免。对企业研究所、产业技术研究组以及非营利法人等单位用于新产品开发，且国内不能生产必须依靠进口的试验研究用物品，免征特别消费税。对企业研究所不动产免征地方税。对企业的专职研究开发机构及产业技术开发部门，进口用于科学研究或产业开发的物品，给予享受减免关税的优惠措施。

为鼓励科技成果市场化和产业化，政府规定了技术转让所得税及市场开发减免制度。对于将一定比例的新技术产业化投资的，实行税收抵扣等优惠办法，并加大了对风险企业的税收优惠，对技术集约型企业的发展也给予税收优惠。

3. 鼓励技术引进和自主开发

在技术开放方面，韩国在 1962 年就分析了世界上先进国家的产业发展模式，结合本国情况，在技术上确立了引进、消化、国产化、出口打入国际市场的路线。1973 年颁布《技术研究开发促进法》，倡导通过免征年度研究开发非资本性开发的税金；减轻研究开发设备的进口税；免征企业研究机构不动产土地税；免征研究开发样品进口税等，对国产制造业给予扶持。

韩国对引进技术设置了较高的门槛。20 世纪 60 年代，韩国对技术引进实施了严格的审查标准，明文规定引进技术仅仅是为了使用外国商标、取得独家经销权，或技术低于一定标准、与韩国科技部推荐、登记并保护的国内技术产生直接竞争关系的技术，都要加以限制。这些限制指导 1978 年才逐步放宽。

在鼓励技术开发和消化吸收方面，韩国政府成立了由相关企业部门牵头，科技部、贸易部、人力资源部、企业代表和科技专家参加的论证委员会，研究制定从技术引进、消化吸收、自主创新到产业化等 系列计划，组织政府相关部门的科研院所和企业协同进行消化吸收和创新。韩国政府设立了经济与技术研究院，与世界各主要科学技术资料库联网检索，取得大量的科技信息，以帮助指导企业特别是中小企业寻找信息、确定需求，并与相关信息资源建立联系。

为了促进技术的转化，韩国政府规定转让或租赁专利、技术秘诀或新工艺所得收入，按照合同提供自行研究开发的技术秘诀所得的收入，可减免所得税或法人税。

4. 积极扶植大企业集团

扶植大企业集团是入关后韩国经济稳步走向国际化的重要条件。韩国政府扶植企业的主要方式有政府出面担保、发放贷款、税收优惠等。

1960 年前后，韩国政府为了实现出口目标，采取了"个别培育"政策，把有限资金和外汇向大企业倾斜，以提高国内企业的竞争力。在倾斜政策下，韩国涌现出现代、三星等一批大企业集团。

为了在短时间内建立起重化工业体系，韩国政府采用了集中投资的方式，通过向大企业提供优惠贷款，促成它们向这些产业部门扩张，进一步促进了企业的规模化。

# 四、德国的制造业发展

## （一）德国工业化的过程

德国是较早实现工业化的国家，但要晚于英国和其他欧洲国家。德国经济史学家 W.G. 霍夫曼（1958）认为，德国的产业革命始于 19 世纪 20 年代；程广中（1987）认为，德国产业革命的初期应该是从 19 世纪 30—40 年代开始的。尽管德国的工业化开始得较早，但由于国家尚未统一，工业化进程较慢，到 1870 年统一的德意志国家建立以前，工业化水平仍然低于同期的英国、法国和美国。1871 年德意志国家的统一为德国的工业化进程奠定了良好的基础。1871—1894 年被称为德国的"工业与经济增长年"，鲁尔区成长为全欧洲最重要的工业中心。因此，德国工业化应该是从 1870 年开始加速的。1870 年至 20 世纪初，德国抓住了第二次工业革命的契机，但与第一次工业革命有所不同的是，德国发挥了后发优势，利用英国和法国已有的技术进行改良，制造出比其更为先进的蒸汽机及其他产品，出现了"英法开花，德国结果"的局面。到 1906 年时，德国工业产值占世界工业的比例已经超过了英国达到 16%。德国在钢铁工业、化学工业和电力工业等方面领先于其他国家。在这一期间，德国不仅完成了工业化，还成为了仅次于美国的世界制造中心，在经济总量上，1913 年德国成为世界上第二大经济体。二战以后，西德在美国的帮助下，经济得到了迅速恢复。1957 年西德的经济总量就超过了 500 亿美元，达到 515.6 亿美元，1964 年突破 1000 亿美元。1951—1960 年平均增长速度高达 8.26%，制造业也得到了快速发展，其中 1960 年西德的三大产业产出的占比分别为 5.5%、53.5% 和 40.9%，1970 年第一产业进一步下降到 3.9%，第二产业继续上升达到 57.6%，第三产业略有下降占 38.7%。

随着德国经济的增长，德国劳动力价格也逐渐升高。进入 20 世纪 70 年代后，德国劳动力成本较高的劣势越发凸显，劳动密集型制造业大量向外转移，国内的经济产业结构开始发生转变，这种变化主要体现为第三产业逐渐超越第二产业，成为占比最高的产业。但德国的第三产业不同于美国的第三产业，其金融业比重是较低的，而且主要是依附于第二产业出现的服务业，如针对德国所生产的机械设备而产生的整套技术解决方案，为企业提供的培训、设备的调试和售后服务等，这些服务业是不可能离开德国的制造业而单独存在的，德国正是依靠之前制造业所开拓的市场，使服务业顺势而上。客户在购买了德国的产品后，也就自然会选择德国的服务。随着服务业比重的迅速上升，1975 年德国的三大产业比重已经变化为 2.9%、47.7% 和 49.4%，1980 年德国的第三产业更是上升到了 53%，超过了总产值的一半。20 世纪 90 年代以后，由于德国采取了相应的产业政策，对制造业过快下降进行了干预，这一干预取得了明显的成效。20 世纪 90 年代，德国的工业下降速度较慢，在 20 世纪 90 年代末和 21 世纪初，工业和制造业比例甚至还微幅上升。1990 年德国三大产业比重为 1.29%、33.2% 和 65.57%，其中制造业的比重为 25.92%。2001 年德国三大产业比重已经变化为 0.98%、28.86% 和 70.16%，其中制造业的比重为 22.37%；2005 年德国的第一产业为 0.96%，第二产业略有上升为 30.43%，第三产业下降到 68.61%，其中制造业也上升到了 23.77%。这种"逆流而上"的变化，说明德国政府干预产业结构的产业政策取得了一定成效。

## （二）德国制造业中的结构变化情况

为适应国内外条件的变化，德国制造业在 200 余年的发展历程中，其结构一直在发生着变化，这一变化保持了它的竞争优势。在工业化初期，德国主要是发挥自己的资源禀赋优势，大量生产钢铁、羊毛和其他纺织品、化学制品。19 世纪末到 20 世纪初，德国的酸、碱等基本化学品的产量居世界第一，染料产品占据了世界该市场的 4/5。

二战以前，由于工业的军事化倾向，德国制造业以军品生产为主，产业结构是畸形的，但军品的制造和生产也增强了德国制造业的生产能力。二战后，战时军事工业迅速转向民用，在美国的援助下，德国的制造业得以迅速恢复。战后初期，德国急于恢复经济建设，经济以满足内需为主，大力发展能源工业、钢铁工业、机械工业、化学工业和建筑业。随着经济恢复正常，德国的建筑业已经不再是支柱产业，同时制造业中的钢铁工业也逐渐退居二线。1960 年德国的钢铁工业占工业产值已经下降到 6.7%。相对美国来说，德国的劳动力价格较低，同时德国也拥有制造业的基础，因此德国在战后迅速承担起了欧洲主要消费品的生产责任，承接了从美国转出的制造业企业。二战结束后到 20 世纪 70 年代以前，德国作为欧洲主要的制造业强国，大量生产各类工业制成品，特别是一些轻工产品。20 世纪 60 年代，德国机械工业的产值年均增长 10%，1960—1970 年下降到了 5%，这导致了德国机械制造业比重逐渐下滑。1984 年德国机械制造业产品出口额占世界机械制造业总出口额的 18.7%，已经低于美国。20 世纪 80 年代以后，德国的制造业面临着新的挑战，在这一时期，以中国为代表的亚洲劳动力成本低的优势明显，而日本、韩国的产品质量优良、性能出众，德国制造业与之相比，并不具有性能和价格方面的优势，因此，德国调整了制造业的产业结构。德国自身的优势是在技术方面的领先，具有大量的人才和技术储备。德国通过政策鼓励，进一步加强了研发，在耐用资本品的生产如机械产品、大型医疗设备、电机和电气产品等方面继续保持世界领先的水平，同时舍弃了一些技术含量不高或自己缺乏竞争优势的制造领域，如家用消费电子产品、纺织品等，不与日本、亚洲四小龙及后来的中国在自己不擅长的领域竞争。一些初级产品也逐渐退出了出口市场，如通用钢板等。1990 年，德国机械产品的出口额占世界机械产品出口额的比重上升到了 21%，超越了美国和日本，成为了世界第一，并保持到现在。由于及时调整了产品结构，进入 20 世纪 90 年代以后，德国的对外贸易并没有像美国那样出现出口的增长减缓，而是继续迅速发展。1994 年德国进出口总额为 9771.1 亿美元，2005 年则增加到了 2.08 万亿美元，年平均增长率达到了 9.5%。2007 年的出口额是 1990 年的 2.7 倍，进口额也增长了 2.36 倍，年平均增长率分别为 10.8% 和 8.2%。由于出口额增长速度超过了进口额的增长速度，逐步实现了贸易顺差并迅速扩大，贸易差额由 1990 年逆差 93.68 亿美元增加到 2007 年的顺差 1645.91 亿美元，2005 年达到了 2365.05 亿美元。德国制造业的一个发展趋势是，制造业在工业中的比例逐年升高。从表 3 可以看出，制造业产出在德国工业的比重一直在上升，1978 年制造业产出占工业总产出的 72.45%，1988 年则上升到 75.15%，2005 年这一比例更是上升到了 78%。

工业主要由采矿业、建筑业和制造业三个部分构成，制造业比重的上升说明德国采矿业和建筑业的发展减缓。从德国的出口与进口结构变化也能看出这一趋势。1994—2005 年，德国进口商品中原材料比重由 5.4% 上升到了 9.9%，进口制成品的比重由 71.7% 下降到了 67.5%，而出口贸易中的半成品比重则由 5.1% 下降到了 4.6%。这些变化说明德国进一步加强了制造业在工业中的主导作用，产业不断升级，减少了初级产品及半成品的产出，增加了深加工产品的产出比重。

## （三）德国制造业现状

德国是欧洲头号经济强国。目前，德国最重要的工业部门为车辆制造业、电子技术、机械制造和化学工业。其产值约为工业产值的 40%。柏林经济研究所提供的一份报告显示：目前，在制造业领域居世界同行领先地位的德国企业超过 2300 家。

机器和设备制造业是德国就业人数最多的部门，其销售额在各工业部门中位居第二。机械和设备制造业对于德国的战后重建以及西部和东部经济发展都具有决定性的作用。以先进技术作保障的德国机器设备制造业既为国内各部门大发展提供了迫切需求的机器和设备，同时，也赢得了广阔的国际市场。在这种广阔开放的市场无形之中推动了本行业内企业的创新能力和产品质量的不断提高。20 世纪 50 年代后期，机器设备制造业一跃成为德国最大的工业部门。

机械设备制造业是德国最大、最重要的工业部门之一，可与之相比的只有汽车及汽车零部件制造业，但是，后者为大公司占主导地位，而机械设备制造业的主力则是平均拥有 150 名员工、年均营业额 2600 万欧元的中型企业。2006 年，该行业实现销售额 1670 亿欧元，2010 年，该行业实现销售额 1730 亿欧元，仅低于汽车及汽车零部件制造业，在整个工业行业中排第二位。但是，其 6000 家企业聘用员工的总数达 87.3 万人，就公司数量和就业人数（均不包括供应商）而言，要远高于汽车制造业。

机械制造业的结构在德国工业界独一无二，反映在德语的定义 "Mittelstand"，它表示该行业由中、小型企业组成。国际社会一直称这种结构为"典型的德国结构"，象征着自主的企业文化，代表着德国企业家的独立、创造性和自由主义哲学。外界曾有人宣称这种结构已完全过时，特别是全球化趋势更是助长了这种观点。但事实是德国机械制造业在国际市场很少具有今天这样强大的竞争力。即使美元继续贬值，德国机械制造业 2007 年连续第四年保持增势，超过 2006 年的历史最高纪录。

表 8-3 2009—2010 年德国制造业各分支从业人员及销售额数据表

| 行业分支 | 2009 年企业数量 | 从业人数（千人） | | | 销售额（10 亿欧元） | | |
|---|---|---|---|---|---|---|---|
| | | 年平均值 | | 年增长率 % | | | 年增长率 % |
| | | 2009 年 | 2010 年 | | 2009 年 | 2010 年 | |
| 机械制造 | 6274 | 939 | 908 | -3.3 | 161 | 173 | 7.6 |
| 电子技术 | 4000 | 797 | 803 | 0.7 | 139 | 159 | 14.2 |
| 汽车及汽车零部件 | 1056 | 694 | 675 | -2.7 | 202 | 248 | 22.8 |
| 化学工业 | 1162 | 281 | 278 | -0.1 | 84 | 103 | 22.6 |
| 食品工业 | 5207 | 413 | 419 | 1.3 | 118 | 120 | 1.7 |

## （四）德国制造业成功的原因分析

1. 二战后长期和平环境，为德国的发展提供了历史机遇，而欧共体和欧盟的建立，则为德国开辟了更大的市场。在欧洲一体化之前，德国就已经成为了欧洲最大的经济体，其制造业优势非常明显，欧洲共同市场建立以后，德国能够让自己的产品更轻松和以更低成本进入欧洲其他国家的市场。同时，两德统一和其他劳动力价格较低的欧洲国家加入欧盟，又可以使德国获得充足的劳动力供应，缓解自己劳动力人口老龄化的弊端，这都为德国制造业的进一步发展和实现产业升级创造了良好的基础。

2. 德国政府和企业对研发和技术创新的高度重视是其制造业长盛不衰的另一个重要原因。德国的技术创新是通过国家制度来扶持和鼓励的，且在什么时候都没有停止过。即使处在金融危机之中，德国企业仍然没有减少和放慢持续创新的力度和步伐。据德国统计学会公布的权威数据显示：在2011年，德国研发经费占GDP比重近3%，经济比上年增长3%，经济总量超过金融危机前的水平。虽说金融危机期间，不少德国企业订单有所减少，但德国企业的研发投入却在逐步增加。近年来，汽车业每年研发投入占销售收入3%到4%，生物制药业占6%左右，机械制造业占2%至4%。研发投入的持续支撑起德国制造业长期的、强劲的进步。

3. 企业是技术创新的主体。在德国创新体系中，企业尤其是中小企业扮演着主要角色。德国中小企业共创造了57%的德国总产值和44%的应完税销售额；年销售额5000万欧元以下的企业投资占德国总投资的6%，平均每家中小企业的年投资额5.6万欧元。德国企业内部建立了一套技术创新机制，大大地推动了企业技术创新工作。一是决策机制。企业集团的董事会是技术创新的决策部门，根据市场和企业的经济发展目标制定技术开发目标。二是投入机制。出于市场竞争需要，企业每年都要从销售收入中提取5%至10%以上的研究开发经费。三是产学研合作机制。企业科技投入的1/3以上用于与大学、科研机构的合作开发。

4. 政府在科技创新体系中起到了不可或缺的作用。联邦、州政府都十分重视中小企业的技术创新工作，并通过制定政策、中介服务等手段，支持中小企业技术创新。资金的投入是技术创新的保证，对此，政府提供财政支持和税收优惠，激发企业的技术创新积极性。为鼓励企业投资，德国将公司所得税降低了25%，并采取降低个人所得税的措施，减税额达每年300亿马克。

# 五、对我国发展制造业的启示

从上述发达国家制造业发展的实践及经验看，制造业的发展离不开合理的产业政策、先进技术引进及创新、人才的培养以及良好的市场环境等因素。我国目前正处于产业结构优化升级的关键时期，既要学习借鉴发达国家的经验，也要结合我国产业发展实际情况，选择一条具有中国特色的产业发展道路。

### （一）根据本国国情，确定合理的主导产业

上述国家制造业的发展，离不开合理的产业政策。美国的制造业升级发展在于其抓住了信息革命的机遇，把信息产业作为新的经济增长点，不但带动了以信息产业为主的新兴装备制造业的发展，推动了装备制造业的信息化，而且由于信息技术的强大渗透作用，使得传统制造业得到了全面改造。20世纪90年代以来，从半导体到电子技术，从光纤通信到软件、网络技术等行业，美国都占据了产业技术的战略制高点。日本为了加速主导产业的发展，从融资、税收和贸易政策等各方面进行了大力扶植，在战后不到30年的时间里成为经济规模仅次于美国的第二大经济体，并在钢铁、电气机械、运输机械等领域确立了世界领先地位。韩国也是先后选择了一般机械制造、家电、造船和汽车、电子及通信设备制造等比较可行的主导产业，并随着工业化发展的不同阶段及时调整变化，使渐进式的制造业升级建立在动态的主导产业基础上。

当前我国虽然已经超越美国成为全球制造业第一大国，但必须看到我国的制造业大而不强，与发达国家相比仍然差距很大。我国在一些关键设备如飞机导航仪器仪表、高速列车的刹车系统等高端模块型产业基本由国外垄断，我国从事的大多是劳动密集型的产业链低端。要提高我国制造业的国际竞争力，从制造大国迈向制造强国，要确定具有带动作用的主导产业，并从相关法规、技术标准、采购政策、财税政策等方面加大支持力度，尽快促进制造业的转型升级。

### （二）政府要为制造业发展创造良好的政策环境

发达国家一般都综合采用贸易、财税、金融、人才等政策，提高本国制造企业的国际竞争力和产业地位。美国不主张政府过多地干预经济活动，主要采取营造环境的间接支持模式，侧重培育市场经济条件下高新技术产业快速发展所需要的软环境。日本注重的则是政府政策对高新技术产业的积极干预。

目前我国正处于产业结构深度调整阶段，政府在经济生活中扮演着举足轻重的角色。在金融支持上，政府必须加强对制造业的扶持力度。在技术研发上，要注重基础研究开发能力和职业教育，鼓励制造业的原创性技术，严格控制技术引进的方式、构成与费用。在政策扶持上，要对包括战略性新兴产业在内的个别产业制定"专项计划"进行直接扶持和管理，对高端制造业提供税

收、补贴等优惠政策，通过经济杠杆间接调节产业结构，而不直接查收企业的经营管理。

### （三）提升产业科技水平，增强自主创新能力

发达国家的经验表明，要发展先进制造业，离不开政府对制造业研发的大力投入，离不开政府创造有利于企业创新的政策环境。为了防止制造业发展陷入技术比较优势的断档期，美国非常重视基础研究和科技人才的培养。同时，美国还通过制定政策法规来鼓励企业和社会资本投入高新技术领域。美国企业将 R&D 资金的三分之二用于提高产品技术即进行技术创新，剩余三分之一用于过程创新。这种倾向使美国在突发性、激进性的技术创新上更有优势，容易产生技术突变。日本与美国正好相反，偏重于商业化研究，在研发的过程和内容上更加体现企业意志，更加注重过程创新。在赶超阶段这种方式促进了日本制造业的快速发展，但是这种重视对技术的改良而忽略技术创新的研发体制也导致了日本企业自主开发创新能力的不足，给制造业升级带来了一定阻滞。

对于我国而言，只有努力提升产业科技水平，才能掌握制造业的原创性技术，实现制造业的可持续发展。由于先进制造技术的研究需要巨大的投入，而且在其变成有用的产品之前要经历很长的时间，所以只有政府和大的跨国公司才有财力支持这样的研究。当前，我国广大中小型企业无力自主开发，绝大多数企业无力支持共性、基础性及竞争前技术的研发，制造业中共性技术供给不足的问题越来越突出，因此，国家在鼓励企业成为创新主体的同时，必须加大政府在研发方面的投入。国家必须建立共性技术平台，建立一支高水平的研究队伍，重点承担产业原创性技术、共性技术及战略性关键技术的研究开发，可以考虑建设若干个先进制造技术国家实验中心。从政府、企业、中介机构三个层面建立制造业的技术创新扩散体系，促进制造业由委托加工向自主设计加工和自主品牌生产转变。

### （四）发展先进制造业，人才是关键

先进制造业所承载的高新技术，需要大量的高素质、高技能的人才。以美国为例，最近几年，由于宏观经济状况的不佳，许多制造业企业加快了把低技术职位转移到海外的进程，但是在整体雇员人数迅速缩减的同时，对机械师和高技能工人的需求却进一步增强。在最近的一项调查中，42%的制造商声称

自己面临这两类职工的短缺。德国之所以能够生产出高质量的产品，一个重要原因是德国拥有一套完善的职业培训体系，培养出来世界上最好的技术工人队伍。德国的职业教育属于国家免费教育的重要组成部分，为使职业教育内容能够跟上社会需要，国家设有专门的职业调查和研究机构跟踪各行业的发展趋势，以便及时调整、更新专业教学内容。德国职业教育最具特色的双轨制教育，即理论学习与实际操作相结合，齐头并进，为德国制造业培养出了一大批独立性和交际能力强、具备团队精神的技术工人。

我国要成为制造强国，既需要大批高水平的科技人才，同时也需要大批能熟练掌握先进技术、工艺和技能的高级技能人才。目前，我国的教育体系还不够完善，虽然国家对教育投入比重不断增加，但是教育发展的不平衡问题仍然十分严重。我们发展制造业亟待解决的一个突出问题是高级技工，特别是掌握新的科学技术知识的高级技工十分紧缺，这应当引起我们的高度重视。否则，制造业的发展将遭遇"人才瓶颈"，大大延缓先进制造技术的应用周期，降低制造业对国民经济发展的贡献率。因此，要促进我国制造业转型升级，必须要从教育出发，不仅要办好正规基础教育与高等教育，同时也要大力发展各种技术学院，鼓励私人资金进入，为发展先进制造业提供人才储备。

## （五）重视大企业在产业发展中的作用

发达国家在制造业发展过程中，都产生了一批具有代表先进技术，具有世界影响力的大企业集团。美的跨国公司作为制造业国际转移的载体，在国际分工体系中定位于高端装备制造业，出口的产品主要是航空、航天、电子信息和通讯等设备，美国英特尔的中央处理器和微软的应用软件几乎控制了全球计算机的硬件和软件市场。韩国通过大量引进成套设备，在较短时间内快速组建装备制造业大型企业集团，以便快速进入国际市场，增强竞争力。

随着市场经济的不断发展及我国产业竞争能力的不断提升，大企业在产业发展过程中的作用将更加重要。当前，我国已经出现了一批具有一定产业规模、产业影响较大、产业竞争力较强的企业，如海尔、联想等制造企业在国际上都有了一定的知名度与影响力，但是与国外发达国家的一些知名企业相比，还缺少足够的产业规模、产业竞争力及产业影响力。如通用电器、三星、丰田等世界知名企业，在不断实现自身发展的同时也在不断整合产业链，影响及引领世界产业的发展。因此，我们必须重视大企业的发展，为他们的快速成长及不断提升创造良好的发展空间，积极鼓励他们在全国、全球范围内进行资源整合及产业链组织优化。在竞争的市场环境中，逐渐成长为世界级的龙头企业，引领我国制造产业的优化升级。

（张宇辉）

**参考文献：**

王福君、沈颂东：《美、日、韩三国装备制造业的比较及其启示》，《华中师范大学学报》（人文社会科学版）2012年5月。

陈平：《日本崛起为世界制造中心的政策实践及启示》，《商业研究》2006年第21期。

林玉伦：《中国制造业现状与国际比较研究》，《华北电力大学学报》（社会科学版）2010年6月。

金善女、邢会：《韩国产业政策的成功演变及其启示》，《河北工业大学学报》2005年12月。

周永生、张天维：《日本制造业的振兴经验对辽宁的启示》，《党政干部学刊》2007年第9期。

郑江绥、董书礼：《美国、欧盟发展制造业的经验及其对我国的启示》，《中国科技论坛》2006年第5期。

丛强、朱景萍、刘炳义、吴纯忠、李宝功：《海外装备制造强国支持政策与发展趋势》，《石油科技论坛》2010年第3期。

杨海洋：《德国制造业优势产生并保持的原因分析》，《改革与战略》2013年第1期。

顾颖、房路生：《中德装备制造业的优劣势分析及其启示》，《中外管理比较》2005年第9版。

葛树荣、陈俊飞：《德国制造业文化的启示》，《独家策划》。

闻一言：《"德国制造"长盛不衰的启示》，《中国审计报》2012年7月2日第6版。

王福君：《后金融危机时代美国、日本、德国三国装备制造业回流及对中国的影响》，《经济研究参考》2012年第63期。

# 后　记

　　《中国制造2025：重塑竞争新优势》是《中国宏观经济丛书（2014—2015）》的第二本，是国家发展改革委宏观经济研究院课题组集体智慧的结晶。总负责人马晓河研究员负责拟定总体思路，设计研究框架，撰写完成总报告，其他章节执笔人分别为：第二章周劲，第三章付保宗，第四章刘中显，第五章卞靖，第六章黄汉权，第七章王明姬，第八章张宇辉。卞靖同时承担了课题的组织协调工作。

　　由于我们研究水平有限，本书内容可能存在一些不当和疏漏之处，敬请读者批评指正。

《中国制造2025：重塑竞争新优势》课题组

策　　划：张文勇

责任编辑：张文勇　何　奎　孙　逸　罗　浩

封面设计：李　雁

**图书在版编目（CIP）数据**

中国制造 2025：重塑竞争新优势 / 马晓河主编 ． —北京：人民出版社，2017.12

ISBN　978 - 7 - 01 - 018770 - 9

Ⅰ . ①中… 　Ⅱ . ①马… 　Ⅲ . ①制造工业—工业发展—研究—中国

　Ⅳ . ① F426.4

中国版本图书馆 CIP 数据核字 (2017) 第 331732 号

**中国制造 2025：重塑竞争新优势**

ZHONGGUO ZHIZAO 2025: CHONGSU JINGZHENG XINYOUSHI

马晓河　主编

人 民 出 版 社 出版发行

（100706　北京市东城区隆福寺街 99 号）

涿州市星河印刷有限公司印刷　　新华书店经销

2017 年 12 月第 1 版　2017 年 12 月北京第 1 次印刷

开本：710 毫米 ×1000 毫米 1/16　印张：13.5

字数：230 千字

ISBN　978 - 7 - 01 - 018770 - 9　定价：32.00 元

邮购地址 100706　北京市东城区隆福寺街 99 号

人民东方图书销售中心　电话（010）65250042　65289539